GÉOPOLITIQUE DU JAPON

Une île face au monde

Collection « Major »
dirigée par Pascal Gauchon

ISBN : 978-2-13-059325-6
ISSN : 1242-4935
Dépôt légal — 1re édition : 2014, octobre

6, avenue Reille, 75014 Paris

GÉOPOLITIQUE DU JAPON

Une île face au monde

par

Jean-Marie Bouissou

Agrégé d'histoire, directeur de recherche
à Sciences Po (Centre d'études et de recherches internationales)

puf

Dans la série Géopolitique de la collection « Major »

Géopolitique de la France. Plaidoyer pour la puissance,
Pascal Gauchon

Géopolitique du Brésil. Les chemins de la puissance,
Yves Gervaise

Géopolitique des pays émergents. Ils changent le monde,
Sylvia Delannoy

Géopolitique de l'Inde. Le rêve brisé de l'unité,
Olivier Guillard

Géopolitique du Moyen-Orient et de l'Afrique du Nord. Du Maroc à l'Iran,
Tancrède Josseran, Florian Louis, Frédéric Pichon

Géopolitique des mers et des océans. Qui tient la mer tient le monde,
Pierre Royer

Géopolitique de l'Asie centrale. Entre Europe et Chine : le cœur de l'Eurasie,
Isabella Damiani

Géopolitique de la Russie. Le nouvel empire d'Eurasie,
Pascal Marchand

Géopolitique de la mondialisation criminelle,
Xavier Raufer

Géopolitique de la condition féminine,
Élizabeth Crémieu, Bouchra Benhida

La série Géopolitique de la collection « Major » ainsi que les Puf sont partenaires du Festival de géopolitique et de géoéconomie de Grenoble aux côtés de l'association Anteios, de Grenoble École de Management.
Elle est également associée au site Diploweb (www.diploweb.com) qui présente ses ouvrages et fournit un commentaire régulier de l'actualité géopolitique.

Sommaire

Un pays à la croisée des chemins
Introduction

Le Japon contemporain est une nation brutalisée et miraculée. Après plus de deux siècles d'isolation (1636-1853), les canonnières occidentales l'ont rouvert de force au monde. Ce fut sa « première grande défaite » (*i-san no hansei*). Confronté à des agresseurs infiniment plus puissants et avancés que lui, il s'est mis à leur niveau en trois décennies. Ce fut son premier « miracle ».

Dans un univers tout nouveau pour lui, le manque d'expérience l'a jeté dans une aventure guerrière qui s'est terminée à Hiroshima. Ce fut sa « deuxième grande défaite » (*ni-san no hansei*). Deux décennies plus tard, il est devenu la deuxième économie du monde libre, un modèle dont les entreprises occidentales cherchaient à percer les secrets, puis un géant financier dont la puissance a un moment affolé l'Occident. Ce fut son second « miracle ».

Depuis un quart de siècle, le choc de la mondialisation a déclenché dans l'Archipel une crise économique, politique et sociale, dont il ne parvient pas à sortir. On peut y voir sa troisième « grande défaite ». Mais sera-t-il capable d'un troisième « miracle » ?

Le Japon semble avoir perdu tout ce qui faisait sa force : la croissance économique, l'avance de ses entreprises en matière de compétitivité et la stabilité de sa gouvernance. Il apparaît même sinistré au regard de sa dette publique, qui dépasse désormais 240 % du PIB, et de l'effondrement démographique qui le menace.

Le Japon se voyait comme une nation à nulle autre pareille, dont les spécificités réelles ou supposées ont été élevées au rang de mythe. Il est désormais aux prises avec une mondialisation fondée sur des valeurs qui lui sont étrangères, ou qu'il perçoit comme telles. Il aimait opposer sa cohésion aux divisions qui caractérisent à ses yeux les nations occidentales. Aujourd'hui, celle-ci est menacée par des inégalités qui ne cessent de se creuser.

Le Japon a joui depuis sa défaite d'une sécurité parfaite sous la protection des États-Unis ; il aimait se présenter au monde – en anglais – comme « *the most peace-loving people in the world* ». Aujourd'hui, pris entre le marteau américain et l'enclume chinoise, il se prépare très concrètement à un conflit sur ses frontières maritime, contestées par Pékin.

Les choix qui se posent à l'Archipel sont clairs. Sacrifier les multiples intérêts qui entravent la redynamisation de son économie, ou décliner. S'ouvrir à l'immigration et investir massivement pour relancer la natalité, ou décliner. Moderniser le système de gouvernance auquel ses dirigeants doivent leur place, ou décliner. Lutter pour maintenir son rang, ou accepter le retour de la Chine en position dominante en Asie. Forcer sa nature pour s'adapter à un monde qui le bouscule afin d'y prendre toute sa part, comme il l'a fait par deux fois, ou devenir une Ile des Vieillards vivant du revenu de ses (considérables) avoirs accumulés grâce au « miracle » d'après-guerre.

Un troisième rebond devrait advenir, si le passé est gage de l'avenir. Mais l'est-il ?

Le Japon. Administration, grandes villes, peuplement

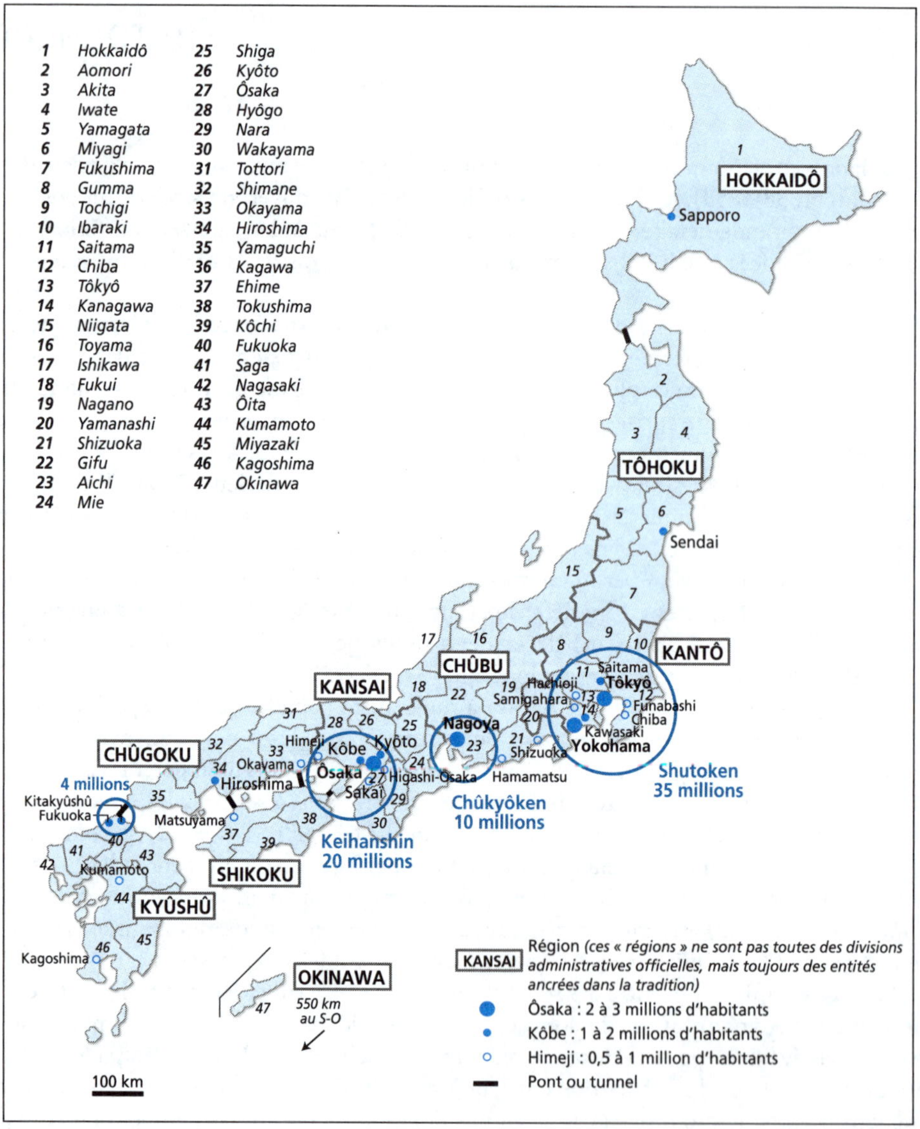

1

« Un petit pays privé de ressources » ?

Contraintes et horizons

Géographiquement, le Japon est un archipel. Au plan géopolitique, il tient plutôt de l'île – d'où le titre choisi pour cet ouvrage. Il ne présente pas les caractéristiques qu'on tend à associer d'instinct aux archipels, fût-ce à tort : il n'est pas une terre de flux et de passage, de société mobile, voire aventureuse, d'État un peu souple, sinon lâche. Ou ce ne sont pour lui que des attributs secondaires, à des moments précis de son histoire. Non : il est île, et même, a-t-on pu dire, « L'Île Absolue » (Thierry de Beaucé). Un pays qui se voit paysan et pacifique beaucoup plus que maritime, et introverti au point d'avoir vécu plus de deux siècles de réclusion volontaire (1639-1853), pour ne se rouvrir que sous la contrainte.

Mais il y a île et île. Si l'on admet que le Japon en est une – métaphoriquement parlant – elles sont deux à avoir joué un rôle important sur la scène mondiale à l'époque moderne : lui et la Grande-Bretagne. Or cette dernière ne présente aucune des caractéristiques que les Japonais associent traditionnellement à leur propre « complexe insulaire » (shimagumi konjô)*: elle s'est projetée hardiment à l'échelle planétaire, elle a été pionnière de la révolution industrielle, sa société n'est guère consensuelle et son unité politique reste imparfaite.*

Il convient donc de considérer que rien de ce que nous dirons ici du Japon ne peut s'expliquer par un quelconque déterminisme géographique. « L'île-Japon » est d'abord ce que les Japonais en ont fait. L'élément essentiel de sa géopolitique, c'est moins sa géographie ou son environnement géostratégique que les ressorts qui en ont fait une nation assez compacte, résiliente et dynamique pour être la seule à avoir échappé à la prédation de l'impérialisme occidental en Asie en se modernisant à marche forcée.

I. Le territoire national

Les frontières actuelles du Japon ne datent que de 1972, date à laquelle les États-Unis lui ont restitué l'archipel des Ryûkyû (Okinawa) dont l'ONU leur avait confié l'administration au sortir de la Seconde Guerre mondiale. Les Ryûkyû n'avaient d'ailleurs été intégrés à l'Empire japonais que très tardivement (1879), tout comme Hokkaido (1869). Pendant l'essentiel de l'histoire, l'État japonais n'a exercé sa souveraineté que sur les trois îles principales de l'archipel (Honshû, Kyûshû, Shikoku).

Dans sa plus grande extension, quand le Japon engagé dans une expansion coloniale à l'imitation des Occidentaux devint le Grand Empire du Japon (*Dai Nihon Teikoku*), il a inclus tout l'archipel des Kouriles et la moitié de l'île de Sakhaline concédés par la Russie en 1875, l'île de Formose (Taiwan) enlevée à la Chine en 1895, la Corée annexée en 1910, et les îles Mariannes, Caroline et Marshall, prises à l'Allemagne en 1914. Mais cet épisode expansionniste apparaît comme une aberration dans l'histoire d'une nation qui n'a jamais mené de guerre extérieure avant la guerre sino-japonaise de 1895, à l'exception de deux brèves interventions en Corée au VIIe et au XVIe siècles.

Le Japon utile

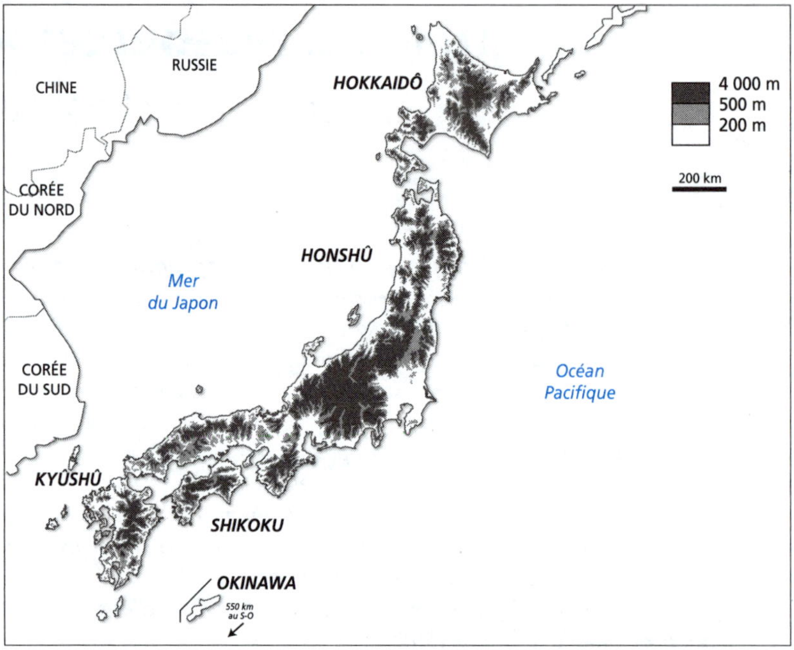

« Un petit archipel dépourvu de ressources » ?

Cet argument a souvent été utilisé par les dirigeants japonais pour mobiliser la nation et exalter sa réussite, dans des conditions supposées particulièrement difficiles. Il a aussi servi, dans les négociations commerciales avec les Occidentaux, à justifier les libertés que Tôkyô prenait avec les règles de la libre concurrence internationale. Il convient toutefois d'y regarder de plus près.

▶ Le Japon n'est pas si exigu qu'il aime à le dire, mais sa superficie utile est réduite

La superficie du Japon est de 377 930 kilomètres carrés. Il est presque quatre fois plus étendu que la Corée du Sud, et dix fois plus que Taiwan, dont le dynamisme économique n'a pourtant rien à envier au sien. Il est plus vaste que tous les pays de l'Union européenne, hormis la France[1] (551 500 km^2), l'Espagne et la Suède. Le Royaume-Uni, qui a dominé la planète pendant deux siècles, a moins des deux tiers de la superficie du Japon. La densité de l'archipel (333 habitants/km^2) est triple de celle de la France, mais moins élevée que celle des Pays-Bas ou de la Belgique. Et elle est très inférieure à celle de ses voisins asiatiques qui ont réussi, comme lui, un « miracle économique » (Corée du Sud : 497 ; Taiwan : 640).

1. Toutes les données comparatives entre la France et le Japon concernent la seule France métropolitaine.

À première vue, le Japon n'est donc ni particulièrement exigu, ni surchargé de population. Ces deux facteurs sont pour lui des contraintes fortes, mais pas un handicap insurmontable. Toutefois, sa superficie utile est très réduite. À peine 20 % du pays est propre à l'occupation humaine[1]. Les plaines n'en représentent que 14 % (France : 65 %). Plus de 75 % de l'archipel est couvert de forêts ou de zones boisées (France : 30 %) et à peine 12 % est cultivé (France : 53 %). Calculée en fonction de la superficie propre à l'occupation humaine, sa densité dépasse 1 600 habitants par kilomètre carré. Mais, là encore, c'est exactement la densité de la Corée du Sud calculée selon le même critère, et guère plus que celle de Taiwan.

▶ Ses ressources naturelles ont joué un grand rôle dans le développement du Japon

Pas plus qu'il n'est « petit », le Japon n'est dépourvu de ressources naturelles. La première est l'eau, qu'il possède en surabondance grâce à ses deux saisons des pluies (juin-juillet et septembre). Les précipitations annuelles moyennes dépassent 1 500 millimètres, contre seulement 860 en France. Si l'on y ajoute la chaleur des étés, le climat est très favorable à l'agriculture. L'abondance de l'eau a permis la généralisation de la riziculture inondée, l'un des systèmes de culture qui nourrit le plus grand nombre d'hommes à l'hectare. Cette nombreuse paysannerie a aussi développé la culture irriguée du coton, la sériciculture, le chanvre, l'indigo, etc. Ces cultures ont permis l'essor d'une proto-industrie multiforme dès l'époque d'Edo (1603-1867), bien que l'archipel ait été isolé du monde pendant l'essentiel de cette période. Le capital ainsi accumulé a été fort utile pour la révolution industrielle qui a suivi la réouverture du pays en 1853. Dans ce processus de développement, rivières et torrents ont fourni partout une énergie bon marché. Sous forme d'hydroélectricité, l'eau a aussi été essentielle au redécollage économique d'après 1945 ; elle couvrait la moitié des besoins du pays en électricité en 1960.

Le sous-sol japonais n'est nullement dépourvu de ressources. L'archipel était l'un des plus gros producteurs d'argent du monde à la fin du XVIe siècle, et le premier producteur de cuivre au XVIIe et au XVIIIe. En 1950, il produisait autant de houille que la France. Toutefois, le Japon est dépourvu de minerai de fer et d'hydrocarbures. Cette faiblesse majeure jouera un grand rôle dans les enchaînements qui aboutiront à la guerre du Pacifique.

L'exploitation de la forêt, omniprésente, a longtemps contribué au maintien d'une forte densité rurale. À l'égal du riz et du poisson, le bois est essentiel dans la socioculture japonaise – depuis les baguettes du quotidien, auxquelles aucun argument écologique ne convainc les Japonais de renoncer, jusqu'à l'architecture des maisons (même aujourd'hui) et des sanctuaires. La forêt nippone étant pentue et d'accès difficile, son exploitation a régressé au profit des importations : le Japon achète le quart du bois exporté dans le monde. Toutefois, le souci croissant de protéger les ressources forestières de la planète pourrait revaloriser celles de l'Archipel.

Comme dans beaucoup des pays anciennement développés de taille moyenne, les ressources naturelles du Japon comptent désormais pour presque rien dans son économie. On n'y extrait plus de charbon, et l'hydroélectricité ne représente plus que 8 % de son mix

1. Le critère d'usage est une pente inférieure à 8°.

énergétique. Sur ce plan, la dépendance de l'archipel est quasi-totale. En 2010, 28 % de son électricité provenait des hydrocarbures (importés à 90 % du Moyen-Orient), 27 % du charbon (principalement australien) et 26 % du nucléaire, tributaire lui aussi de l'uranium importé. Le Japon a beaucoup misé sur l'atome, avec l'espoir que les surrégénérateurs et les combustibles de type MOX[1], qui recyclent le combustible nucléaire à l'infini, lui donneraient un jour son indépendance énergétique. La catastrophe de Fukushima (11 mars 2011) a brisé ce rêve en conduisant progressivement à l'arrêt des 54 réacteurs du parc nucléaire nippon (2012). Leur redémarrage sera lent et compliqué. Du coup, le Japon se lance dans la recherche du gaz de schiste, sans que les écologistes, polarisés sur le nucléaire, s'en émeuvent. En attendant, l'importation massive d'hydrocarbures a fait plonger durablement la balance commerciale japonaise dans le rouge, alors qu'elle était excédentaire depuis 1980.

La diversité climatique du Japon

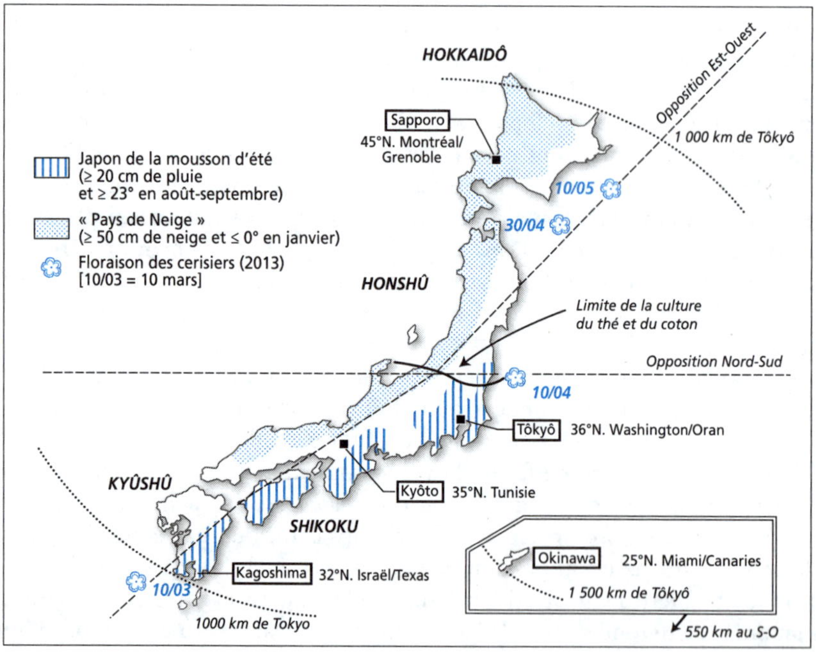

▶ La vulnérabilité aux cataclysmes naturels a profondément marqué l'identité nationale

Les 20 000 morts ou disparus du séisme et du tsunami du 11 mars 2011 ont rappelé combien le Japon est vulnérable aux cataclysmes naturels. L'archipel est situé au carrefour de quatre plaques tectoniques, et il est traversé par quatre lignes de faille active. Trois

1. *Mixed OXyde*: ce combustible est composé à 7 % de plutonium et à 93 % d'uranium appauvri, tiré du retraitement du combustible usagé.

d'entre elles se croisent au « carrefour de la péninsule de Bôso », le seul endroit de la planète où l'on rencontre cette configuration de danger maximal. Environ 5 000 secousses telluriques d'intensité variable sont enregistrées chaque année, dont certaines déclenchent des tsunamis. Depuis le début du XXe siècle, le Japon a subi 25 séismes majeurs, qui ont fait plus de 190 000 morts, dont 140 000 à Tôkyô en 1923. À l'exception du Kyûshû, la menace du « Big One » pèse sur toute la façade occidentale de l'archipel, qui concentre l'essentiel de la population et de l'activité économique. Le danger est accru par la présence de 18 centrales nucléaires, dont le désastre de Fukushima a montré qu'elles sont vulnérables, et dont l'une est située presque sur le carrefour de Bôso[1].

L'archipel et sa bordure maritime comptent aussi 112 volcans actifs, dont 44 ont connu au moins une éruption depuis 1900. À cela s'ajoutent chaque année, de mai à octobre, de violents typhons, parfois meurtriers, dont l'impact est accru par la nature escarpée du relief, propice aux glissements de terrain, et par l'encaissement des cours d'eau, vite transformés en torrents dévastateurs.

Cette vulnérabilité aux risques naturels nourrit ce que les médias occidentaux se sont complu, au lendemain du 11 mars 2011, à appeler « une culture de l'Apocalypse ». À tort, car il ne s'agit pas d'une vision de fin du monde au sens judéo-chrétien. C'est le mélange d'un sentiment de l'impermanence des choses, nourri par le bouddhisme, et d'une volonté jamais découragée de faire continuer la vie, enracinée dans le shintô, culte paysan de la fertilité totalement étranger à l'idée que la graine puisse ne jamais plus germer. Ce substrat culturel confère au peuple japonais une résilience remarquable. Si l'identité nationale française a été forgée par un événement (le 14 Juillet) et celle des États-Unis par un prototype d'aventure humaine (les pionniers), celle du Japon est structurée par le cycle « destruction-renaissance ». Le moteur de ce cycle peut d'ailleurs être l'histoire aussi bien que la nature : les deux « grandes défaites » de 1853 et 1945, suivies par deux rebonds d'une vigueur exceptionnelle, répondent à ce schéma cyclique qui marque l'inconscient collectif japonais et constitue un puissant élément de cohésion nationale.

Les risques naturels ont aussi fait du Japon un « État bétonneur », où les dépenses de travaux publics (jusqu'à 7 % du PIB) étaient deux fois supérieures à la moyenne des pays de l'OCDE, jusqu'à ce que la crise dans laquelle le Japon stagne depuis les années 1990 oblige à les réduire. Cette manne, affectée principalement aux zones rurales dont elle soutenait toute l'économie, a été essentielle au pacte social qui a fait de la société japonaise moderne l'une des plus cohérentes du monde. Le BTP a aussi été un pilier de la stabilité politique exceptionnelle que le pays a connue pendant toute la deuxième moitié du XXe siècle, sous l'égide du Parti libéral-démocrate (PLD, conservateur). En ce sens aussi, les ravages de la nature ont aidé à consolider la société japonaise.

Un espace maritime source de richesse, de tensions et d'identité

Dès la préhistoire, la mer a été nourricière pour les Japonais. Aujourd'hui, grâce à la longueur de ses côtes (29 750 km) et aux 6 850 îles, îlots et rochers où s'étend sa souveraineté, l'Archipel possède l'une des plus vastes zones économiques exclusives (ZEE) du monde : 4,429 millions de km^2, 9e rang mondial. Il compte beaucoup sur ses ressources

1. Hamaoka, aujourd'hui arrêtée, mais dont l'opérateur ne désespère pas d'obtenir la réouverture.

Risques naturels et risque nucléaire au Japon

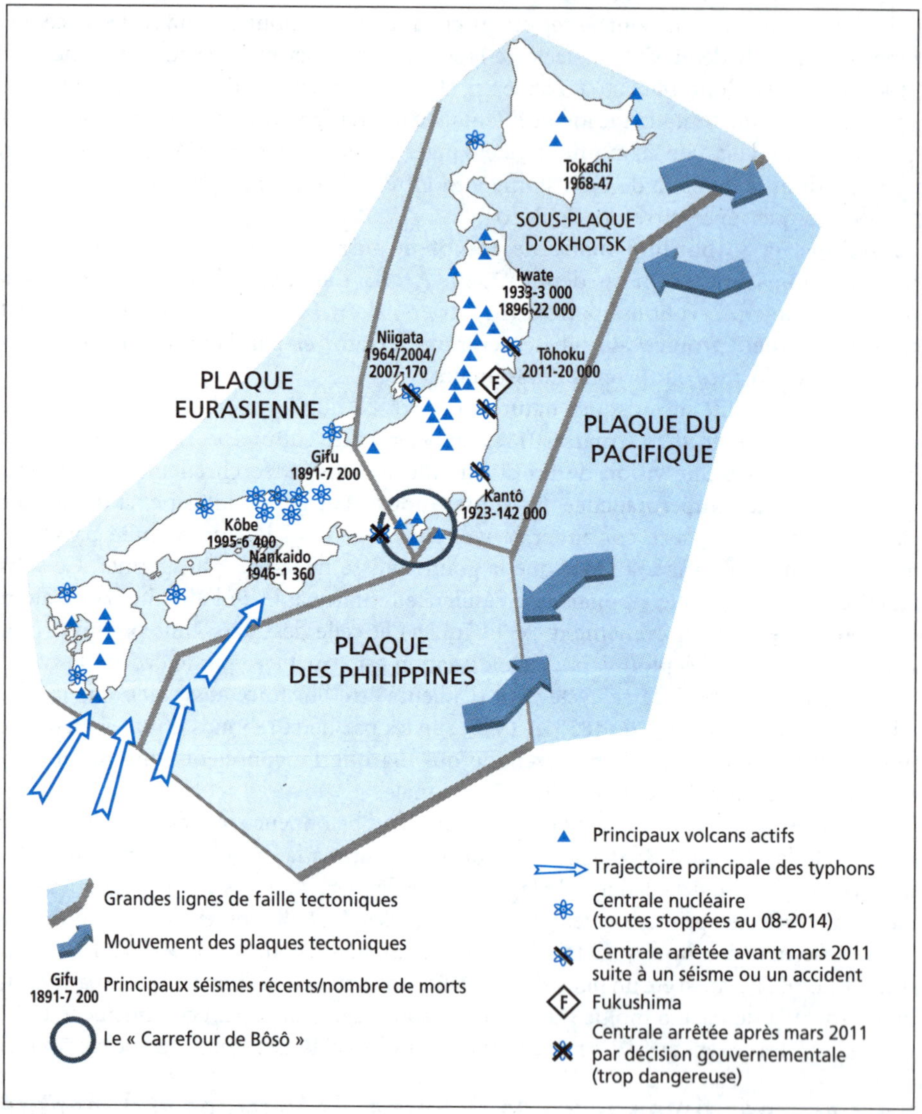

Probabilité de séismes majeurs à moyen terme

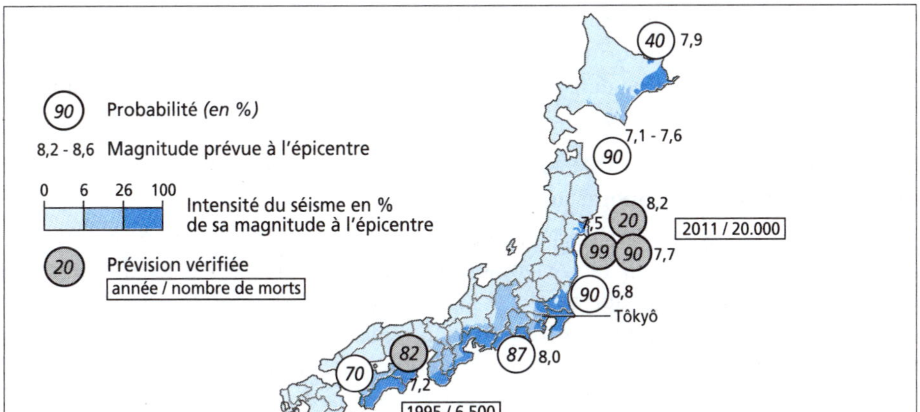

Source : *Nikkei Shinbun.*
Documents : Mairie de Tôkyô

Dommages et coûts prévisibles d'un séisme majeur sur la faille de Nankai

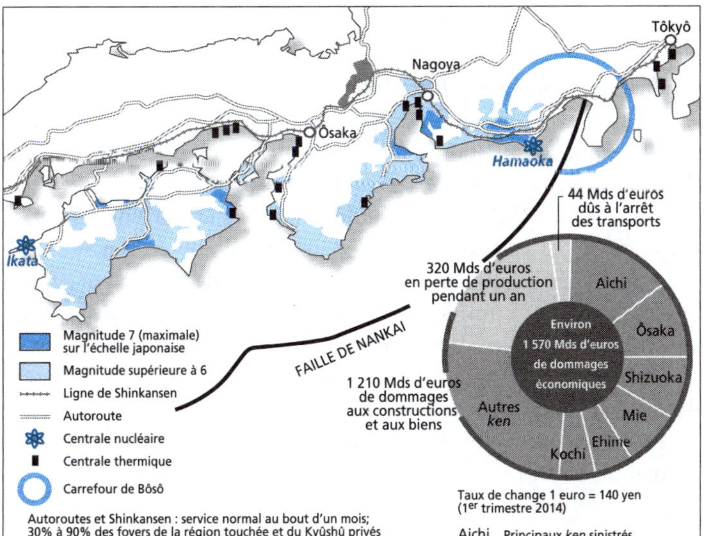

Source : *Yomiuri Shimbun*

sous-marines pour assurer son avenir économique. Mais la mer apparaît aussi traditionnellement comme un espace gros de dangers, et le paysan l'emporte sur le marin dans l'identité nationale japonaise. Les rapports de l'archipel avec la mer, et donc avec le monde, ont été une valse-hésitation entre ouverture et replis. Mais aujourd'hui, c'est l'avenir de la puissance japonaise qui se joue en partie dans les contentieux qui l'opposent à tous ses voisins sur ses frontières maritimes.

▸ L'espace maritime joue un rôle majeur dans l'identité du Japon comme dans son avenir économique

La rencontre au large de l'archipel du courant froid Oyashio et du courant chaud Kuroshio forme une zone exceptionnellement favorable à la pêche. La prédominance du poisson dans l'alimentation nippone s'explique aussi par l'interdit (partiel) du bouddhisme sur la viande. Même si, depuis 2006, les Japonais consomment plus de viande que de poisson, l'ichtyophagie constitue, avec le riz, l'élément essentiel d'une identité culinaire à laquelle ils attachent encore plus d'importance que les Français. Après-guerre, toute la génération du baby-boom et une partie de la suivante ont mangé de la baleine dans les cantines scolaires, et les Japonais en ont consommé plus que de n'importe quelle autre viande jusqu'en 1965 [1]. Cela explique, entre autres, pourquoi Tôkyô accepte encore d'assumer un prix financier et politique élevé pour continuer à pêcher la baleine à des fins prétendument scientifiques, alors que les Japonais n'en consomment plus qu'une vingtaine de grammes par tête et par an contre 30 kg en 1955.

Avec la riziculture, la pêche a longtemps été l'un des rares secteurs agroalimentaires qui couvrait les besoins de l'Archipel. Dans les années 1970, la flotte de pêche nippone était la première du monde. Elle s'est beaucoup réduite, sous l'effet de la généralisation des ZEE, qui lui ferme de plus en plus de zones, des efforts internationaux de protection des stocks halieutiques, et de la concurrence chinoise et coréenne. Les prises japonaises ont culminé à 11 millions de tonnes en 1985. Elles ont diminué environ de moitié, et le Japon est désormais le premier importateur mondial de poisson.

Davantage que pour la pêche, sa ZEE intéresse aujourd'hui le Japon pour les réserves d'hydrocarbure, de terres rares et de métaux qu'elle est susceptible de receler. Les restrictions aux exportations de terres rares par la Chine en 2010 et l'arrêt de tout le parc nucléaire après la catastrophe de Fukushima ont stimulé les recherches. D'après les médias nippons (peut-être excessivement enthousiastes) on aurait déjà localisé assez de terres rares pour subvenir à la consommation mondiale pendant deux siècles, et assez d'hydrates de méthane pour fournir à l'archipel l'équivalent de onze années d'importation d'hydrocarbures.

Mais le Japon n'est pas seul à convoiter ces ressources. Ses frontières maritimes sont sources de vives tensions avec tous ses voisins, sur lesquelles nous reviendrons [voir chapitre 2, III, 3].

▸ Les Japonais ont un rapport ambigu et contradictoire avec la mer, et, par-delà, avec le monde

L'insularité est la caractéristique essentielle du Japon sur le plan géopolitique, mais aussi pour son identité nationale : le Japonais est « insulaire » comme le Français est « gau-

1. Rappelons, s'il est besoin, que la baleine est un mammifère. Mais elle se pêche.

lois » et l'Américain « pionnier ». Insulaire, mais pas « archipélagique », car la multiplicité des îles s'efface devant la cohésion de l'État et de la nation. Insulaire aussi, car le fait d'être entouré de mer ne fait pas vraiment du Japonais un marin, à la différence de l'Anglais : il se voit bien davantage comme un paysan. Depuis la fin du XIXe siècle, nombre d'auteurs nippons ont présenté le « complexe insulaire » comme le fondement de ce que les Japonais appelaient *kokutai* – qu'on peut traduire à la fois par « caractère national » et par « corps national », et sur lequel nous reviendrons au chapitre 3. Ces auteurs partagent le même déterminisme géographique. Selon eux, « l'État-nation est apparu très tôt au Japon parce que c'est une île » et « les Japonais sont une nation soudée parce qu'ils vivent sur une île ». Néanmoins, ils proposent deux versions diamétralement opposées du fameux complexe.

Selon les uns, l'insularité a rendu les Japonais timides, introvertis et méfiants face à la mer, d'où sont toujours venues les menaces : tentatives d'invasions mongoles au XIIIe siècle, canonnières occidentales en 1853, occupants américains en 1945. Les tenants de cette école décrivent les Japonais comme des paysans, les pieds enfoncés au plus profond de leurs rizières. Selon eux, le *kokutai* a été forgé par les travaux des champs et des jours, qui ont fait des habitants de l'archipel un peuple travailleur et pacifique, tenace comme aucun autre dans l'adversité, et profondément respectueux de la nature. La mer n'est importante que parce qu'elle a protégé les Japonais des agressions extérieures, et les a contraints à exploiter le plus minutieusement possible le territoire clos de leur île – alors que les Occidentaux, maîtres des mers, n'ont cessé de gaspiller l'espace et les ressources de la planète en étendant toujours plus loin leur domination et leurs déprédations.

Selon d'autres, sa nature archipélagique fait du Japon un lieu de contact par excellence, apte comme aucun autre à recevoir les influences les plus diverses et à en tirer le meilleur – comme il l'a fait des techniques chinoises, puis occidentales. Mais, insularité aidant, il aurait toujours préservé la fameuse « âme japonaise » (*wakon*), ce qui ferait de lui le seul modèle réussi d'une modernité non occidentale. Dans les années 1980, au sommet de la réussite économique du Japon, ses dirigeants se plaisaient à évoquer pour leur pays un rôle privilégié de pont entre l'Occident (déclinant) et l'Asie (en plein essor), qui en aurait fait une pièce majeure sur l'échiquier mondial.

Les uns et les autres ont raison : tout dépend des périodes. À certains moments de leur histoire, les Japonais ont su être les « Vikings des mers d'Asie[1] » et les téméraires *raiders* de Pearl Harbour. À d'autres périodes, ils ont été interdits de navigation et confinés dans leurs rizières, comme à l'époque d'Edo.

II. Les hommes

Historiquement, le Japon n'a pu entretenir qu'une population réduite. Pendant la période d'Edo, après que la fin de l'anarchie a provoqué la renaissance démographique du pays, elle a fini par plafonner au niveau maximum que le terroir pouvait supporter (sans doute moins de 30 millions d'habitants). Elle était contrôlée par la pratique de l'infanticide, et écrêtée périodiquement par des famines. Quand la modernisation qui a suivi sa

1. L'expression est de Philippe Pelletier dans *Le Japon. Géographie, géopolitique et géohistoire*, Paris, Sedes, 2007.

réouverture a débloqué le compteur démographique (72 millions d'habitants en 1940), le Japon a été contraint à se lancer dans l'émigration et la quête de colonies. Seul le « miracle économique » d'après 1 945 a permis à l'archipel d'entretenir une population en forte augmentation, qui a culminé à 128 millions en 2010, mais décline depuis et vieillit de manière angoissante, comme nous le verrons plus loin [voir chapitre 7, III, 2].

Cette population est très inégalement répartie. Près de 70 % des Japonais s'entassent dans la Mégalopole du Pacifique, sur à peine plus de 3 % du territoire. Ils sont 37 millions dans la « région capitale » (Shutoken) délimitée par un cercle de 35 kilomètres de rayon autour de Tôkyô, 17,5 millions dans la conurbation Ôsaka-Kobe-Kyôto (Keihanshin), encore moins étendue, près de 9 pour celle de Nagoya, et plus de 4 pour Fukuoka-Kitakyûshû. L'économie n'est pas moins concentrée : plus de la moitié du PIB japonais provient du Kantô et du Kansai. Cet entassement constitue un facteur d'extrême vulnérabilité stratégique. Un seul missile frappant Tôkyô pourrait faire des millions de morts s'il est nucléaire, et risquerait fort de provoquer un chaos cataclysmique s'il n'est porteur « que » d'une charge chimique ou bactériologique. Lors de l'accident nucléaire de Fukushima, c'est d'ailleurs la peur d'un tel chaos, qui a convaincu le gouvernement, après avoir envisagé un moment de prendre des mesures d'évacuation, de ne rien faire qui pût déclencher la panique

Race pure, nation originelle ? Le mythe du *tan'itsu no minzoku*

▶ Le flou historique est entretenu sur les origines du peuplement de l'archipel au bénéfice d'un mythe national

Les origines du peuplement de l'archipel et de l'État qui l'a unifié restent mal connues. Les sources écrites sont tardives et lacunaires. Ce n'est qu'à partir du IVe siècle av. J.-C. que des chroniques chinoises mentionnent les premiers peuples de l'archipel, qu'elles nomment *Wa* (les nains). Les Japonais eux-mêmes n'ont rien écrit avant la « Chronique des choses anciennes » (*Kojiki*, 712 : douze siècles plus tard !), selon laquelle le premier empereur descend de la déesse solaire Amaterasu et a vécu pas moins de 126 ans (711-585 av. J.-C.). Il n'existe aucune source écrite japonaise fiable avant l'ère Heian (794-1185). Les sources archéologiques sont également insuffisantes. Le climat est peu favorable à la conservation des vestiges et l'architecture de bois ne défie pas les siècles. Mais surtout, les autorités ont longtemps répugné à explorer scientifiquement le passé national. Aujourd'hui encore, les grandes tombes impériales des origines de la dynastie (IIIe-IVe siècle) restent pratiquement interdites de fouilles.

Cette réticence reflète l'idéologie quasi officielle qui présente les Japonais comme une « nation/race/peuple homogène et unique » (*tan'itsu no minzoku*). Cette idéologie repose sur trois postulats : les Japonais seraient issus d'une unique souche autochtone et jamais métissée ; la nation et l'État auraient toujours coïncidé avec les limites de l'archipel ; la dynastie impériale serait ininterrompue depuis plus de vingt-cinq siècles. L'identité japonaise s'est bâtie sur cette mythologie, assez tard et en deux temps : d'abord à l'époque d'Edo, puis après que le pays a été rouvert de force, quand le régime de Meiji (1868-1912) a dû souder la nation pour résister à l'impérialisme.

La formation du territoire national japonais (1)
Peuplement et occupation progressive de l'archipel

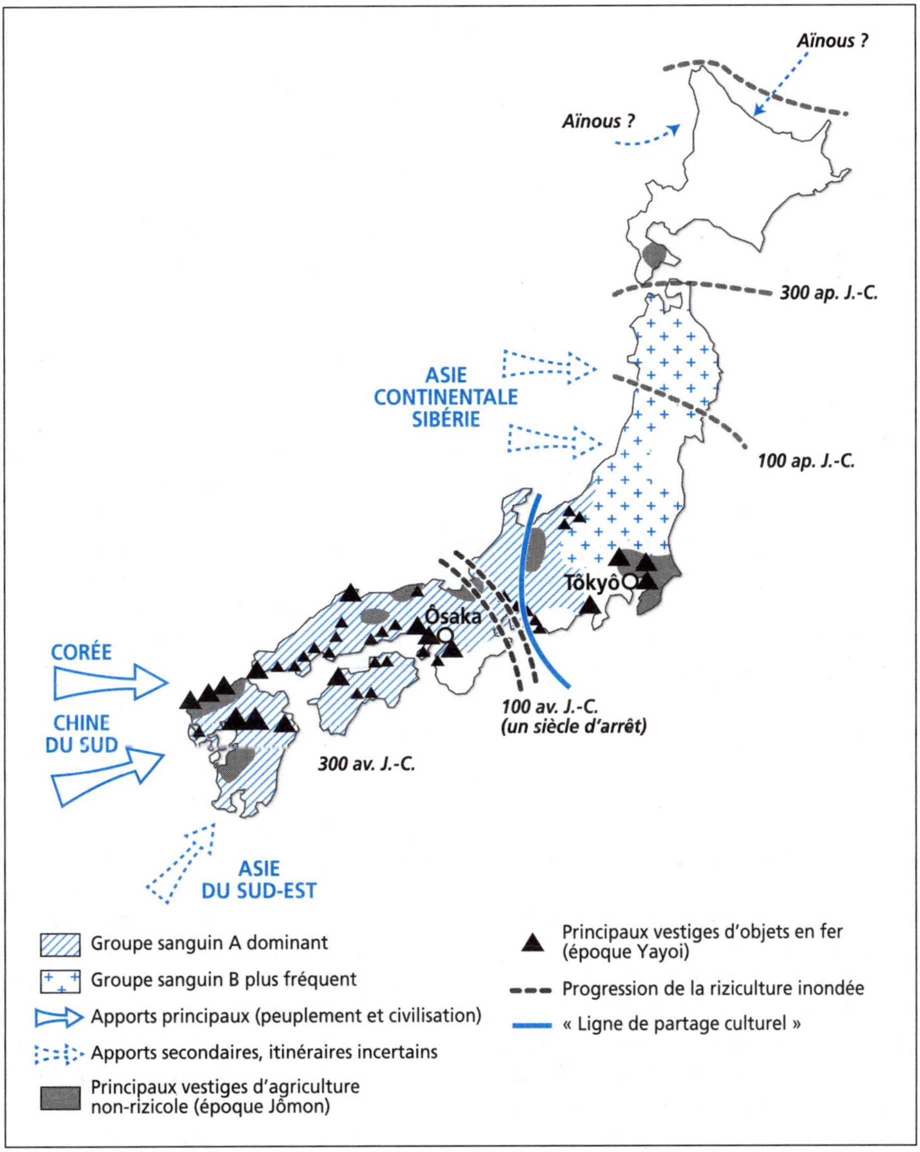

Nous reviendrons sur ce mythe au chapitre suivant. Retenons ici qu'il a eu – et a encore – des conséquences géopolitiques importantes en rendant les Japonais méfiants à l'égard du monde. Même ceux qui savent qu'il ne correspond pas à la réalité historique ont le sentiment que leur pays doit sa force à ce grand récit national. C'est pourquoi il imprègne encore l'inconscient collectif, et parfois le discours politique.

▸ La réalité est celle de vagues successives de peuplement et d'une terre d'immigration jusqu'au VIIe siècle de notre ère

Dans la dernière période du paléolithique japonais (13 000-10 000 av. J.-C.), la manière de tailler les pierres atteste la présence de deux souches de peuplement distinctes, l'une sans doute venue d'Asie du Nord et l'autre de Chine du Sud. Cette dualité se retrouve pendant la période Jômon (10 000-300 av. J.-C.), où l'agriculture apparaît timidement. Dans le nord-est de l'archipel, on cultive le sarrasin et l'orge, et le riz dans l'ouest et le sud.

Vers 300 av. J.-C., le Japon découvre d'un coup le métal, le tour de potier et la riziculture inondée. Ces innovations arrivent par le Kyûshû, où semblent s'être imposés de nouveaux groupes venant de Chine, pour des raisons et par des itinéraires qui restent flous. La nouvelle civilisation, dite Yayoi, est organisée en clans et en petites principautés, dont certaines ont des relations avec la cour impériale chinoise. C'est à cette période que les chroniques chinoises commencent à parler du « Pays des *Wa* ». On conjecture que les nouveaux venus ont repoussé les peuplades Jômon vers le nord, tout en se métissant partiellement avec elles.

Entre 265 et 413 de notre ère, les contacts avec la Chine sont coupés pour cause d'anarchie sur le continent. Pendant ce trou noir, le Japon connaît une nouvelle mutation. Quand les récits chinois reprennent, le centre de gravité de l'archipel s'est déplacé dans le Kansai. Il est désormais soumis à un souverain unique qui règne sur l'État de Yamato. Aucune explication n'est donnée à ce bouleversement. Encore aujourd'hui, on reste réduit aux conjectures. La plus sacrilège aux yeux des tenants du *tan'itsu no minzoku* est celle de l'historien Namio Egami (1906-2002) : un « peuple cavalier » venu de Chine, peu nombreux mais disposant d'une supériorité militaire écrasante, se serait imposé par la force dans l'archipel, comme la petite troupe des Normands l'a fait en Angleterre et celle des conquistadors en Amérique.

Aujourd'hui, la thèse dominante est celle d'une longue lutte pour le pouvoir entre les grands clans Yayoi, de leur poussée vers le nord à mesure qu'ils refoulaient les tribus Jômon, et de l'arrivée de cavaliers chinois (peut-être les vaincus des guerres de la période des Trois Royaumes : 220-265), qui prêtèrent leurs concours aux uns et aux autres, jusqu'à la victoire du clan Yamato. Une histoire de rivalités politiques et guerrières, et de mercenaires : rien qui fasse du Japon un État-nation né spontanément d'un quelconque déterminisme insulaire. Et n'en déplaise aux tenants de la race japonaise pure, dans l'annuaire des familles aristocratiques de la cour de Heian en 815, un tiers est clairement d'origine chinoise et coréenne. L'empereur Kammu (781-806) se flattait d'avoir du sang royal coréen par sa mère. Mais quand l'actuel souverain s'est risqué à évoquer cette lointaine parenté, les médias et la classe politique ont accueilli cette déclaration iconoclaste avec une froideur marquée.

L'histoire de son peuplement a laissé des traces dans l'archipel, sous forme d'une « ligne de partage culturel » passant entre le Kansai et le Kantô. À ce partage s'ajoute une division climatique marquée selon deux axes Nord-Sud et Est-Ouest, qui fait du Japon une terre de diversité plus grande qu'on ne le croit ordinairement. Mais il n'en donne pas moins l'impression d'une très grande homogénéité, qu'il doit notamment à la période d'Edo.

La ligne de partage culturel

Outre les différences de groupes sanguins [voir carte page 21], la culture des régions de l'archipel situées de part et d'autre de cette ligne se distingue sur nombre d'aspects. Le premier est celui des habitudes alimentaires. À l'Est, on mange de la patate douce, de la morue et du saumon, du porc ; à l'Ouest, plutôt de la pomme de terre, de la daurade et de la sériole (petit thon), du bœuf. À l'Est, on assaisonne au sel, à l'Ouest plutôt au vinaigre. À l'Est (sauf le Kyûshû), les nouilles traditionnelles sont du type *ramen*, et de type *udon* à l'Ouest. La maison traditionnelle a trois pièces à l'Est et quatre à l'Ouest. À l'Ouest, la société a gardé des traces de la structure matriarcale assez souple qui semble avoir été prédominante à l'époque Yayoi, alors que celle de l'Est est plus fortement patriarcale, autoritaire et hiérarchisée.

▶ L'isolement pendant la période d'Edo a fragmenté la communauté japonaise autant qu'il l'a soudée

Isolement oblige, le mythe du *tan'itsu no minzoku* a pris racine à la période d'Edo, alors – pourtant – que l'espace et la population étaient fragmentés par une multitude de nouveaux clivages. L'archipel était divisé en quelque 300 fiefs. Pour remettre en ordre une société bouleversée par plusieurs siècles d'anarchie, le nouveau régime l'avait corsetée dans un système de cinq castes étanches, et immobilisée : les paysans étaient attachés à leur village sous peine de mort et il fallait des permis pour circuler. Un État de type moderne avait enfin fermement unifié l'archipel, mais la diversité des territoires, des sociocultures et des parlers n'a pas disparu, au contraire. Les clivages entre les groupes se sont durcis avec les castes, et multipliés du fait de l'existence, en dehors de celles-ci, d'un grand nombre de statuts rigides et héréditaires (valets, pêcheurs, chasseurs, charbonniers, forgerons, colporteurs, etc.).

Dans le Japon d'Edo, nul n'était « japonais ». On était d'une caste, d'un village et d'un fief dont on ne pouvait pas sortir, sinon par le bas : celui qui manquait à ses obligations était réduit au rang de paria. Aujourd'hui baptisés *burakumin*, les parias sont un des legs honteux d'Edo au Japon contemporain, où ils restent encore fortement discriminés un siècle et demi après avoir été libérés par le régime de Meiji. Même si les *burakumin* constituent un cas extrême, les clivages établis partout par le régime d'Edo ont persisté longtemps. Dans les zones rurales, on les retrouvait encore à la fin du XXe siècle dans la géographie électorale – comme d'ailleurs on y retrouve en France les stigmates de la Chouannerie. Pour autant, le régime Edo a immensément contribué à l'homogénéité du Japon, tant au plan de l'organisation sociale et de celle de l'État que sur celui de l'identité nationale, comme nous le verrons plus loin [voir chapitre 4, I, 2].

Les hommes comme ressource pour la modernisation

▶ L'expansion démographique a joué un rôle majeur dans le développement du Japon depuis le XIXe siècle

Au milieu du XIXe siècle, la population de l'archipel japonais était (très approximativement) estimée à 27 millions d'habitants, et celle de la France (peut-être surestimée) à 36 millions. En 2013, l'Archipel en compte 126 millions et l'Hexagone, 64. La population japonaise a plus que quadruplé, celle de la France même pas doublé. Par leur nombre et

CROISSANCE COMPARÉE DE LA POPULATION DEPUIS 1850

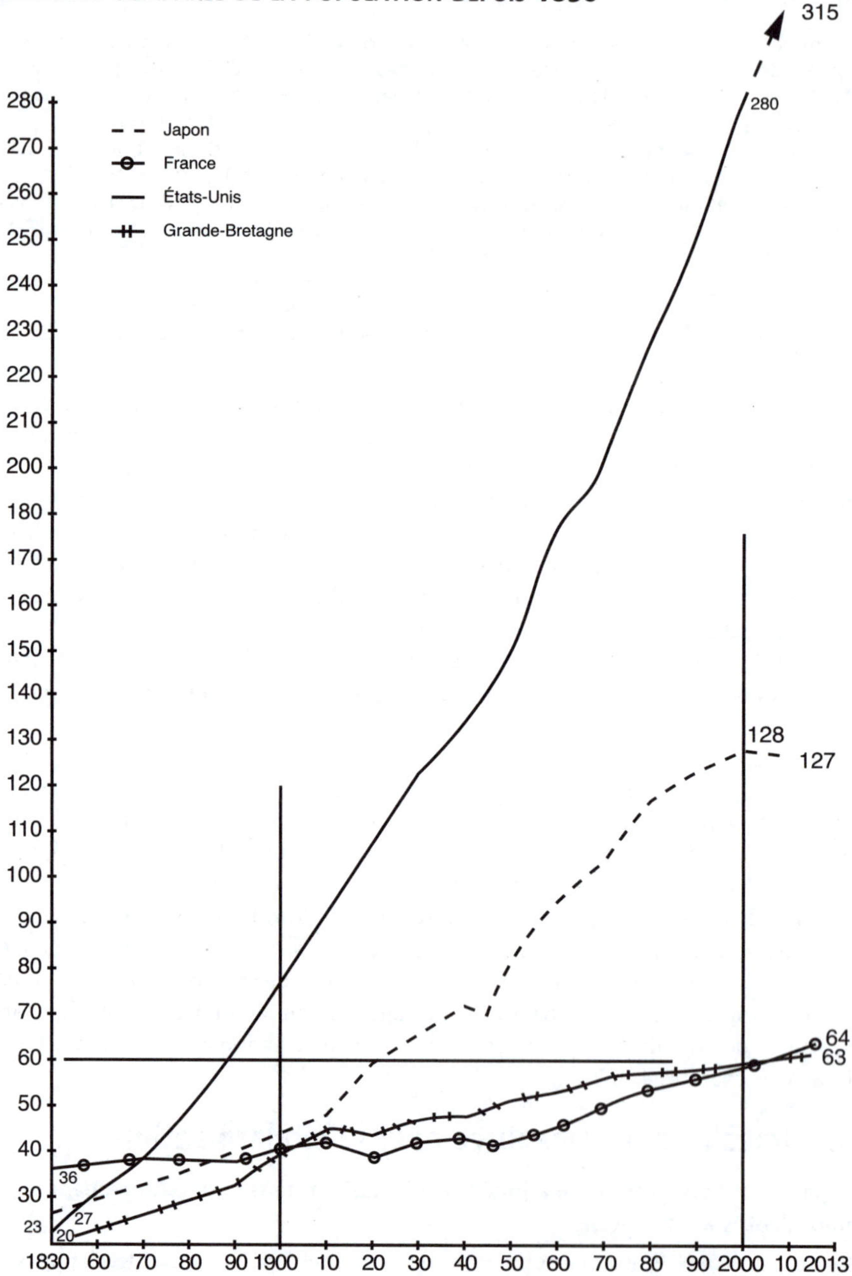

leurs qualités, ces hommes ont été essentiels à l'essor qui a transformé le « petit archipel dépourvu de ressources » en deuxième économie du monde libre, un siècle seulement après sa réouverture au monde. Essentiels comme producteurs et comme soldats, mais aussi, et peut-être surtout, comme consommateurs : parmi les pays développés, le Japon est celui qui consomme et investit la plus grande part de ce qu'il produit, comme nous le verrons plus loin [voir chapitre 6, I, 2]. En 2011, les exportations n'y comptaient que pour 11 % du PIB, contre 25 % pour la France. On l'oublie souvent en Occident, obnubilé par l'image d'un pays dont les exportations ont mis à mal des pans entiers de nos industries dans les années 1970-1980.

Un moment, cette explosion démographique a menacé de dépasser ce que l'archipel pouvait supporter. Alors, les Japonais ont émigré, vers les États-Unis avant que ceux-ci ferment leur porte aux Asiatiques en 1924, puis en Amérique du Sud. Quelques 5 millions sont allés coloniser Taiwan, la Corée et la Mandchourie, d'où ils seront rapatriés en 1945, dans des conditions parfois dramatiques. Cela met à mal le stéréotype d'un peuple attaché à son pays comme la moule à son rocher.

▸ Le Japon a su tirer le meilleur parti de cette population en termes de productivité et d'énergie nationale

Accroître le nombre des hommes accroît mathématiquement la croissance potentielle d'un pays, mais encore faut-il réaliser ce potentiel grâce à un mode de production performant. Sur ce plan, le Japon a si bien réussi que, dès les années 1970, l'Occident a cherché à percer les secrets du « modèle japonais », que nous analyserons plus loin [voir chapitre 3, II, 2 et 3]. Mais il existe aussi ce qu'on peut baptiser « l'énergie nationale » – ce qui fait qu'à un moment de l'histoire, une nation se trouve animée d'un dynamisme ou portée par un idéal qui la rend capable d'accomplir de grandes choses, pour le meilleur ou pour le pire. Ainsi ont été la France de la Révolution, l'URSS à ses débuts, l'Allemagne de la revanche après 1918, ou les États-Unis dans la Seconde Guerre mondiale.

Pour cela, il faut de la cohésion, de la foi en soi et en sa cause, un but clair, un ennemi bien défini, et un leader ou une élite dirigeante décidée(e). Tout cela, le Japon l'avait à l'ère Meiji, dont les oligarques ont su mobiliser un peuple qui se découvrait nation derrière le mot d'ordre : « Un pays riche, une armée forte » (*Fukoku kyôhei*), face à des adversaires que la différence raciale identifiait clairement. Au lendemain de la défaite, la nation japonaise, un moment jetée dans la confusion et divisée, s'est ressoudée autour du slogan : « Rattraper l'Occident ». Dans la démocratie nouvelle-née, le leadership était diffus, mais le message était porté par un chœur médiatique unanime. La rapidité et l'équité avec lesquelles les bénéfices de la croissance ont été redistribués dès les années 1960 ont nourri la fierté et l'optimisme jusqu'aux années 1980, qui ont vu l'apogée de la puissance économique, commerciale et financière du Japon. Mais aujourd'hui, comme nous le verrons [voir chapitre 7, II, 2 et 3], l'effondrement démographique menace, les inégalités se creusent dans la société japonaise, et la crise remet l'énergie nationale en question.

III. L'État et la nation : les rizières, les routes et le temps impérial

La construction de l'État japonais a été chaotique. Il émerge tardivement, vers le IVe siècle. Se structure sur le modèle chinois, aux mains d'une aristocratie de cour cosmopolite. S'affaisse sous son propre poids. Est ramassé par les guerriers, qui instaurent le *bakufu*[1]. Se perd pendant plus de quatre siècles de guerres féodales (XIIIe-XVIe siècle). Est brutalement restauré au début du XVIIe siècle par les Tokugawa, dont le régime « féodal moderne » s'effondre à partir de 1853 sous la pression occidentale. Évolue à l'ère Meiji (1868-1912) en une monarchie qui devient parlementaire de mauvais gré. Est pris en otage à partir de 1930 par les militaires, à la poursuite d'un agenda autoritaire et expansionniste. Est enfin transformé en une démocratie de plein exercice par les Américains, qui occupent le pays de 1945 à 1952.

Par-delà leur diversité, chacun de ces systèmes étatiques a dû faire face à deux problèmes vitaux : les rizières et les routes. Nourrir le territoire et l'intégrer. Et par-delà leur succession mouvementée, le Japon a bénéficié de la continuité exceptionnelle de la dynastie impériale.

La formation du territoire et de l'esprit national : la rizière

▶ Dans l'histoire japonaise, la stabilité des rizières a toujours été le souci premier de l'État

Avant l'époque contemporaine, le Japon a connu deux formes d'État qui sont restées comme des modèles. L'État aristocratique sur le modèle chinois, dont le père révéré est le prince régent Shôtoku (574-622), est resté dans la tradition nippone comme un Âge d'Or, dont le régime de Meiji se réclamera en se présentant comme une « restauration ». Le robuste État d'Edo a remis le pays en ordre, et semé, malgré ses archaïsmes, les graines d'une modernité qui permettra de relever le défi occidental. Principal point commun : chacun d'eux s'est attribué la propriété des terres cultivables, dont il dictait les modalités d'exploitation.

L'État de « l'Âge d'Or » avait divisé le terroir en parcelles égales, qui étaient attribuées aux familles paysannes en fonction du nombre de leurs membres ; les paysans cultivaient en outre des champs publics. Ce communisme rural est resté dans la mémoire collective comme un idéal de bon gouvernement. La déliquescence de l'État aristocratique a ensuite permis aux potentats locaux de toute espèce de dépecer le terroir et d'asservir les paysans en constituant des « manoirs » (*shôen*), dotés de leurs propres milices. Le Japon est entré dans des siècles de conflits de type féodal pour la terre et le pouvoir, tandis que la paysannerie brutalisée multipliait les révoltes.

L'État d'Edo a ramené l'ordre et repris la propriété des rizières. Il en a confié l'administration aux *daimyô*[2] sous forme de fiefs dont il pouvait les déposséder à son gré, et l'exploitation aux paysans sous forme de parcelles qu'ils ne pouvaient pas quitter, mais qu'on ne pouvait pas leur enlever tant qu'ils payaient leur impôt. Pouvoir très autoritaire aidant, deux siècles et demi de stabilité en ont résulté.

---

1. Le « gouvernement sous la tente » (du général en campagne), *alias* shogunat.

2. Les « grands noms » (seigneurs).

Modernité oblige : le régime de Meiji a privatisé les rizières. Leur marchandisation a créé une catégorie de grands propriétaires face à cinq millions de familles dépossédées, réduites au statut de fermier, et de petits propriétaires vivant dans des conditions précaires. Mais la concentration de la propriété n'a pas entraîné celle de l'exploitation : en 1940, les micro-exploitations de moins de 2 hectares représentaient encore 90 % des terres cultivées. Ce paradoxe tient au fait que la modernisation de l'agriculture s'est opérée sans gros investissements, essentiellement en accroissant la productivité grâce à un travail plus efficace et à la sélection de meilleures semences. Néanmoins, la précarisation d'une grande partie de la population des rizières a provoqué une agitation croissante. Celle-ci n'est pas étrangère à la montée du militarisme, qui avait une forte composante agrarienne, et qui a fini par mettre la main sur l'État.

▶ Les rizières ont été pleinement intégrées au « miracle économique » d'après-guerre

Les Américains, qui occupent le Japon de 1945 à 1952, et les élites japonaises en tirent la leçon. Ils ramènent *mutatis mutandis* les rizières à leur statut de l'époque d'Edo. Une réforme agraire radicale recrée six millions de micropropriétés. On les protège contre une nouvelle dépossession par la multiplication des subventions, le contrôle du marché du riz par l'État, et un protectionnisme en béton. Une loi-cadre de 1961 pose en principe l'égalité des revenus entre ruraux et citadins. On fait mieux : le revenu par tête des premiers, qui était inférieur d'un tiers à celui des citadins en 1960, lui est supérieur de 13 % en 1988. Pour ce faire, l'État a créé systématiquement de l'activité dans les campagnes, en y multipliant les travaux publics et en y favorisant le maintien d'un tissu de PMI au nom de « la symbiose de l'agriculture et de l'industrie » (*nôkô ittai*). Conséquence : à la fin du XXe siècle, plus des trois-quarts des « agriculteurs » nippons tiraient en réalité l'essentiel de leurs revenus d'activités non agricoles.

À rizières prospères, régime stable : les circonscriptions rurales, très surreprésentées, sont le fief inébranlable du PLD qui gouverne le Japon de 1955 à 2009, et de nouveau depuis fin 2012. Les conservateurs veillent à faire pleinement profiter les campagnes de la croissance économique, en dépit des inconvénients : coût très élevé des produits alimentaires, récriminations des partenaires commerciaux du Japon, rien n'y fait. Alors que l'agriculture emploie aujourd'hui moins de 4,5 % de la population active et fournit à peine 1 % du PIB [1], la défense des rizières est restée une cause politique sacrée.

▶ Les mythes attachés à la ruralité sont un puissant facteur du sentiment national

La ruralité occupe dans l'imaginaire collectif japonais une place sans commune mesure avec le poids économique et démographique des campagnes. On peut y trouver des raisons dans l'héritage confucéen et shintô, ou dans le fait qu'à l'époque d'Edo la taille des fiefs était mesurée en *koku* [2] et l'impôt payé principalement en riz – qui était ainsi la mesure de tout. Il y a aussi la manière dont le Japon a construit son identité nationale après sa réouverture forcée. Les Occidentaux étant venus d'au-delà les mers pour agresser une nation « attachée à la terre », au sens propre, il était tentant d'identifier les Japonais à une paysannerie paisible avec les vertus afférentes (frugalité, labeur, ténacité, amour de la nature) et ses agresseurs à

1. Le rapprochement des deux chiffres donne la mesure de la sous-productivité du secteur agricole.
2. La quantité de riz pour nourrir une personne pendant un an.

des nomades belliqueux et ravageurs, comme fait le pseudo Ben-Dasan[1]. La défaite de 1945 et Hiroshima ont complété ce mythe en survalorisant les composantes « éprise de paix » et « tenace face aux catastrophes », et en y rajoutant l'image de la « nation victime », à laquelle l'Occident a infligé sans nécessité l'horreur atomique, à elle seule réservée.

Les « théories de la japonitude » (*Nihonjinron*), qui foisonnent à partir des années 1960, déclinent à l'infini le thème de « l'âme paysanne ». Déclinaison politique : les vieux villages japonais étaient des démocraties naturelles fondées sur le consensus, qui vaut mieux que la « tyrannie de la majorité » du parlementarisme occidental. Variante sociologique : l'entreprise japonaise est extension quasi-naturelle de la communauté de travail familiale des rizières (*ie*). Économie : le capitalisme japonais valorise le long terme et respecte le labeur des hommes, que sa version occidentale méprise. Écologie : le paysan nippon, qui ne pouvait quitter sa parcelle exiguë, n'avait pas d'autre choix que d'en prendre un soin minutieux, quand l'éleveur nomade occidental ravageait un pâturage après l'autre. Futurologie : l'Humanité ayant enfin pris conscience que la planète est son seul lot, le modèle japonais de « révolution industrieuse » est l'avenir d'un monde que la « révolution industrielle » occidentale a ravagé.

Mais une génération de citadins succédant à l'autre, et deux décennies de crise aidant, les charmes de la ruralité s'épuisent. Une fracture croissante entre les villes et les rizières menace la cohésion nationale. Et le dépeuplement continu des campagnes, où l'âge moyen des chefs d'exploitation dépasse désormais 67 ans, menace désormais jusqu'à l'entretien d'une grande partie du terroir, dont une restructuration radicale s'impose, comme nous le verrons [voir chapitre 4, III, 3].

La formation du territoire national : les voies de communication

▶ Les voies de communication ont été essentielles à la constitution du territoire national

Dans un pays au relief très fragmenté, et qui ne se connaît pas de menace extérieure, les voies de communication, plus que les frontières, ont été l'élément essentiel de la cohésion nationale. Les routes, c'est le pays et c'est l'État : il existe là où ses représentants peuvent aller chercher le grain des impôts. Certaines cartes anciennes du Japon ne montrent même pas les limites de l'archipel, seulement les circuits de routes. Pour le gouvernement d'Edo, les communications étaient le pouvoir même. Routes et ports ne relevaient pas des fiefs, mais de son autorité directe. Les déplacements étaient contrôlés : interdits à la masse de la population, mais obligatoires pour les *daimyô*, contraints à un mouvement perpétuel entre leurs fiefs et Edo, où ils devaient résider un an sur deux. Le cabotage transportait l'essentiel des marchandises ; sur les routes, pas de véhicules à roue mais des palanquins, pas de bêtes de somme et peu de chevaux de bât, mais des marcheurs et des porteurs. Qu'on se déplaçât lentement servait le pouvoir…

▶ L'État a doté l'archipel d'infrastructures de transports très denses, sur lesquelles il conserve un puissant droit de regard

L'État japonais moderne s'est attaché à garder le contrôle des communications, tout en dotant le pays d'infrastructures de grande qualité, pour des raisons économiques, et parfois

1. Shôten Yamamoto (*alias* Isaiah ben-Dasan), *Nihonjin to Yudaijin* [Les Japonais et les Juifs], 1972.

Le Shinkansen, « meilleur réseau ferré du monde »

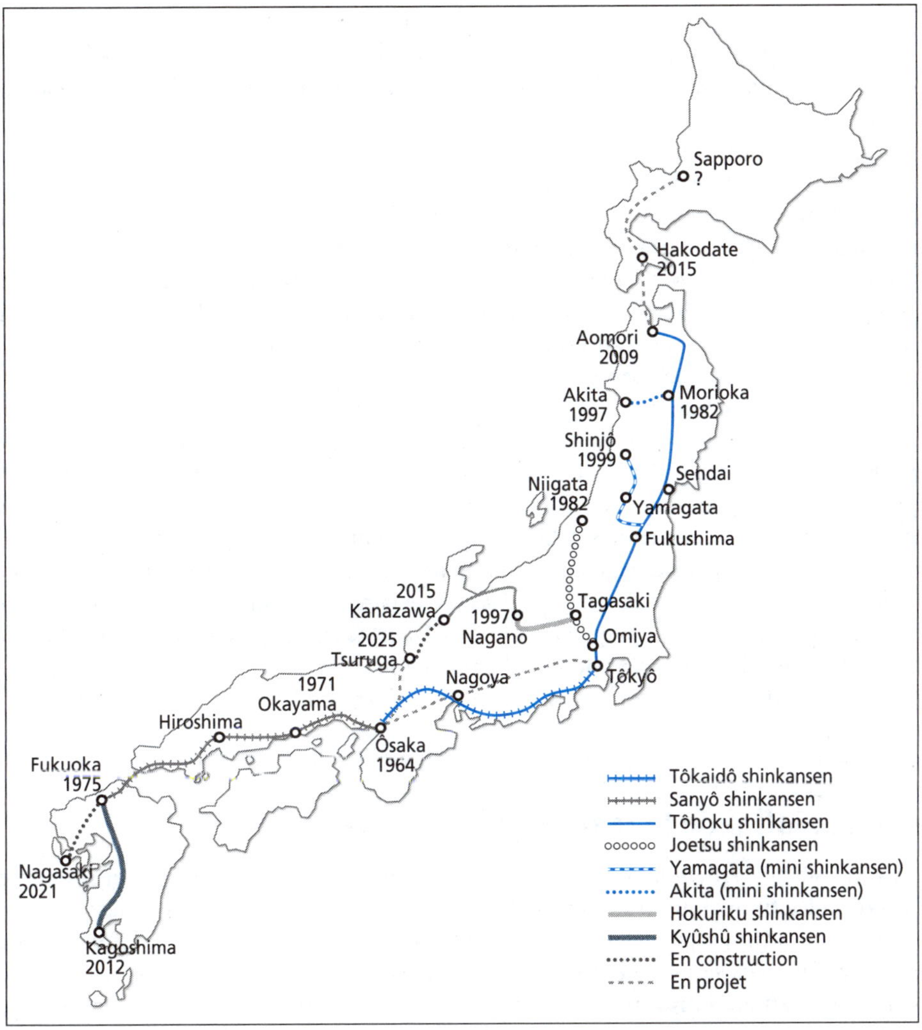

démesurées pour des raisons politiques. Depuis l'ouverture en 1988 du plus long tunnel sous-marin du monde entre Honshû à Hokkaido, ces infrastructures relient les quatre îles principales de l'archipel, qui n'en est donc plus un au sens propre.

Le Shinkansen, fleuron du réseau ferré dès 1964 (TGV : 1981), a été développé depuis Tôkyô, d'abord entre les pôles de la Mégalopole du Pacifique, avant d'être poussé à grands frais vers « le Japon de l'Envers » (*Ura Nihon*), les zones rurales de la rude façade ouest. Le développement du réseau routier et autoroutier dans les années 1960 est allé de pair avec la volonté de créer une puissante industrie automobile au Japon – avec le succès que l'on sait. La comparaison avec la France, réputée pour la qualité de ses transports, est parlante : par kilomètre carré propre à l'occupation humaine, le Japon a construit 550 mètres de voie ferrée contre 113, et 13,4 kilomètres de route contre 2,5. Grâce à quoi le Japon est le pays du *takkyûbin* – le système de transport qui permet d'expédier un colis d'un point à l'autre de l'archipel en 24 heures chrono (parfois 48 h pour Hokkaidô et Okinawa), 365 jours par an, ce qui ne contribue pas peu à sa cohésion.

Le réseau ferré a toujours fait une place aux compagnies privées, mais les JNR (Japan National Railways) en contrôlaient l'essentiel depuis 1908. La régie publique Nihon Dôro Kôdan gérait les autoroutes depuis 1956. La construction massive d'infrastructures non rentables, pour des motifs économiques (faire travailler les quelque 850 000 entreprises du BTP) et électoralistes, a accablé de dettes ces deux entités. L'État a engagé leur privatisation (JNR : 1987 ; NDK : 2006), en les divisant en compagnies régionales et en transférant *de facto* leurs dettes aux contribuables ; toutefois, à l'exception des deux compagnies ferroviaires du Honshû, il reste encore seul ou principal actionnaire des entités qu'il ainsi créées. Dans les airs, le partage autoritaire du marché entre All Nippon Airways (ANA) pour les lignes intérieures et Japan Airlines (JAL) pour l'international a vécu, mais l'État a continué à fixer les tarifs jusqu'en 2000. Et quand JAL, privatisée en 1986, a été contrainte de déposer momentanément son bilan en 2010, les compagnies étrangères tentées d'entrer au capital de ce porte-drapeau de l'Archipel s'y sont cassé les dents.

Le temps infini de la légitimité impériale

Un troisième élément a joué un rôle central dans la formation de la nation japonaise : le temps de la légitimité, qu'on ne confondra pas avec celui du pouvoir. La dynastie impériale de Yamato n'est ni longue de vingt-cinq siècles (tout au plus de seize), ni ininterrompue, comme les Japonais se plaisent à le répéter. Mais comparée à l'histoire des dynasties européenne, sa pérennité à travers les soubresauts d'une histoire violente est exceptionnelle, et plus encore son *come-back* en 1868 après des siècles d'obscurité (et parfois de misère) dans l'ombre des shôguns.

De l'ère Meiji à 1945, alors même que le Japon se modernisait à marche forcée, le culte du Tennô enseignait à toute la nation qu'elle devait son existence même à la lignée impériale, issue de la déesse solaire Amaterasu. Bien plus tôt, même au plus fort de la période d'anarchie, les paysans révoltés qui envahissaient Kyôto ne songeaient pas à massacrer le souverain : ils lui réclamaient un « édit de bon gouvernement » qui allait « guérir le monde ». Dans la conception cyclique du temps, qui prévaut au sein des sociétés paysannes et que le shintô nourrit, l'empereur est celui qui assure en dernier ressort que le bon temps finira toujours par revenir. Il est le principe de vie de la nation, ce qui mérite bien qu'on meure pour lui. Sa légitimité – non pas à gouverner mais à « être » – défie le temps. Quand le monde d'Edo s'est écroulé, il est apparu comme le recours naturel qui a fourni aux réformistes non pas un chef, mais un principe autour duquel unir leurs ambitions, et la nation. Et en 2000 encore, il s'est trouvé un Premier ministre nippon pour affirmer en public que « le Japon est le pays des dieux, et l'empereur son pilier central ».

La même continuité s'observe dans le personnel politique. Le prince Konoe, conseiller le plus proche de Hirohito, qui se suicidera en 1945, et Morihiro Hosokawa, surnommé « le Kennedy japonais » et Premier ministre en 1993-1994, descendaient tous deux de la lignée aristocratique des Fujiwara qui dominait déjà la Cour de Yamato au VIIe siècle. Et dans les rangs des parlementaires du PLD, nombreuses sont les lignées qui détiennent un siège depuis deux, trois et parfois quatre générations. Les systèmes passent, mais les protecteurs, petits et grands, restent pour assurer la vie des Japonais.

IV. Contraintes et horizons

Les contraintes intérieures (l'étroitesse de l'espace utile), mais surtout extérieures (l'intrusion des Occidentaux en Asie à partir du XVIe siècle), ont entraîné, au cours de l'histoire, de multiples bouleversements des deux données géopolitiques fondamentales pour le Japon, comme pour tout autre pays : sa place dans l'espace régional et mondial, et sa dynamique nationale (identité, cohésion), d'où découlent les buts qu'il s'assigne et l'énergie disponible pour les atteindre. La crise économique, politique et sociale qu'il traverse depuis les années 1990 est le dernier dans une longue succession de phénomènes de cet ordre.

D'un monde à l'autre

Le Japon s'est éveillé à la conscience de lui-même dans un monde sino-centré. Mais sa position archipélagique lui conférait plus d'autonomie que n'en avaient les pays situés au contact direct de la Chine. Il a manifesté envers l'empire du Milieu une hardiesse que traduisent le nom même de *Nihon*, l'alternance des périodes d'ouverture et de replis, l'activité des pirates nippons [voir chapitre 2, III, 1], voire le projet d'une conquête de la Chine qui se profilait derrière l'incursion japonaise de 1592-1598 en Corée. La fierté nationale du Japon était résumée par la formule « *Wakon kansai* » (Esprit japonais, technologie chinoise), qu'il reprendra face aux Occidentaux en changeant un seul idéogramme : le *kan* (chinois) devint *yô* (occidental).

Le Japon a ensuite vécu deux siècles d'isolement. Cette expérience a nourri une méfiance envers le monde et une méconnaissance des règles du jeu international qui l'ont desservi quand il a été contraint de se rouvrir en 1853. Isolé dans un monde dominé par les puissances impérialistes, il a calqué sa conduite sur la leur. Mais son expansion coloniale avait moins pour objectif de conquérir des territoires pour les exploiter que d'assurer sa sécurité en contrôlant ses accès maritimes autant que faire se pouvait, et plus encore en se faisant admettre dans le club des Grands en « quittant l'Asie pour entrer en Occident » (*Datsu A nyû Ô*), selon la formule célèbre de Yukichi Fukuzawa[1].

1. 1835-1901. Samurai du fief de Nakatsu, important acteur de la vie politique et intellectuelle de l'ère Meiji, fondateur de la grande université Keio.

Après sa défaite, le Japon s'est retrouvé dans un monde commandé par sa relation économique et sécuritaire avec les États-Unis. Elle lui a procuré les ressources pour rebondir, mais Washington n'a pas ménagé les intérêts nationaux de son protégé. Comme jadis face à l'empire du Milieu, le Japon a toujours dû s'efforcer de conquérir une marge d'autonomie, au prix de tensions croissantes [voir chapitre 8, II, 2]. Aujourd'hui, le grand retour de la Chine sur la scène régionale et mondiale le place face au dilemme d'une relation triangulaire, au sein de laquelle il court le double risque de voir les deux autres s'entendre à ses dépens, ou d'être entraîné malgré lui dans un conflit [voir chapitre 9, II].

D'une identité à l'autre

Autant de mondes, autant d'identités. Le Japon des origines était cosmopolite, si tant est que ce terme ait eu un sens à cette époque. À « l'Âge d'Or » de l'État sur le modèle chinois, il était stable, paysan, et épris de l'art sophistiqué du bien vivre que cultivait l'élite aristocratique. La période des guerres intestines a rebattu brutalement les cartes sociales, et fait de l'archipel une terre d'aventuriers et d'entrepreneurs économiques ou militaires. Le régime d'Edo lui a passé un corset ; plein de contradictions, il a réunifié le pays tout en fragmentant l'espace et la société, et survalorisé symboliquement les guerriers et la paysannerie tout en fonctionnant grâce aux marchands qu'il avait relégués en bas de la hiérarchie des castes.

Remis par force au contact du monde, le Japon s'est trouvé coincé sous le regard d'un Autre qui le dominait avec arrogance. Il est devenu hypersensible à l'image qu'il donnait à l'Occident (et l'est resté), car c'est en ayant « une image occidentale » qu'il espérait recevoir son ticket d'entrée dans le club des Grands. Faute d'y être admis, il s'est exaspéré. C'est une nation frustrée de se voir discriminée pour des raisons racistes qui a porté les militaires au pouvoir, ou du moins les a laissés faire. Le Japon des années 1930 s'est ainsi découvert une âme guerrière et, pour la première fois, une identité qui avait quelque chose « d'Asie ». Une Asie dominée et exploitée par les Occidentaux, et dont il entendait être le grand frère protecteur et le maître sévère mais juste, sur le mode confucéen. On sait ce qu'il en est advenu…

Après 1945, nouveau changement d'identité, soigneusement orchestré par les dirigeants. L'Archipel se présente désormais comme « le Japon épris de paix » (*heiwa wo ai suru Nihon*), qui a tiré la leçon de ses erreurs. Le guerrier est renié au profit d'un Japon laborieux, dont l'objectif est maintenant de « rattraper l'Occident » en termes de prospérité. La puissance et la reconnaissance lui seront – pense-t-il – données par surcroît. Le désappointement est grand, dans les années 1980, quand il pense toucher au but, mais suscite en Occident plus d'hostilité que d'admiration, notamment en raison de l'introversion persistante de son économie [voir chapitre 6, I, 2].

Depuis plus de deux décennies, avec la mondialisation, cette introversion piège le Japon. Son économie peine à s'adapter, sa société souffre, sa population vieillit, son énergie nationale est menacée. Entre frustration nationaliste, émergence de l'individualisme et tentation du repos (sinon du déclin) après un demi-siècle de mobilisation productiviste qui n'a pas tenu ses promesses, le Japon de ce début du XXIe siècle en est encore à se chercher une identité. Une de plus – et ce n'est pas le moindre paradoxe pour une nation censée avoir une si prégnante conscience d'elle-même, et pour un pays qui, selon la formule consacrée, « a toujours su se moderniser en restant lui-même ».

Lui-même, mais qui ?

2 Les paradoxes d'une « île sans frontières »

Vingt-cinq siècles d'histoire du Japon

Qualifier le Japon d'« île sans frontières » peut sembler doublement paradoxal. D'abord parce qu'il n'est pas une île, sinon métaphoriquement. Ensuite parce qu'une île est l'unité géographique dont les frontières semblent le plus clairement définies, alors que celles du Japon ont été mouvantes au long de l'histoire.

Bien qu'il soit un État très ancien, le Japon n'a atteint les frontières qui sont les siennes aujourd'hui qu'avec le rattachement des Ryûkyû en 1879, au moment où les très jeunes États-Unis terminaient de leur côté la conquête de l'Ouest. En soixante ans seulement, une extension démesurée l'a ensuite porté au cœur du Pacifique, dans l'intérieur de la Chine et jusqu'aux portes de l'Australie, de l'Inde et de la Mongolie, avant d'être brutalement ramené à ses limites actuelles après sa défaite. Dans l'espace maritime, la présence japonaise s'est caractérisée tout au long de l'histoire par une succession d'avancées décidées et de replis, qui soulignent la dualité que nous avons évoquée au chapitre précédent entre un tropisme socioculturel à prédominance rurale et l'inéluctabilité géographique d'un destin maritime.

Mais s'il a ainsi lutté, comme tout pays, pour repousser et fixer ses frontières physiques, le Japon a aussi couru pendant toute son histoire vers une frontière immatérielle et mouvante : celle du temps, qui a joué dans la construction de son espace national un rôle très spécifique.

I. La frontière du temps : le jeu du rattrapage

Dans la géopolitique de l'Occident, le temps ne constitue pas une frontière : l'avenir est grand ouvert. Il est ce que l'on en fera. À l'opposé, le Japon a vécu une « histoire balisée » faite de périodes successives de rattrapages. Il ne pouvait guère en être autrement pour une terre dont les tribus éparses stagnaient encore dans l'âge de pierre à l'orée du VIe siècle av. J.-C., quand l'empire chinois existait depuis au moins un millénaire et Rome depuis trois siècles. Pour ce tard venu, les chemins de l'avenir ont donc été ceux qu'avaient déjà tracés des acteurs plus puissants, dont il devait rattraper le stade de développement pour assurer sa sécurité et sa prospérité. Plusieurs moments clés de l'histoire du Japon apparaissent ainsi comme des phases temporelles bornées par la nécessité géopolitique, dans lesquelles il avait devant lui un horizon que d'autres avaient déjà atteint, et qu'il se donnait comme projet national d'atteindre lui aussi. En quelque sorte, il cherchait moins à se projeter dans l'espace que dans le temps. Un temps formaté par la contrainte extérieure, mais sous-tendu par la continuité intangible du « corps national » dont l'empereur était le principe de vie.

Rattraper la Chine et devenir soi-même : *wakon kansai*

Vers le milieu du Ve siècle av. J.-C., l'archipel avait déjà reçu de Chine et de Corée la riziculture inondée et le métal, entre autres. L'État japonais, dit « de Yamato », qui apparaît vers le IVe siècle de notre ère et se structure fortement au début du VIIe, leur doit encore tout : son modèle administratif et la structure de son gouvernement où chaque ministre est flanqué d'un double ; le plan en damier de ses capitales ; son écriture, les scribes qui rédigent le *Kojiki* et les experts qui inspirent son premier code pénal et administratif (701) ; le statut divin de l'empereur et le calendrier par ères ; l'organisation égalitaire de ses rizières ; le recensement de la population, l'impôt et la conscription ; le bouddhisme, le confucianisme et le taoïsme... Au début du IXe siècle, on estime que 1 500 ouvrages chinois étaient disponibles au Japon, soit le tiers des livres existant alors en Chine[1].

Ces apports étaient systématiquement recherchés. Du IIIe au IXe siècle, des ambassades japonaises, parfois fortes de plusieurs centaines de personnes, ont régulièrement traversé la mer vers la Chine, porteuses de « cadeaux » que l'empereur du Milieu recevait comme un « tribut ». En lui manifestant ainsi son allégeance, le souverain de Yamato confortait sa propre légitimité. Ces expéditions étaient aussi des missions d'étude, qui ramenaient des lettrés et des artisans chinois, des techniques, des idées, et qui laissaient sur place des étudiants promis à occuper ensuite de hautes fonctions dans l'État de Yamato.

Mais un embryon de conscience nationale est apparu à mesure que l'État de Yamato prenait la mesure de l'archipel. On en voit généralement la première manifestation dans une lettre fameuse à la cour des Tang portée en 600[2], dans laquelle « l'empereur du pays où le soleil se lève (*Nihon*) salue l'empereur du pays où le soleil se couche ». Ce dernier la reçut très fraîchement. Vers 670, le Yamato osa envoyer sa flotte à l'aide du royaume coréen de Paekche menacé par la Chine. Progressivement, l'idée se faisait jour que l'archipel devait conserver son « âme japonaise » (*wakon*) même s'il adoptait les techniques chinoises (*kansai*). Vers la fin du IXe siècle, les ambassades sont interrompues : la Chine est en proie aux troubles, elle n'est plus un modèle.

Au demeurant, dans l'archipel, l'État calqué sur le modèle chinois s'affaissait sous son propre poids. Il était trop complexe et trop coûteux pour un pays qui n'avait guère que cinq millions d'habitants. Les quelques milliers d'aristocrates qui le dominaient se disputaient le pouvoir dans des complots sans fin. Dès la fin du VIIIe siècle, l'empereur n'était plus qu'une marionnette du grand clan Fujiwara. Alors, dans les provinces, la terre et les paysans passent sous la coupe de manoirs privés qui se dotent de leurs propres forces armées. L'Âge des Guerriers (*Hoken*) commence, et avec lui la confiscation du pouvoir par les shôguns à partir de 1192. Des luttes entre féodaux de plus en plus féroces et complexes, ponctuées de jacqueries sauvages, font plonger l'archipel dans l'anarchie. Elle culmine à partir du milieu du XVe siècle jusqu'à la période d'Edo, qui y met fin.

1. Cité dans Francine Hérail *et al.*, *Histoire du Japon*, Lyon, Horvath, 1990, p. 61.
2. La date est incertaine, comme toutes celles de l'histoire japonaise jusqu'au VIIe siècle.

Arrêter le temps et évoluer quand même : la période d'Edo

Si le Japon d'Edo (1603-1853) est interdit aux étrangers, il n'est pas fermé aux apports intellectuels et technologiques. Le shôgunat mène une « veille stratégique » minutieuse. La flotte de commerce hollandaise, autorisée une fois par an à Nagasaki, doit apporter un rapport détaillé sur l'évolution du monde. L'étude des livres occidentaux est autorisée à partir de 1720. Il existe des dictionnaires hollandais-japonais et français-anglais-hollandais-japonais. Les 38 volumes du *Dictionnaire universel* de Noël Chomel sont traduits en 1811 (avec un siècle de retard). Une poignée d'experts japonais connaissent l'astronomie copernicienne, la dynamique newtonienne, le principe des montgolfières et celui de la machine à vapeur.

Pour autant, le Japon n'entend pas suivre le monde dans son évolution. Après la mobilité brutale de la période précédente, les dirigeants rêvent d'un pays immobilisé : socialement par les castes, géographiquement par les restrictions aux déplacements, et même techniquement (l'usage de la machine à vapeur est interdit). Cela n'empêche pas l'archipel de connaître des évolutions parallèles à celles qui ont préparé la révolution industrielle en Occident. Les progrès de l'agriculture sont attestés par l'accroissement de la population qui passe de 15 à un peu moins de 30 millions. Les marchands accumulent du capital, inventent des méthodes aussi modernes que l'établissement des cours quotidiens du riz à Ôsaka et à Edo, et se rendent indispensables à l'État. Ce dernier, sous son aspect féodal avec fiefs et seigneurs, est de type moderne, centralisé et plus puissant que beaucoup d'États européens à la même époque. L'artisanat est techniquement très avancé, y compris dans la mécanique, et une proto-industrie s'est développée autour du coton, de la soie et des mines. Ainsi, le Japon « fermé » d'Edo a su établir par lui-même les fondements qui lui permettront d'être le seul pays d'Asie à relever le défi de l'impérialisme occidental en se modernisant.

Rejoindre l'Occident sans être admis au club : *datsu-A nyu-Ô*

Après 1853, le Japon est contraint à signer des traités inégaux analogues à ceux qui ont asservi la Chine. Les Occidentaux obtiennent des concessions territoriales dans les ports, le privilège d'extraterritorialité pour leurs ressortissants, et celui de fixer eux-mêmes les droits de douane de l'Archipel. Dans ce péril, les dirigeants japonais reviennent à la stratégie d'imitation et de rattrapage. L'État de Meiji emprunte à la Prusse sa Constitution et l'organisation de son armée. À l'Angleterre, celle de sa flotte, et l'argent qui lui permettra de partir en guerre contre la Russie (1904-1905). De France lui viennent en partie son modèle administratif et son code civil. Des États-Unis, beaucoup d'investissements. À tous, il emprunte les techniques de la révolution industrielle et le modèle des relations internationales fondées sur l'impérialisme.

Cette imitation n'est pas conversion. C'est la mise en œuvre pragmatique de la stratégie de « quitter l'Asie et rejoindre l'Occident » (*datsu-A nyu-Ô*) définie par Yukichi Fukazawa [p. 31 note 1] : isolé face aux puissances occidentales impérialistes, le Japon ne pourra assurer sa sécurité que s'il parvient à échapper à son statut de pays arriéré, voué à la prédation, en se faisant reconnaître par les prédateurs comme leur égal. Dès la fin du XIXe siècle, le Japon modernisé obtient ainsi la révision des traités inégaux. En 1902, la Grande-Bretagne, première puissance mondiale, signe avec lui un traité d'alliance défensive. En 1905 il défie et vainc la Russie. En 1918, il figure au rang des vainqueurs de la Première Guerre mondiale.

Néanmoins, l'Archipel se voit signifier clairement qu'il n'est pas membre à part entière du Club des Grands : on lui refuse la reconnaissance de l'égalité entre les races à la Société des Nations [1] (1919), le droit pour ses ressortissants de se faire naturaliser américains (1922) puis celui de continuer à immigrer aux États-Unis (1924), celui d'avoir une flotte égale à celle de la Grande-Bretagne ou des États-Unis (1922, 1930), et celui d'établir sur la Mandchourie une domination analogue à celle que les Occidentaux exercent eux-mêmes aux quatre coins du monde (1931). Une frustration croissante poussera alors le Japon à tenter de briser l'étau occidental en profitant de la menace hitlérienne qui accapare l'énergie des grandes puissances. En conséquence, il subira le feu atomique. Mais la stratégie d'imitation avait permis au « petit archipel dépourvu de ressources », où pas une machine à vapeur ne fonctionnait en 1853, d'être capable moins de quatre-vingt-dix ans plus tard de défier la première puissance du monde dans une guerre aéronavale à grande échelle. L'histoire contemporaine n'offre aucun autre exemple d'une transformation si radicale en si peu de temps.

Rattraper l'Amérique et ne pas s'en trouver mieux

Rien d'étonnant donc si le Japon reprend la même stratégie après sa défaite. Les États-Unis, qui l'occupent de 1945 à 1952, lui imposent de profondes réformes institutionnelles, politiques et sociales calquées sur leur modèle. Pour la génération qui a perdu la guerre et celle des baby-boomers, « Rattraper l'Amérique » va être la nouvelle frontière du temps qu'il faut atteindre. La mobilisation nationale qui en résulte fait du Japon la deuxième économie du monde libre dès 1968. Dans les années 1980, il devient aussi première puissance financière grâce à ses excédents commerciaux, à l'appréciation considérable du yen après les accords du Plaza (1985), mais aussi au gonflement d'une gigantesque bulle spéculative. Chacune de ces étapes est saluée par les médias comme une victoire nationale.

Mais ces succès n'apportent pas aux Japonais la reconnaissance qu'ils en attendaient. Au contraire. En Occident, les années 1980 sont celles du *Japan bashing* (« cogner sur le Japon »). L'Archipel est dénoncé comme un tricheur, dont les exportations menacent toute l'industrie européenne et américaine, alors que lui-même reste fermé aux importations. Son modèle économique et ses valeurs sont jugés incompatibles avec ceux de l'Occident. Sous la menace de sanctions commerciales, Washington contraint le Japon à des « négociations commerciales sur les « obstacles structurels » au libre-échange (SII : *Structural Impediment Initiative*, 1989) qui constituent une ingérence ouverte dans ses affaires intérieures, cependant qu'une Première ministre française [2], telle Charles Martel, prétend arrêter l'invasion des magnétoscopes nippons en les envoyant se faire dédouaner à Poitiers.

Comme dans les années 1930, le Japon s'exaspère. Il répond au *Japan bashing* par le « mépris de l'Amérique » (*bubei*), jugée déclinante. Shintarô Ishihara, héraut de ce nouveau nationalisme nippon, fait un triomphe en 1989 avec *NO ! to ieru Nihon* [3], où il préconise – entre autres – de vendre de la haute technologique japonaise à l'armée soviétique pour qu'elle fasse contrepoids à la puissance trop arrogante des États-Unis. Les Japonais s'aperçoivent aussi

1. L'ancêtre de l'ONU.
2. Édith Cresson (1991-92).
3. Le Japon qui peut dire « No ! » La popularité qu'Ishihara y gagne le propulsera gouverneur de Tôkyô de 1999 à 2012.

qu'avoir « rattrapé » ces derniers ne leur apporte pas le niveau de vie qu'ils en espéraient. Avec la bulle spéculative, l'inflation délirante des prix immobiliers ferme à la classe moyenne l'accession à la propriété. Ayant enfin atteint l'objectif qu'on lui avait fixé après sa défaite, la nation japonaise se retrouve à la fois irritée et déçue.

Le défi d'un avenir à inventer soi-même

En 1990, l'éclatement de la bulle financière précipite le Japon dans une crise dont il n'est pas encore sorti. Les profits spéculatifs avaient dissimulé l'inadaptation structurelle du modèle économique d'après-guerre à la mondialisation et la montée de nouveaux champions économiques asiatiques, qui taillaient désormais des croupières aux exportations nippones. Les atermoiements d'un système politique sclérosé face aux réformes nécessaires [voir chapitre 5, I] et la survenue de la crise asiatique de 1997, puis de la crise mondiale de 2008, ont entravé un rebond durable de l'économie nippone. Après un quart de siècle de difficultés, le Japon peine encore à définir ce que son avenir doit être. Pour la première fois depuis sa réouverture au monde, la nation manque d'un projet mobilisateur clair et se trouve confrontée à un avenir que d'autres n'ont plus balisé pour elle.

II. Les frontières physiques et le dilemme de l'axe d'expansion

Sur ses frontières physiques, la situation du Japon peut se résumer par une formule et un dilemme. La formule pourrait être : « un pont, un carrefour, un Far-West ». Le pont, c'est la péninsule coréenne. Le carrefour, l'archipel des Ryûkyû (Okinawa). Le Far West – en l'occurrence un Far North – a progressivement reculé du nord de Honshû à Hokkaido, puis à l'archipel des Kouriles et à l'île de Sakhaline. Quant au dilemme, il se résume par « au Nord ou au Sud ? ». Les deux écoles se sont opposées dès la fin de la période d'Edo pour savoir dans quelle direction faire porter l'effort principal afin d'assurer la sécurité et la prospérité de l'Archipel. C'est en partie pour n'avoir jamais vraiment choisi que le Japon connaîtra la catastrophe de 1945.

Le pont coréen, obsession géostratégique du Japon

Jusqu'à l'épisode impérialiste, les seules opérations guerrières que le Japon a menées hors de ses frontières naturelles l'ont été en Corée. Séparée de l'archipel par un détroit large par endroits d'à peine 60 kilomètres, la péninsule est un pont naturel offert à de possibles envahisseurs. L'enjeu de sécurité est tel que le petit État de Yamato n'a pas hésité à y affronter la puissance chinoise. La nature de ses relations avec les royaumes qui se partageaient la péninsule dans les temps lointains fait l'objet d'une controverse sans fin. Historiens japonais et coréens s'écharpent sur l'interprétation des inscriptions d'un antique sabre et d'une stèle commémorative [1], dont les premiers concluent que le souverain de Yamato était le protecteur

1. Celle du roi Kwangaeto le Grand (374-413).

de divers rois coréens, et les seconds qu'il était leur vassal. Une seule chose est sûre : au VIIe siècle, quand la Chine resserre son contrôle sur la péninsule, la flotte des Wa aide (en vain) le royaume de Paekche.

Au XIIIe siècle, quand les pirates japonais se lancent sur les mers, les côtes coréennes sont leur premier objectif. À la fin du XVIe siècle, Hideyoshi Toyotomi (1536-1598) n'a pas plus tôt rétabli l'ordre dans l'archipel qu'il envoie un corps expéditionnaire dans la péninsule ; face aux forces coréennes et chinoises, les Japonais se cramponnent pendant six ans, laissant un souvenir terrifiant. En 1873, c'est en Corée que le Japon fait ses premières armes impérialistes, en lui imposant un traité inégal analogue à ceux que les Occidentaux l'ont forcé lui-même à signer. En 1895, c'est là encore qu'il inflige aux forces chinoises une défaite qui lui donne Formose (Taiwan) et les Ryûkyû, et lui assure une position prépondérante dans la péninsule. Ses ambitions s'y heurtent à celles de la Russie, qu'il écrase en 1905 avant d'annexer la Corée à l'empire en 1910.

Après sa défaite, c'est encore en Corée que se joue l'avenir du Japon. La guerre qui s'y déroule de 1950 à 1953 convainc Washington de la valeur inestimable de l'archipel comme base de guerre en Asie. Les autorités d'occupation nouent alors avec les élites conservatrices l'alliance inébranlable qui arrimera le Japon aux États-Unis jusqu'à nos jours. Depuis les années 1980, c'est la menace nord-coréenne, montée en épingle par les dirigeants nippons, qui leur a permis de faire accepter par l'opinion le renforcement des forces armées sévèrement contraintes par la Constitution de 1947. Un renforcement qui, au-delà de Pyongyang, vise surtout la Chine [voir chapitre 6, III, 2 et 3].

Le Japon et son « Far West » : la marche au Nord

Le premier centre de gravité de l'archipel a été le Kyûshû, par où ont pénétré les populations et les techniques venant du continent. Les populations de la période Yayoi le déplacent jusque dans le Kansai, où elles fondent l'État de Yamato, en refoulant devant elles les peuplades Jômon. La soumission de ces dernières, que les chroniques désignent sous le nom *d'emishi* (les velus), ne sera pas complète avant le XIe siècle. Parvenus au détroit de Tsugaru, les Japonais marquent le pas devant la grande île d'Ezochi. C'est la terre des Aïnus, peuplade caucasienne de chasseurs-pêcheurs-cueilleurs. À partir d'un comptoir installé dans la péninsule d'Oshima, quelques milliers d'aventuriers progressent peu à peu vers l'intérieur. La résistance armée des Aïnus, sporadique, se prolongera jusqu'en 1789. Mais l'île reste en dehors du système de « pays fermé » pendant toute l'époque d'Edo : les Aïnus font du troc tant avec des bateaux russes qu'avec les Japonais.

À la fin d'Edo, environ 60 000 personnes, dont probablement guère plus de 20 000 Aïnus, vivaient sur l'île. Le régime de Meiji la rattache à l'empire, la rebaptise Hokkaido et la confie à une agence de développement, qui y aura la haute main jusqu'à ce que l'île devienne une préfecture en 1947. Alors que plus de trois millions de colons japonais s'installent entre 1870 et le début des années 1960 [1], les Aïnus, spoliés et discriminés, périclitent jusqu'à une quasi-extinction.

1. L'île compte aujourd'hui 5,5 millions d'habitants.

La mainmise sur Hokkaido avait été précipitée par la crainte de voir les Russes s'y installer. Les Japonais se heurtent à eux quand ils poussent au-delà, vers l'archipel des Kouriles, qui y touche, et jusqu'à l'île de Sakhaline, qui n'en est séparée que par un détroit très peu profond et large d'à peine 40 kilomètres. Après trois traités (1845, 1875, 1905), la Russie reconnait au Japon toutes les Kouriles et la moitié sud de Sakhaline. Mais dans la dernière semaine de la Seconde Guerre mondiale, dénonçant le pacte de non-agression que Tôkyô et Moscou observaient depuis 1941 afin de pouvoir affronter chacun leur ennemi principal sans craindre une attaque de revers, l'URSS s'est emparée des deux.

Les Aïnus, un corps étranger dans la nation japonaise

Peuplade caucasienne aux yeux clairs et au système pileux développé, leur origine et leur histoire restent méconnues. Certains y voient les derniers descendants des tribus Jômon – et donc les ancêtres (blancs !) d'une partie des Japonais. Pour d'autres, ils sont un peuple autochtone originaire des pourtours de la mer d'Okhotsk. La question n'est pas tranchée. Les études génétiques les plus récentes semblent révéler une population très métissée ayant nombre de traits communs avec les peuplades Jômon, mais aussi avec les Indiens d'Amérique, les Tibétains, les peuples sibériens et les indigènes des îles Andanam.

À partir du XIVe siècle, les Japonais, qui ont installé un comptoir dans la péninsule d'Oshima pour y faire le troc des fourrures, s'infiltrent dans le sud de Hokkaido, alors appelée Ezochi. Les relations avec les Aïnus se tendent progressivement. Comme les Indiens d'Amérique, ils sont victimes des épidémies importées. En 1457, leur principal chef est tué par Nobuhiro Takeda (Matsumae).

Le clan Matsumae reçoit le privilège des échanges avec les Aïnus. Il rallie un nombre croissant de leurs chefs dans un système de type féodal. Des révoltes ont encore lieu, notamment en 1669-1672. En 1789 la bataille de Kuranishi-Menashi est le dernier acte de résistance armée des Aïnus. Ezochi reste néanmoins hors du « pays fermé » d'Edo, et des bateaux russes viennent troquer des fourrures et du poisson séché avec les Aïnus.

Après le rattachement de l'île à l'empire du Japon (1869), elle est confiée à une Agence de développement qui y installe 3 millions de colons japonais en un siècle. Les quelques dizaines de milliers d'Aïnus qui subsistent sont catalogués « anciens aborigènes » (*kyudojin*). En 1878, une « loi de protection » les place sous un contrôle étroit. Ils sont victimes d'une politique classique de spoliation et d'assimilation forcée : terres confisquées faute qu'il y ait jamais eu de titres de propriété, activités de subsistance traditionnelles (chasse, pêche et cueillette) interdites, scolarisation forcée en japonais, alcoolisme et paupérisation.

En 1947, l'île devient un *ken* (préfecture), mais l'agence de développement y garde la haute main sur les Aïnus en vertu de la loi de 1878. Leur nombre stagne autour de 20 000. Ceux qui ne partent pas se fondre dans la société japonaise sont réduits au rang de pauvre attraction touristique. L'ethnocide est presque complet.

À la fin des années 1960, alors que le Japon voit se multiplier les mouvements de contestation, un militantisme apparaît aussi chez les Aïnus. Tôkyô leur accorde des subventions, mais leur refuse absolument la qualité de « peuple autochtone » accordée aux Indiens d'Amérique ou aux aborigènes australiens, qui impliquerait de leur accorder l'autonomie et des droits sur leurs terres ancestrales. Les Aïnus portent leur cause aux Nations Unies, qui les admettent dans leur groupe de travail sur les populations autochtones en 1987. Mais Tôkyô résistera encore dix ans avant de les reconnaître comme minorité ethnique autochtone et d'abolir la loi de 1878.

Officiellement, il reste aujourd'hui environ 25 000 Aïnus. Le nombre de ceux qui ont rejoint la société japonaise et cachent leurs origines pourrait, selon certaines estimations, atteindre 200 000.

Les îles du Sud-Ouest : un enjeu très ancien

▸ Les Ryûkyû, un archipel stratégique sous double souveraineté

Héritée d'un antique texte chinois et adoptée en anglais, l'appellation « Ryûkyû » couvre un ensemble d'îlots et d'îles, dont Okinawa est la principale. Pour leur part, les Japonais les désignent sous le terme de *Nansei shotô* (îles du Sud-Ouest). Leurs habitants forment divers groupes, bien distincts les uns des autres à leurs propres yeux.

L'État de Yamato s'y intéresse très tôt, et impose à leurs roitelets de rendre au souverain des Wa les mêmes égards (ambassade, tribut) que lui-même rend à l'empereur du Milieu. L'enjeu est triple. Les îles recèlent deux produits recherchés : l'escargot de mer géant *Turbo mamoratus*, dont la coquille verte et marbrée est un matériau de luxe, et le soufre, matière première de la poudre à canon inventée par les Chinois dès le VIIe siècle. Elles sont aussi un terrain idéal pour la contrebande, dans une région où la Chine comme le Japon cèdent souvent à la tentation de contrôler le commerce. Enfin, au plan stratégique, le petit archipel les est un nid de pirates que les Japonais cherchent, selon les périodes, à nettoyer ou à utiliser.

En 1429, alors que le Japon a sombré dans l'anarchie, l'un des roitelets des Ryûkyû en fait un royaume unique, qui paie désormais tribut à l'empereur de Chine. Le *daimyô* de Satsuma remet la main dessus pour le compte du Japon en 1609. Le roi des Ryûkyû paie dès lors deux tributs. À l'époque d'Edo, le Japon n'est pas fermé pour les *Nansei shotô* ; le fief de Satsuma assure les relations commerciales et diplomatiques avec elles, plus une profitable contrebande.

▸ La souveraineté japonaise a été établie par force et par défaut

Le régime de Meiji rattache les Ryûkyû à l'empire en 1879. En 1895, au traité de Shimonoseki, il force la Chine à y abandonner toute prétention et complète sa marche au Sud-Ouest en annexant Formose (Taiwan). En 1945, le petit archipel pose problème aux vainqueurs. Ils entendaient ramener le Japon à ses limites d'avant ses conquêtes, mais il n'y avait pas eu à proprement parler « conquête » des Ryûkyû. Les chancelleries ne savaient qu'en faire : la Chine (alors en pleine guerre civile) n'y avait pas plus de droits historiques que le Japon, et la position était trop stratégique pour en refaire un État-croupion. Dans l'incertitude, l'ONU plaça les Ryûkyû sous mandat des États-Unis. Ceux-ci s'empressèrent de faire d'Okinawa, l'île principale, une base de guerre qui leur servit beaucoup dans celles de Corée et du Vietnam.

C'est sous le mandat américain que les Ryûkyûans se sont découverts japonais. Après le rattachement, ils n'avaient pas vraiment été considérés comme tels. Lors de la terrible bataille d'Okinawa (avril-juin 1945), afin de dissuader les Américains d'envahir l'Archipel, l'état-major nippon entendait leur prouver que chaque sujet de l'empereur mourrait plutôt que de se rendre : 66 000 soldats nippons furent sacrifiés pour cette démonstration, mais aussi 123 000 civils principalement ryûkyûans (le cinquième de la population), souvent forcés de se suicider en masse. Mais l'installation des bases militaires américaines sur un quart de la superficie de l'île, les nuisances qu'elles généraient et le déni de démocratie par lequel cette situation était imposée, ont progressivement amené la population à demander le retour dans le giron de la « patrie » que le Japon n'avait pourtant jamais été pour elle. Ce fut chose faite en 1972, après de longues négociations entre Washington et Tôkyô pour assurer le maintien des bases. Mais aujourd'hui encore, l'intégration des Ryûkyû reste imparfaite, du fait de l'opposition persistante aux bases et d'un (modeste) réveil de l'identité ryûkyûane en réaction à la transformation d'Okinawa en terrain de vacances tropicales pour les Japonais.

OKINAWA, MALAISE ET ATTRACTIVITÉ D'UNE ÎLE « JAPONAISE PAR DÉFAUT »

Le rattachement des Ryûkyû au Japon, que les vainqueurs de 1945 ont hésité à confirmer, doit tout à leur extrême importance stratégique. Les habitants d'Okinawa, faits sujets d'empire en 1879, n'en ont pas moins été traités en Japonais de seconde zone, sous la férule d'une agence de développement analogue celle qui a organisé la colonisation d'Hokkaido. Aujourd'hui encore, ils se désignent eux-mêmes comme *uchinânchu* (les gens d'Okinawa), par opposition aux *yamatunchu* (les gens du Yamato). Mais il n'existe pas pour autant de mouvement autonomiste constitué.
Les piliers de l'économie d'Okinawa sont les bases américaines, les subventions, les travaux publics, et de plus en plus le tourisme. Mais les nuisances des bases nourrissent un mécontentement permanent, le tourisme réduit la culture locale au rang de folklore, et les subventions financent surtout un bétonnage à tout va. Le déni des souffrances subies par la population pendant la bataille de 1945 n'arrange rien, d'autant plus qu'elles sont systématiquement niées : même le prix Nobel de littérature Kenzaburô Oe a été traîné en justice par d'anciens officiers de l'armée impériale pour avoir écrit que leurs unités avaient forcé des civils d'Okinawa à se suicider, ou les avaient exécutés pour « défaitisme », plutôt que de les laisser se rendre.
Okinawa, comme Hokkaido, élit parfois des gouverneurs de gauche, qui font tache dans le consensus conservateur où baigne la vie politique locale du Japon. Masahide Ohta (1990-1998) a donné beaucoup de fil à retordre au gouvernement central. Il a élevé un mémorial aux morts de la bataille d'Okinawa qui mentionne les suicides forcés, contrarié le renouvellement des baux de location des terrains pour les bases américaines, et organisé un referendum régional où une majorité du corps électoral s'est prononcé pour leur réduction. M. Ohta a finalement été évincé, mais le gouvernement central a aujourd'hui une nouvelle épine de taille dans le pied : le refus obstiné de la petite ville de Nago d'accueillir l'aérodrome militaire américain de Futenma, dont le déplacement empoisonne depuis 1996 les relations entre Tôkyô et Washington.
Dans le Japon « menacé d'écartèlement » [chap. 4, III, 3] Okinawa apparaît comme une région à part. Le petit archipel cumule paradoxalement le revenu par habitant le plus bas du Japon, et les nuisances causées par les bases américaines, avec un solde migratoire très positif et un développement rapide du tourisme, en raison de son caractère tropical et de l'attrait de son mode de vie, qui fait plus de centenaires que dans n'importe quelle autre région au Japon.

Vers le Nord ou vers le Sud ? Un dilemme géopolitique fatal

► Le Japon entre ses deux identités : terres du Nord ou mers du Sud ?

La période d'expansion coloniale qui commence à l'ère Meiji se caractérise par une indécision fondamentale qui pousse le Japon à élargir démesurément ses frontières, et plus encore sa sphère d'intervention, au-delà de ses capacités. Le débat entre ceux qui voient l'avenir du Japon sur mer et vers le sud (*nanshiron*) et ceux qui le voient sur terre et au nord (*hokuron*), déjà engagé avant la fin de l'époque d'Edo, n'a jamais été tranché par les dirigeants. En poussant jusqu'au nord des Kouriles d'un côté, jusqu'à Formose de l'autre, le régime de Meiji s'engage sur les deux axes.

Le Japon se laisse aspirer dans les deux directions. La Corée, dont il expulse les Chinois (1895), puis les Russes (1905), lui donne accès à la Mandchourie. Celle-ci lui offre du fer, du pétrole, et une terre où déverser ses excédents démographiques. Depuis la Mandchourie, tout s'ouvre : la Chine au sud, et les espaces presque vides de la Sibérie au nord et de la Mongolie à l'ouest. Les dirigeants hésitent, mais l'armée de terre manigance l'opération qui transformera la Mandchourie en un État fantoche à sa botte (1931), puis l'incident qui lui donnera le prétexte pour entrer en Chine par le Nord (1937), tout en s'engageant aussi en Mongolie, où l'Armée Rouge lui donne une sanglante leçon que les généraux nippons ne retiendront pas[1]. Cependant, le Japon poursuit aussi son expansion navale vers le Sud. La conquête des petits archipels allemands du Pacifique (Carolines, Mariannes, Salomon, Marshall) en 1914 donne un avant-poste dans le Pacifique à la flotte impériale en pleine expansion : en 1941, le Japon alignera dix porte-avions contre seulement quatre du côté américain.

▶ « La Grande Asie orientale » : un non-choix fait dans la confusion

Quand l'idée de « rejoindre l'Occident » fait long feu, le débat géopolitique à Tôkyô part dans tous les sens. Exaspéré de rester à la porte du Club des Grands, le Japon se redécouvre un destin asiatique. Mais lequel ? D'aucuns méprisent la Chine qui s'est laissée asservir et veulent que le Japon la remplace comme pilier central de la région, alors que d'autres voient toujours dans l'ancien empire du Milieu le foyer de la civilisation asiatique et prônent une fédération entre lui, le Japon et la Corée pour résister à l'Occident. Certains donnent au Japon la mission de défendre la culture asiatique face à l'influence occidentale, d'autres celle de faire entrer l'Asie dans la modernité en éclairant les élites, d'autres encore d'y propager les idées de libération nationale auprès des peuples colonisés. Certains sont panasiasnistes et voient dans les Coréens de proches cousins des Japonais, alors que l'autres, ultra-nationalistes, survalorisent au contraire la spécificité et la supériorité du Japon. Signe de cette confusion, les mots même manquent pour désigner l'Asie : les modernisateurs reprennent *Ajia* aux Occidentaux ; pour les nationalistes, c'est *Tôyô* (Orient). *Tôa* (Asie orientale) rassemble l'empire nippon, la Mandchourie et la Chine. *Daitôa* (Grande Asie orientale) y inclut aussi l'Inde, la Nouvelle-Zélande et les îles du Pacifique.

Après l'attaque de Pearl Harbour (1941), la propagande japonaise choisit l'option maximale en baptisant *Daitôa senso* la guerre qui commence, et présente son objectif comme l'établissement d'une « Sphère de coprospérité » (*Kyôeiken*) dans une Asie libérée de la colonisation. Mais en réalité, depuis l'entrée en Mandchourie, le Japon n'a fait que fuir en avant dans un conflit au-dessus de ses moyens. Un pas après l'autre, il s'est laissé engager en Chine par les idéologues ultra-nationalistes de son armée, sans plan d'ensemble ni objectif défini, s'y est enlisé et n'a pas su renoncer. Il y perdra toutes les conquêtes que les Occidentaux lui avaient reconnues – à commencer par Taiwan et la Corée.

1. Bataille de Nomonhan, mai-septembre 1939.

III. Les frontières maritimes

S'agissant d'un archipel, la distinction entre frontières terrestres et frontières maritimes peut sembler n'avoir guère de sens. Elle en a pourtant dans le cas du Japon, tant le rapport des Japonais à la mer est complexe et empreint de réticence, comme nous l'avons vu, et tant l'opposition entre « peuple paysan sédentaire et pacifique » et « aventuriers des mers », toute rhétorique qu'elle soit, a marqué l'identité de la nation et joué un rôle dans son histoire.

Les cinq étapes du rapport des Japonais à la mer

▸ La mer a été la source de la civilisation japonaise, et les *kami kaze* son rempart

C'est par mer que sont venus les hommes qui ont peuplé l'archipel. Des groupes et des clans venus de Chine et de Corée, au gré des désordres qui s'y produisaient, ont continué à s'y installer jusque vers la fin du VIIe siècle de notre ère. C'est aussi par la mer que sont entrées les techniques qui l'ont fait passer de l'âge de pierre à l'État centralisé de Yamato. Et jusqu'au IXe siècle, ses ambassades la traversaient régulièrement pour continuer à recevoir ces apports.

La mer dissuadait les Chinois de tenter une invasion de l'archipel, si tant est qu'ils s'y soient intéressés. Pour s'y risquer, il fallut les Yuan, une dynastie de ces chevaucheurs mongols dont l'horizon n'avait pas de bornes. Leurs deux tentatives repoussées grâce aux *kami kaze* (vents divins) ont été un grand moment pour la construction de l'identité nationale et le rapport des Japonais à la mer (1274, 1281). Elles les persuadèrent que l'archipel était « le pays des dieux » (*kami no kuni* ou *shinkoku*), qui avaient fait lever les typhons pour le protéger. En montrant quel péril mortel pouvait venir par la mer, elles accrurent la méfiance à son égard, mais donnèrent aussi envie à certains d'aller y voir de plus près. Enfin, en désorganisant le premier shogunat, elles furent à l'origine d'une période d'anarchie qui allait durer près de trois siècles, et qui poussa nombre d'aventuriers à chercher meilleure fortune sur les flots.

Au même moment, la dynastie Ming fermait peu à peu la Chine. Elle démantelait la grande flotte chinoise qui régnait jusque-là sur les mers asiatiques et avait même poussé jusqu'aux côtes africaines, et imposait aux bâtiments de commerce un système d'autorisation malthusien. Cette désertion laissait le champ maritime libre aux Japonais, entre autres acteurs.

▸ Les Japonais « Vikings de l'Asie » et commerçants hardis (XIVe-XVIe siècle)

La piraterie avait toujours existé autour de l'archipel, mais l'anarchie a lancé sur les mers une vague massive de pillards nippons, les *Wakô*. Ils s'en sont pris à la Corée à la façon des Vikings, pillant les côtes et lançant des raids en profondeur jusqu'à provoquer la chute de la dynastie Joseon (1392), avant d'étendre leurs dévastations aux côtes chinoises désarmées par les Ming. D'autres cherchaient fortune par le commerce et/ou la contrebande. Le Japon exportait de l'or, du cuivre, du soufre, du camphre, et surtout des sabres, réputés dans toute d'Asie. Il importait des produits de luxe (soie, céramique) et des monnaies chinoises, car on n'en battait plus dans l'archipel, faute d'État.

Les Japonais profitent de l'établissement d'un nouvel ordre commercial régional : les Portugais, qui ont franchi le détroit de Malacca en 1511 et abordé au Japon en 1543, y ont été bien accueillis et l'ont inclus dans leur circuit d'échanges triangulaire avec la Chine et l'Europe. À leur exemple, les marchands de Sakai, d'Ôsaka ou de Nagasaki, mais aussi les grands temples et les seigneurs de la guerre, investissent dans le commerce maritime. Plusieurs milliers de Japonais s'installent dans des comptoirs en Asie du Sud-est.

LES JAPONAIS, « VIKINGS DE L'ASIE », PIRATES ET COMMERÇANTS

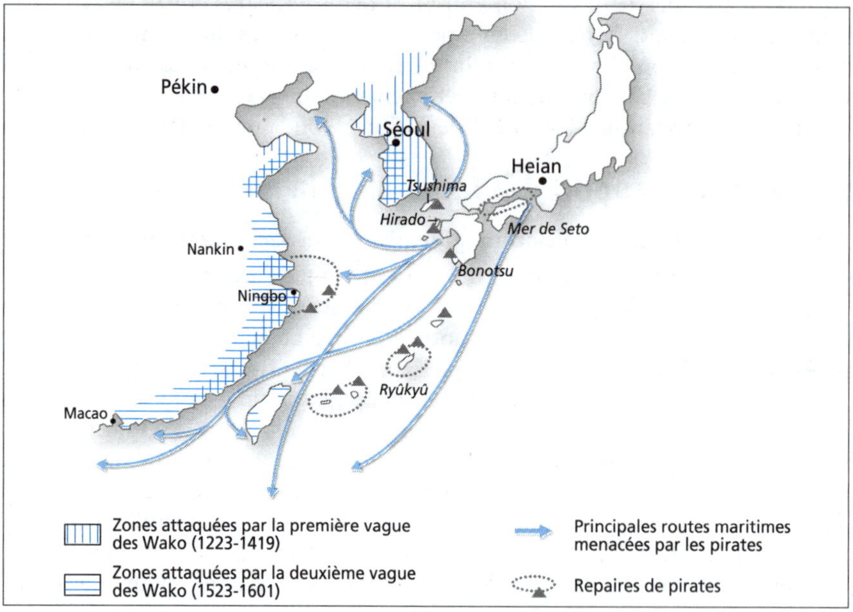

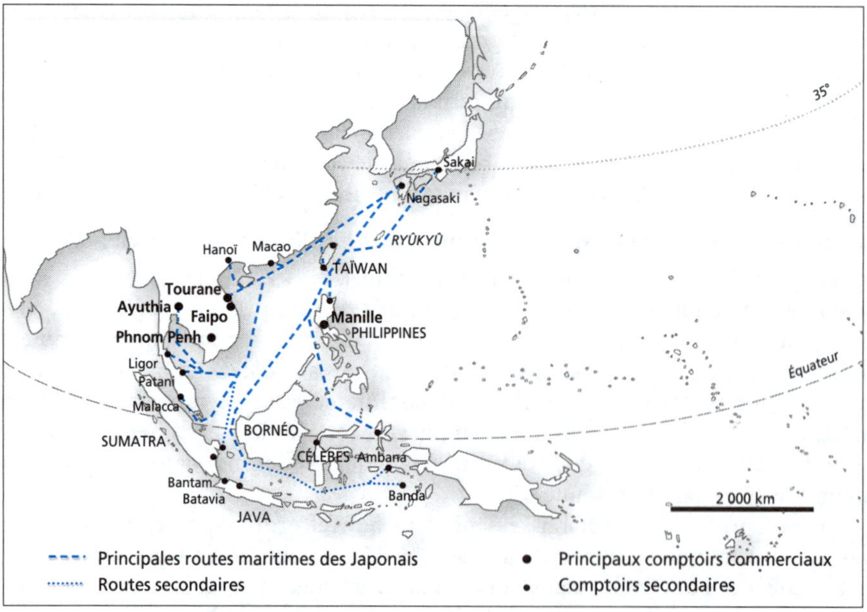

Les profits étaient considérables : en 1475, un marchand de Sakai (près d'Ôsaka) gagne en un seul voyage 2,5 fois ce qu'avait coûté le nouveau palais du shôgun un peu plus tôt[1]. Ces profits ont constitué la première accumulation primitive du capital dans l'archipel. L'État, qui se reconstruit à la fin du XVIe siècle, entend prendre sa part : le shogunat imite l'empereur chinois en imposant une licence à tous les bâtiments de commerce, et demande aux pays où ils abordent de ne recevoir que ceux qui en ont une. En 1613, des Japonais traversent le Pacifique, puis le Mexique, et gagnent l'Espagne ; en 1615, un bâtiment parti de Sendai fait le voyage jusqu'à Rome (abordant au passage à St Tropez). Mais cette ouverture fait long feu. En 1639, le shôgun Tokugawa interdit toute entrée et toute sortie du territoire.

► Le pays « interdit de navigation au large » (1639-1853)

Cette stratégie n'est pas spécifique au Japon : la Chine des Ming a déjà beaucoup réduit ses contacts avec l'extérieur, et la Corée a tourné au « Royaume Ermite ». Le terme de *sakoku* (pays fermé) est souvent utilisé pour désigner cette période, plus courte que celle d'Edo à proprement parler (1603-1858). Certes, débarquer dans l'archipel ou le quitter était en principe puni de mort. Toutefois, il est plus juste de parler « d'interdiction de naviguer au large » : la construction des bateaux qui en étaient capables était interdite, mais le cabotage et la pêche restaient évidemment autorisés. Des points d'accès et d'échanges subsistaient. Pour le commerce international, Hollandais et Chinois avaient droit chacun à une expédition annuelle à Nagasaki, sans toutefois, pour les premiers, pouvoir poser le pied sur l'archipel. Le seigneur de l'île de Tsushima entretenait les relations avec la Corée, celui de Satsuma avec les Ryûkyû, et le clan Matsumae avec les Aïnus d'Ezochi. Des ambassades venues de Corée et des Ryûkyû foulaient le sol japonais pour se rendre à Edo. Sans compter la contrebande, très active aux Ryûkyû avec les Chinois et quelques bâtiments occidentaux.

► La conquête de la puissance maritime et la revanche amère du Japon de la terre

Après sa réouverture forcée, le Japon devait rester maître de son espace maritime afin d'échapper au sort de la Chine, asservie pour avoir laissé les Occidentaux contrôler son commerce et ses ports. Il s'y assura très vite deux positions-clés avec les Ryûkyû (1879) et Taiwan (1895). En 1904-1905, il signa son grand retour dans les mers asiatiques en détruisant deux flottes russes. En enlevant à l'Allemagne ses petits archipels du Pacifique (1914), il se projeta jusqu'au milieu du grand océan. Inquiets, les Occidentaux le contraignirent à limiter sa marine de guerre aux deux tiers de celle des États-Unis et de la Grande-Bretagne (traités de Washington et de Londres, 1922 et 1930). Mais il s'affranchit de cette limitation en 1936, quand la montée de l'hitlérisme commença à accaparer toute l'attention des puissances occidentales.

La marche à la guerre met en lumière la dualité entre Japon de la mer et Japon de la terre. Une rivalité féroce opposait la marine, arme technique et élitiste, à l'armée de terre. Les marins, conscients des différences de capacité industrielle, ne croyaient pas à une victoire sur les États-Unis ; ils espéraient au mieux s'assurer, par surprise, une supériorité stratégique de deux ou trois ans qui découragerait les Américains. Les chefs de l'armée de terre juraient que la bravoure inégalable du fantassin nippon pourrait venir à bout de n'importe quel adversaire. Ils poussèrent le Japon en Mandchourie, puis en Chine. La

1. Cité dans Francine Hérail *et al.*, *Histoire du Japon*, *op. cit.*, p. 242.

Les avancées du Japon impérialiste (1869-1937)

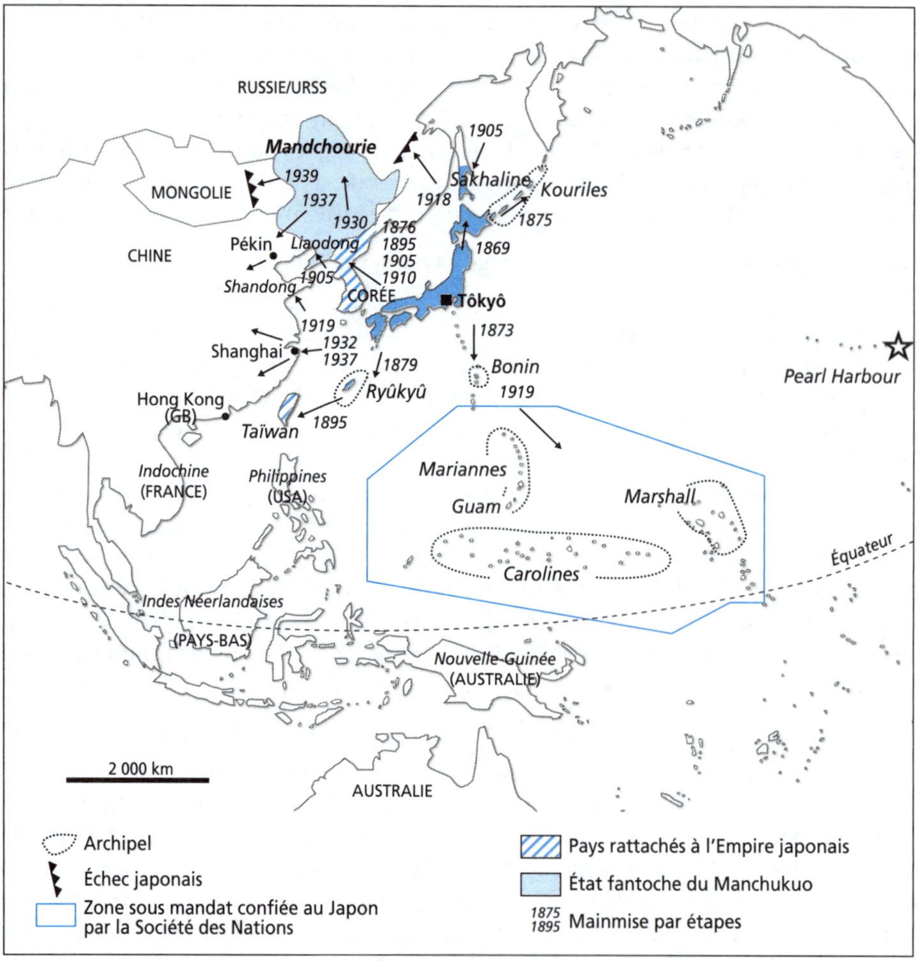

La sphère d'expansion démesurée de l'Empire japonais (1937-1945)

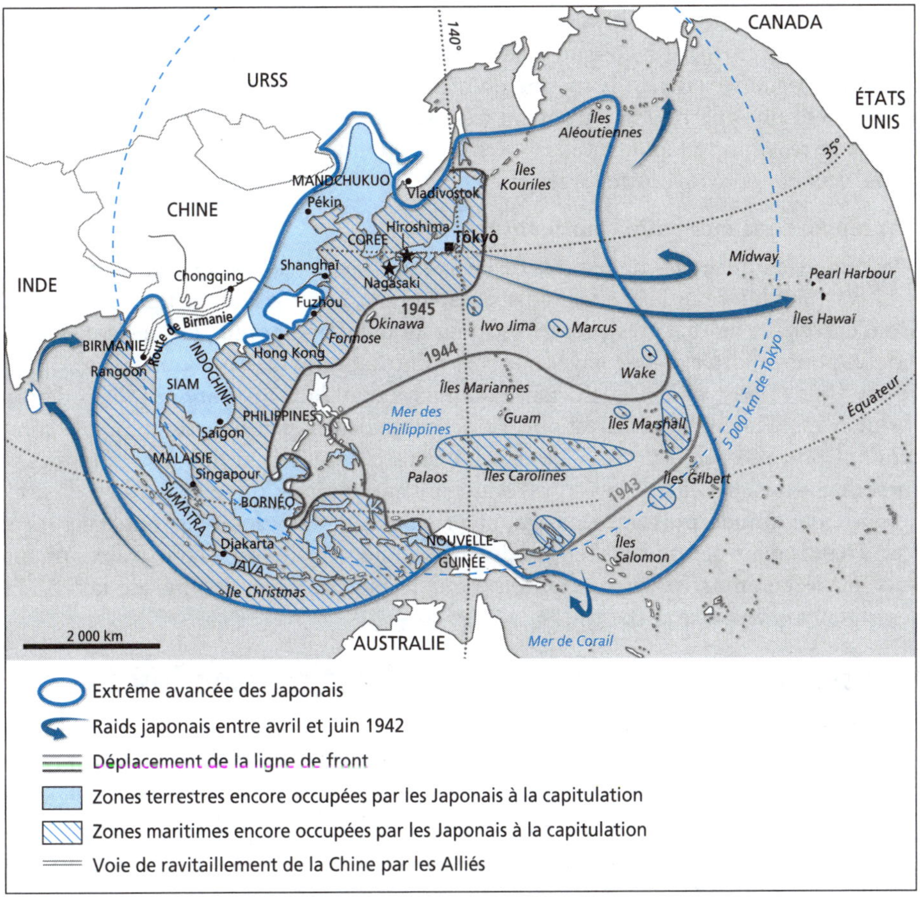

menace d'un embargo américain qui priverait l'archipel de pétrole et d'acier le contraignit à étendre la guerre sur mer. Il y perdit sa suprématie six mois seulement après Pearl Harbour, à la bataille de Midway. L'état-major nippon adopta alors une « stratégie de paysans », en s'accrochant à chaque atoll dans l'immensité du Pacifique, quitte à disperser ses forces et à épuiser en vain la marine pour les ravitailler et les défendre. Les Américains, eux, menaient une guerre de mouvement axée sur la maîtrise de l'espace plutôt que sur les pièces de terre. Ainsi le Japon subit sa « deuxième grande défaite » (*ni san no hansei*), après celle qu'avait été sa réouverture forcée.

▶ Un rapport à la mer enfin « normalisé »

Le « miracle » qui a fait du Japon la deuxième puissance économique du monde libre dès les années 1960 lui a rendu la mer indispensable pour approvisionner une industrie dévoreuse d'énergie et de matières premières, pour nourrir une population en croissance très rapide, et pour exporter afin de payer pour ces importations vitales. Le traité de sécurité avec les États-Unis (1951), pilier de la défense d'un pays dont la Constitution limitait désormais les armements d'une manière drastique, l'a déchargé de la défense de ses lignes de communication. Contrôlée par l'US Navy, la mer n'offrait plus au Japon que ses ressources et ses commodités – jusqu'à ce que la Chine résurgente entreprenne en ce début du XXIe siècle de redevenir une grande puissance navale, et provoque des frictions partout dans les mers d'Asie. Depuis deux décennies, il en résulte dans toute la région une course aux armements navals, où le Japon arrive encore en tête pour le moment avec l'appui de la VIIe Flotte américaine [voir chapitre 6, II, 3].

La puissance du Japon en jeu sur ses frontières maritimes

Les frontières maritimes sont sources de très vives tensions entre le Japon et tous ses voisins, pour deux raisons. D'abord le flou qui entoure le statut historique de nombreux petits îlots inhabités. Ensuite le traité de San Francisco (1951), qui a ramené le Japon dans ses frontières d'avant le début de ses conquêtes coloniales. Dicté par les États-Unis, ce traité a négligé nombre de petits îlots, et n'a été signé par aucun des voisins de l'archipel. Il en résulte une série de contentieux.

▶ Avec la Russie, les quatre îles méridionales des Kouriles

Elles ont été pacifiquement cédées au Japon par l'empire russe en 1855 (traité de Shimoda), qui lui a même reconnu ensuite la souveraineté sur tout l'archipel en 1875 (traité de Saint-Pétersbourg). Environ 18 000 Japonais vivaient sur les Kouriles en 1945, quand l'URSS s'en est emparé. À San Francisco, Tôkyô renonça « aux îles Kouriles », mais ne fut pas long à déclarer que cette expression ne comprenait pas celles qui avaient été acquises légalement en 1855. Aucun traité de paix n'ayant encore été conclu à ce jour entre Tôkyô et Moscou (les deux pays ont seulement normalisé leurs relations en 1956), les Japonais considèrent que tout reste à négocier. Les quatre îles méridionales sont pour eux leurs « Territoires du Nord » (*Hoppô ryôdo*), dont ils célèbrent la journée nationale le 7 février, jour anniversaire du traité de Shimoda.

Les Kouriles commandent une ZEE qui recèle en quantité le très prisé crabe royal du Kamchatka et des ressources pétrolières et gazières estimées à 2 milliards de tonnes. Au plan géostratégique, leur pointe sud offre le seul passage vers le Pacifique libre de glace toute l'année depuis Vladivostok, où était basée la flotte soviétique d'Extrême-Orient. Cette considération, un temps oubliée avec le déclin de la marine qui a suivi l'effondrement de l'URSS, est redevenue d'actualité avec le regain d'intérêt que la Russie de Poutine manifeste pour le théâtre asiatique.

Les négociations épisodiques entre les deux pays n'ont jamais abouti, bien que Moscou ait plusieurs fois proposé de rétrocéder les deux plus petits îlots. Un accord de partage des ressources halieutiques a été conclu, mais il doit être renégocié chaque année. Les Russes sont de plus en plus exigeants et l'arraisonnement de chalutiers japonais en mer d'Okhotsk par leurs gardes-côtes est fréquent. En 2011, le premier déplacement d'un président russe sur les îles, assorti de projets pour y installer une base aérienne, a fait remonter la tension. Et il semble peu probable que la Russie poutinienne, arc-boutée sur la fierté nationale autant que l'est le Japon, soit disposée à ne rien lâcher, nonobstant l'intérêt stratégique commun que les deux pays pourraient avoir face à la Chine.

▶ Avec la Corée, les deux îlots Takeshima (Tokdo)

Situés à mi-chemin entre le Japon et la Corée, leur appartenance historique est incertaine : Séoul produit des textes remontant au VIe siècle, Tôkyô des cartes du XVe. En 1905, l'empire nippon a rattaché les Takeshima à la préfecture de Shimane. Le traité de San Francisco les a ignorés. En 1954, des garde-côtes sud-coréens s'y sont installés. Depuis, chaque année, le Livre Bleu de la diplomatie japonaise rappelle les revendications de Tôkyô, et les médias sud-coréens soulignent à quel point elles sont dépourvues de fondement. L'appartenance des deux pays au camp américain et un accord sur le partage des ressources halieutiques n'empêchent pas le nationalisme de flamber par moments : en 2004, à la grande indignation des Japonais, des millions de Sud-Coréens se sont rués dans les bureaux de poste pour acheter une série de timbres représentant les Tokdo, et ont applaudi en 2011 quand le président Lee Myung-bak, en mal de popularité, a mis le pied sur les îlots.

En outre, le contentieux s'inscrit dans un contexte qui rappelle, *mutatis mutandis*, celui qui prévaut entre la France et l'Algérie : rancune des Coréens pour une occupation coloniale brutale, méfiance des Japonais entretenu par la présence dans l'archipel d'environ 600 000 immigrés coréens, mais aussi rivalité économique depuis bientôt quatre décennies que les *chaebols* sud-coréens taillent des croupières aux grandes firmes japonaises. Le plus symbolique de cette tension est la volonté coréenne de faire débaptiser par les instances internationales la mer qui sépare les deux pays, nommée Mer du Japon en 1928 par le Bureau hydrographique international à la demande de l'empire dont la Corée faisait alors partie, pour revenir au nom neutre de « Mer orientale », qui figure sur nombre d'anciennes cartes aux côtés de « Mer du Japon » et de « Mer de Corée ».

▶ Avec la Chine, les cinq îlots Senkaku (Diaoyutai) et l'atoll Okinotorishima

Situés à l'extrême pointe sud de l'arc des Ryûkyû, les îlots Senkaku ont été saisis par le Japon en 1895 avec le petit archipel et Taiwan, à l'issue de la première guerre sino-japonaise, sans que l'on se souciât de savoir auquel des deux il se rattachait. À San Francisco, le Japon perdit Taiwan mais pas les Ryûkyû. Les États-Unis, qui administrèrent ces dernières après 1945, ont entériné *de facto* le rattachement des Senkaku au petit archipel en les incluant dans le périmètre de son espace d'identification et de surveillance aérienne, et les ont donc restitués au Japon en même temps que lui. Le Japon arguait également que les îlots n'ayant jamais été occupés de façon permanente, ils n'étaient à personne (*terra nullius*) quand il se les est rattachés, et que donc personne n'est légalement fondé à lui en contester la souveraineté. Tôkyô s'abstint toutefois de proclamer clairement sa souveraineté sur les îlots, qui étaient propriété privée d'une famille japonaise.

Taiwan et la Chine populaire – en quête d'hydrocarbures, selon les Japonais – ont commencé à faire valoir leurs droits sur les Senkaku dans les années 1970, en arguant qu'ils constituent un prolongement de leur plateforme continentale, sur laquelle le droit international leur reconnaît donc la souveraineté. Ponctuée d'escarmouches entre chalutiers chinois et garde-côtes nippons et de débarquements d'activistes sur les rochers, les frictions ont pris un tour aigu en 2012 quand le gouvernement japonais a racheté les îlots à leur propriétaire pour mieux affirmer ses droits. La Chine a riposté en les incluant dans sa propre zone aérienne d'identification et de surveillance [1] en 2013. Théâtre d'incursions répétées des forces chinoises dans l'espace maritime et aérien japonais, les Senkaku sont désormais le symbole de l'affrontement entre la nouvelle puissance chinoise et un Japon perçu comme déclinant. À ce titre, l'enjeu dépasse largement la mainmise sur d'éventuelles ressources maritimes, dont il serait possible de négocier l'exploitation en commun.

La ZEE autour de l'atoll Okinotorishima participe du même affrontement. Situé en plein Pacifique, à plus de 1 700 kilomètres de Tôkyô, ce rocher submergé à marée haute était *terra nullius* quand il a été rattaché administrativement à la capitale japonaise en 1931. Pékin ne le conteste pas, mais refuse de reconnaître les 430 000 kms^2 de ZEE que le Japon a délimitée autour de l'atoll, arguant qu'un rocher submergé à marée haute ne permet pas, en droit international, de délimiter une ZEE. En réponse, les Japonais se livrent sur l'atoll à des travaux de remblaiement titanesques et construisent des installations permanentes.

Au long de son histoire, le Japon a connu des avatars plus opposés qu'aucun des autres grands pays du monde d'aujourd'hui, en passant comme il l'a fait de l'ouverture à la fermeture, de la stagnation à la modernisation radicale, et du petit archipel à la traîne à un empire qui a rêvé de dominer toute l'Asie. Mais aucune de ces expériences extrêmes ne l'a préparé à la conjoncture qu'il doit affronter aujourd'hui : il n'est plus une île « sans frontière ». Il en a bel et bien, qu'on lui conteste et sur lesquelles il n'entend pas reculer d'un pouce ; son insularité ne le protège ni de la haute technologie militaire, ni de l'emprise multiforme de la mondialisation, et en guise de *kami kaze*, il doit s'en remettre à une puissance étrangère à laquelle l'attache une relation contrainte et compliquée, comme nous le verrons au chapitre 8.

1. Ne pas confondre avec « l'espace aérien » dans lequel chaque pays est souverain. La ZAI est seulement une zone où un pays demande aux aéronefs de s'identifier et de communiquer leur plan de vol. Il n'existe pas de règlement international clair à leur sujet. Suite à son extension, la ZAI chinoise recoupe désormais les espaces aériens du Japon et de la Corée du Sud.

La ZEE japonaise et les contentieux sur les frontières maritimes

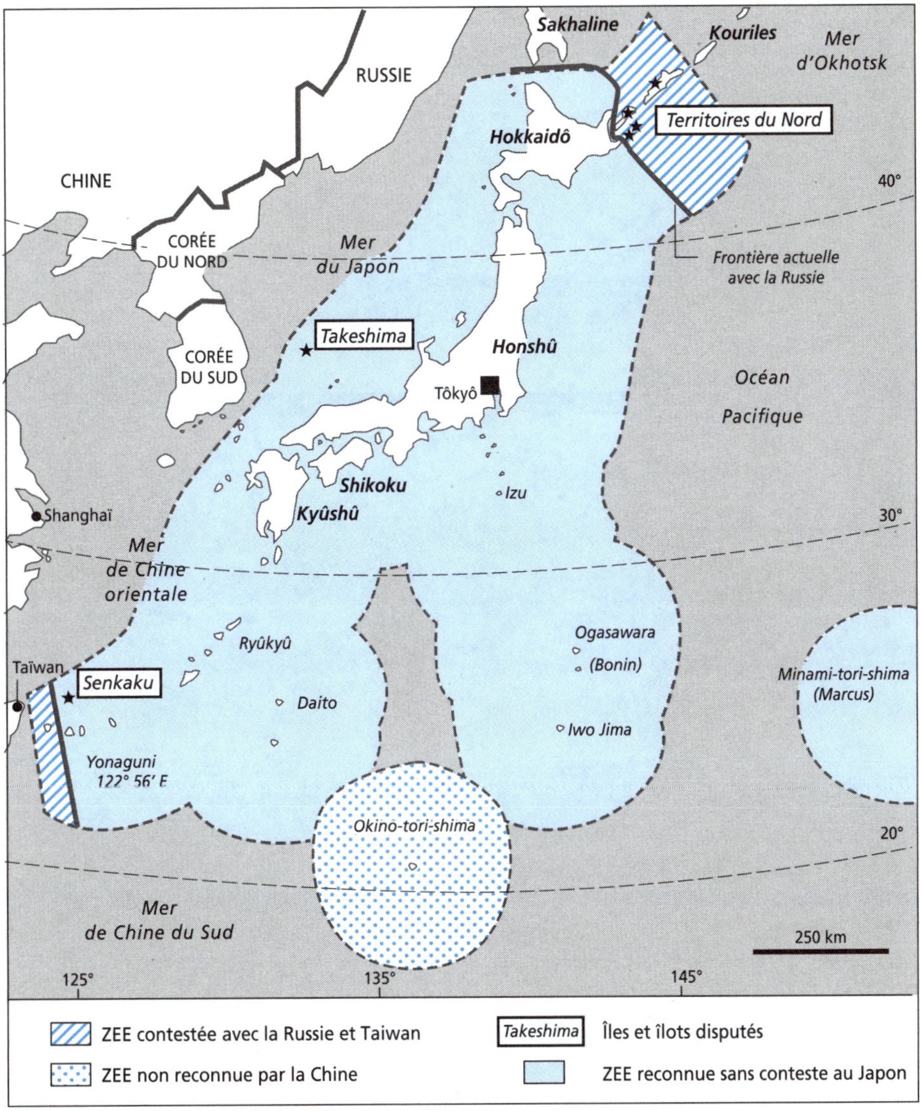

3 Les avatars du « corps national »

Unité et diversité du Japon

Nous avons évoqué la notion d'énergie nationale dès le début de cet ouvrage, tant celle qui anime par moments le Japon semble frappante. Autant que les contraintes extérieures et les ressources matérielles, la capacité d'une nation à produire un effort collectif constitue un élément essentiel de son équation géopolitique. D'où vient donc celle qui a permis au « petit archipel dépourvu de ressources » de relever seul le défi de l'Occident impérialiste, puis de bâtir sur les ruines de sa défaite une économie qui a été la deuxième du monde jusqu'en 2010 ? Quel est ce « modèle japonais » qui a maximisé cette énergie ? Et quel bonheur trouvaient donc les Japonais dans ce que leur pays accomplissait grâce à leurs efforts ?

Au demeurant, ces efforts étaient-ils aussi unanimes qu'on l'a dit ? Le Japon connaît, comme tout pays, les diversités et les contestations parfois violentes qui peuvent saper l'énergie nationale autant que la stimuler. Comment ses dirigeants ont-ils réussi à les gérer si bien que l'Archipel a connu plus d'un demi-siècle de stabilité politique sous l'égide du Parti libéral-démocrate (PLD) ?

Mais qu'en est-il aujourd'hui du dynamisme d'un pays englué depuis deux décennies dans une crise générale de son « modèle », et qui peine à l'adapter à la mondialisation. Il n'est pas le seul dans ce cas, mais on peut se demander si le pessimisme décliniste ne risque pas de frapper le Japon à la mesure même de la confiance en lui et de l'énergie qui l'ont si longtemps animé.

I. Japon – le pays où la nation « fait corps »

L'identité nationale se fonde de manière plus ou moins systématique sur des grands récits imagés dotés d'une vertu simplificatrice et mobilisatrice. Ceux du Japon intègrent des mythes très anciens, y compris le récit de la création de l'archipel par les divinités Izanami et Izanagi. Mais dans leur forme actuelle ils constituent une « tradition inventée » après 1853, quand il a fallu mobiliser le pays face aux Occidentaux. Pour créer à marche forcée un sentiment national, une recette très efficace a été de survaloriser systématiquement la spécificité de la nation japonaise par rapport à « l'autre race » qui la menaçait.

À quel point cette tradition inventée est-elle encore prégnante chez les Japonais d'aujourd'hui ? Probablement davantage que ne le sont les mythes nationaux des vieux pays européens, usés d'avoir trop servi et trop été soumis à l'examen critique. La meilleure comparaison est sans doute avec les mythes nationaux américains, qui ont été mis en forme à la même époque que ceux du Japon et tôt forgés, comme eux, au feu de la guerre.

Kokutai : le mythe de la nation naturelle, homogène et discriminée

La spécificité de la nation japonaise a été exprimée par le mot *kokutai*, dont le régime militariste avait fait son étendard[1]. Plus ou moins tabou depuis 1945, ce terme a néanmoins le mérite de la clarté : il signifie littéralement « corps national ». La nation japonaise ainsi mythifiée « est corps » dans un sens quasi-organique, et elle « fait corps » mieux que les autres dans l'effort et le péril. Elle est présentée comme plus « naturelle » (pour ne pas dire « biologique ») que les nations européennes fondées sur les traités qui ont amalgamé provinces et populations au hasard des guerres, et donc plus solide qu'elles.

▶ Le *kokutai* repose sur trois postulats essentiels

Le premier est que les Japonais appartiennent à une race commune autochtone, homogène et dotée de qualités spécifiques. Nous avons déjà rencontré ce mythe au chapitre précédent. Il sous-tend une politique d'immigration très restrictive tout en expliquant l'exception faite pour tous les descendants d'émigrés japonais, d'où qu'ils viennent [voir chapitre 7, II, 2]. Il explique aussi pourquoi le Japon a mis 30 ans à ratifier la Convention de 1965 de l'ONU contre la discrimination raciale, pourquoi il ne connaît que le droit du sang, et pourquoi il ne naturalise qu'avec une extrême parcimonie (environ 15 000 personnes par an depuis 2000, contre 140 000 en France).

Le deuxième postulat est que le « corps national » possède un esprit, dénommé *Yamato damashi* (esprit de Yamato), *Yamato gokoro* (cœur de Yamato) ou *wakon*[2]. Le pire qui puisse arriver aux Japonais est de le perdre. Certes, le Français est « frondeur », l'Allemand « sérieux » et l'Italien « fantaisiste ». Mais l'esprit japonais se veut bien plus complexe et profond. Trois siècles de réflexion sur la question y ont aidé, depuis les « études nationales » (*kokugaku*) du Japon d'Edo, qui ne pouvait guère que se penser lui-même dans son isolement superbe, jusqu'aux best-sellers contemporains consacrés à explorer la spécificité nippone (*Nihonjinron*). Il y a aussi le mélange des multiples cultures japonaises : exubérance vitaliste du shintô et austérité du bouddhisme polarisé sur la mort, raffinement hédoniste des aristocrates et brutalité des guerriers, siècles d'anarchie et discipline de fer de l'époque d'Edo, esthétique fragile de l'impermanence et robuste ténacité paysanne, sophistication intellectuelle du zen et joyeuse grossièreté de la culture populaire, mix d'Occident et d'Asie, etc. Ce cocktail des contraires est un des secrets de la résilience japonaise, car « l'esprit de Yamato » offre ainsi de quoi faire face à tous les avatars de l'existence de chaque Japonais, et de la nation qu'ils forment.

Le troisième postulat, mis sous le boisseau depuis 1945, était que le principe vital de la nation réside dans la dynastie impériale ininterrompue, comme nous l'avons vu au chapitre précédent. À l'époque militariste, le Japon était présenté comme une grande famille dont le Tennô était le père. Après la défaite, Hirohito a publiquement répudié sa divinité et la Constitution de 1947 a réduit l'empereur au rang de simple « symbole de la nation ». Recluse au palais, étouffée par le protocole et déchirée d'inimitiés dont les médias se font parfois l'écho, la famille impériale ne fait pas rêver. Elle n'excite pas non plus les passions à

1. La bible officielle de l'idéologie militariste avait pour titre *Kokutai no hongi* (Principes du kokutai – 1937).
2. L'idéogramme *wa* signifie ici « harmonie », et non pas « nain » comme dans les chroniques chinoises.

l'instar des *people* de la remuante royauté britannique. Mais par son existence seule, l'empereur assume toujours dans l'inconscient collectif nippon le rôle qui est par essence le sien : être, aussi longtemps que le Japon sera. Et la rareté même de ses apparitions publiques leur confère une grande portée symbolique, comme après la catastrophe du 11 mars 2011.

▸ Le sentiment d'être mal aimé du monde entier est un autre élément de l'identité nationale du Japon

Il est vrai qu'il y a matière. Pour l'Archipel, le danger est toujours venu de l'extérieur. Par deux fois (années 1920, puis 1980), l'Occident lui a refusé la reconnaissance qu'il pensait avoir méritée. Il a de lourds contentieux avec ses trois voisins les plus proches – Chine, Corée, Russie – nourris par les querelles de frontières maritimes, mais aussi par les profondes blessures historiques qu'il a infligées aux deux premiers et laissées s'infecter, ou qu'il a subies avec la perte des îles Kouriles. Dans le monde d'après-guerre, l'Archipel n'avait pas d'autre soutien que le trop puissant protecteur américain, soucieux de ses seuls intérêts nationaux et auquel l'unit une relation sous contrainte traversée de tensions permanentes – sans oublier l'holocauste nucléaire, dont la plupart des Japonais sont convaincus qu'il leur a été réservé parce qu'ils n'étaient pas blancs. Il en résulte souvent chez eux une sensibilité exacerbée dans leur relation au monde, voire une paranoïa. Ce sentiment peut être un puissant stimulant pour l'énergie nationale, mais il peut aussi entraîner des erreurs d'appréciation, des réactions disproportionnées ou des crispations contreproductives. Celles-ci ont joué un rôle essentiel dans les enchaînements qui ont abouti à la guerre de la Grande Asie orientale ; aujourd'hui, elles ne contribuent pas peu au dialogue de sourds (voire d'autistes) entre le Japon et ses voisins sur leurs conflits frontaliers.

Toutefois, depuis vingt ans, le Japon découvre avec ravissement que le monde peut aussi l'aimer. D'abord parce que sa longue crise et la montée en puissance de la Chine ont fait de cette dernière le nouvel ogre asiatique, par rapport auquel le Japon semble aujourd'hui bénin en Occident ou en Asie du Sud-Est. Ensuite parce que, dans un monde en proie à de multiples conflits, l'article 9 de la Constitution, même s'il est aujourd'hui écorné, l'empêche de s'en mêler. Cela lui vaut un classement flatteur dans les indices qui évaluent l'action internationale des différents pays[1]. Enfin, depuis une quinzaine d'années, le succès de la pop culture japonaise auprès de la jeunesse du monde a été une divine surprise, dont les dirigeants se sont emparés afin de développer le *soft power* nippon.

Nous retrouverons tous ces points en détail au chapitre 6.

Race, terroir, histoire : les fondements de la nation japonaise

▸ Le mythe du *tan'itsu no minzoku* mêle indissolublement race, nation et terroir

Nous avons vu au chapitre précédent que l'idée d'une race homogène à l'origine ne résiste pas à l'examen historique. Mais elle peut se nourrir de facteurs superficiels. L'archipel n'a pas connu d'apport de population significatif depuis l'arrivée des peuplades Yayoi,

1. Sur le *Global Peace Index* du SIPRI (Stockholm International Peace Research Institute), le Japon était 3e en 2011 et 5e en 2012. Il figure régulièrement parmi les nations dont l'action internationale est jugée la plus « positive » dans les sondages de *BBC World Service*.

ce qui a laissé plus de deux millénaires aux gènes dominants (yeux bruns, cheveux noirs) pour homogénéiser les caractères physiques de la population ; ceux qui ne les partagent pas disparaissent dans la masse. Cette homogénéisation est allée de pair, d'un bout à l'autre de l'archipel, avec celle du terroir par la riziculture inondée et celle du bâti. Le régime d'Edo y a beaucoup contribué en faisant du riz la mesure de toute valeur et en réglementant les matériaux et l'apparence des maisons en fonction des castes.

La vigueur du « corps national » se reflète dans celle de chacun de ses membres. Les Japonais ont longtemps eu en Occident l'image dévalorisante de nains aux jambes torses, aux grosses lunettes et aux dents proéminentes[1]. En réaction, après la défaite, grandir, forcir et faire du sport est devenu un véritable devoir national. Minutieuses, les statistiques officielles établissent que si les Japonais sont encore plus petits que les Occidentaux (171 cm. pour les hommes et 160 pour les femmes, contre 174 et 162 en France), ils sont les plus grands des Asiatiques. La mobilisation ne faiblit pas pour autant : les jeunes générations apportent un soin maniaque à leur apparence, et bien vieillir est le nouveau devoir national pour les baby-boomers. Ce n'est certes pas l'eugénisme aryen exterminateur, mais l'idée est bien là que la race japonaise doit être vigoureuse et belle pour mériter le respect du monde.

Bien que le Japon soit un des pays les plus fortement urbanisés du monde, il considère son « âme paysanne » comme un des traits qui l'opposent à l'Occident. Il a reconstitué de toutes pièces une micro-paysannerie après 1945, et l'a soigneusement protégée depuis. Il a connu un exode rural massif, mais dans un contexte de très forte croissance démographique, en sorte que la population des campagnes a très peu diminué en valeur absolue jusqu'aux années 1990. La base matérielle du mythe de la ruralité nippone a ainsi été maintenue – et avec elle un fief électoral essentiel pour le PLD. Le lien affectif entre urbains et ruraux a été soigneusement entretenu. Les campagnes ont longtemps joui d'une surexposition médiatique, surtout à la télévision, où les réalisateurs sont maîtres dans l'art de sortir du champ tous les signes de modernité au profit de ce qui reste de toits de chaume. Chaque citadin est censé garder au cœur son « vieux village » (*furusato*) – celui où sa famille est enregistrée au temple bouddhiste depuis l'époque d'Edo, d'où ses ancêtres sont partis avant ou après la guerre, mais où résident encore des parents éloignés. Jusqu'au tournant de ce siècle, beaucoup se faisaient un devoir d'y retourner pour O-Bon, la fête estivale des défunts.

▶ Ce mythe s'affaiblit, mais subsiste comme élément de l'identité nationale

Aujourd'hui, la prégnance du mythe rural et de celui de l'homogénéité raciale s'affaiblit. La cinquième génération depuis le début de l'exode rural a perdu de vue le *furusato*. Les zones rurales se dépeuplent massivement, les micro-exploitations agonisent, et l'État n'a plus les moyens de les porter à bout de bras. Sur le petit écran, les rizières impolluées et les ruraux burinés ne font plus recette. Le Japon redécouvre aussi sa diversité. Diversité raciale : les *emishi*, que nous avons rencontrés au chapitre précédent mais dont les écoliers nippons n'entendaient jamais parler, sont rentrés dans la conscience nationale en 1997 avec le triomphe au box-office de *Princesse Mononoke*, le chef-d'œuvre de Hayao Miyazaki, au point

1. Dans notre BD, voir Mitsuhirato dans *Le Lotus bleu* (Hergé, 1936) et *Taka Takata* (1965-2004).

qu'un grand quotidien a pu affirmer, analyses génétiques à l'appui, que les Japonais ont « 60 % de sang Yayoi et 40 % de sang Jômon » sans provoquer de tollé. Diversité des apparences : entre cheveux teints, yeux débridés, lentilles de couleur, hâle artificiel et longue silhouette effilée, les jeunes Japonais(es) semblent rejeter tous les caractères physiques de leur race. Diversité locale enfin : il n'est si petite ville qui n'ait aujourd'hui sa mascotte distinctive, ni si petit village qui ne mette en exergue une spécialité locale inimitable.

► L'histoire et son enseignement sont essentiels au sentiment national

Cela est particulièrement vrai au Japon, et l'État y veille. Le ministère de l'Éducation donne depuis toujours des directives très précises aux éditeurs de manuels sur ce qui doit ou ne doit pas être dit, ce qui aboutit à une large autocensure. Les médias ajoutent à cette pression en scrutant chaque année le contenu des nouveaux manuels ; en 2013, ils se félicitaient que 90 % d'entre eux mentionnent les contentieux sur les frontières maritimes, en progrès de 20 points sur ceux déjà en usage. Depuis les années 1980, un mouvement très organisé et virulent, très proche du PLD, dénonce l'enseignement d'une histoire « masochiste » par un corps enseignant « gauchiste » qui « démoralise » la jeunesse. En 2007, il a obtenu une loi qui a inscrit « l'amour du pays » (*aikoku*) dans les programmes scolaires. En 2013, le ministère de l'Éducation a enjoint les éditeurs – au nom de « l'objectivité » – de faire figurer à l'égal des autres dans les manuels les arguments de ceux qui nient les crimes commis par l'armée impériale pendant la guerre de la Grande Asie orientale ; et pour mieux assurer que ce message atteindra les écoliers, les autorités entendent confier le choix des manuels aux maires, très souvent inféodés au camp conservateur [voir chapitre 4, II, 1].

Les figures majeures de la mythologie nationale sont révélatrices de ce que « doit être » le Japon. Le prince Shotoku incarne la bonne administration : omniprésente, envahissante, mais juste. Les trois chefs de guerre Nobunaga Oda, Hideyoshi Toyotomi et Ieyasu Tokugawa, qui ont mis fin à la période d'anarchie en massacrant beaucoup, incarnent le principe d'ordre qui doit être maintenu à tout prix. La lutte contre l'étranger est incarnée par l'amiral Tôgô, qui anéantit la flotte russe dans le détroit de Tsushima, et Yamamoto, maître d'œuvre de l'attaque de Pearl Harbour. Aucun rebelle. Aucune figure féminine. Pas d'empereur non plus, en réaction aux excès du culte impérial d'avant-guerre.

La télévision travaille elle aussi à rassembler la nation autour d'une histoire réinventée. Les *jidai mono* (séries historiques presque toujours situées à l'époque d'Edo) sont au Japon ce que les westerns ont été pour la mythologie américaine. La mise en exergue d'Edo est révélatrice : oubliant sa très grande brutalité, ses famines, ses castes-prisons et ses parias, cette période est présentée comme le moment où le Japon préservé de l'influence étrangère était « vraiment lui-même », peuplé de *samurais* courageux, de paysans laborieux, d'un joyeux petit peuple urbain et de dirigeants sévères mais justes.

II. Comment maximiser le potentiel national : le modèle japonais

Il ne suffit pas que les Japonais imaginent leur nation comme homogène, résistante et travailleuse. Il faut conforter concrètement ce sentiment et l'utiliser pour les mobiliser autour d'objectifs communs. Depuis l'ère Meiji, quatre générations successives ont ainsi mis un zèle sacrificiel à bâtir « un pays riche et une armée forte » à l'ère Meiji, puis à « rattraper l'Occident » après la défaite. Mais qu'en sera-t-il de celle des moins de 30 ans, élevée dans un pays en crise auquel ses dirigeants ne proposent plus de mot d'ordre clair, et que les médias ont baptisé *rosu gene*[1].

Un capitalisme cohérent avec les mythes nationaux

► Un capitalisme organisé et protégé par l'administration, une concurrence limitée, une économie introvertie

Le modèle qui a fait du Japon la deuxième économie mondiale entre 1968[2] et 2010 a été très ébranlé par la mondialisation. Sa réforme est en cours depuis deux décennies, ce qui autorise à en parler à l'imparfait par moments, mais il a encore de beaux restes.

L'économie nippone était un capitalisme régulé par une administration omniprésente, à commencer par le ministère des Finances et le MITI (METI depuis 2001)[3]. Cette administration planifiait à cinq ans, sur le modèle français, et continue aujourd'hui à le faire sous forme de *bijion* (visions) indicatives. Elle édicte d'innombrables normes régulatrices, mais agit aussi par un « guidage » à base de « conseils » oraux qui avaient jadis valeur d'ordres du Ciel, et n'ont pas perdu toute influence. Elle interagit étroitement avec tous les acteurs de la vie économique par le canal de milliers d'associations professionnelles qui organisent et encadrent le moindre secteur, jusqu'à celui des fournisseurs de serviettes chaudes pour les restaurants. En outre, la pratique de l'*amakudari*[4] permet aux grands ministères régulateurs de caser leurs hommes au conseil d'administration des entreprises, dont bien peu oseraient ne pas les accueillir.

L'administration a toujours eu trois objectifs essentiels : cibler et développer les secteurs qu'elle jugeait prioritaires, protéger l'économie nationale au moyen de droits de douane et de barrières non tarifaires, et empêcher la « concurrence excessive » sur le marché intérieur en y favorisant la multiplication des cartels de droit ou de fait. Ce déni de concurrence touchait tous les secteurs, jusqu'au commerce de détail, et assurait de confortables rentes de situation à tous les acteurs en place, petits et grands dont les parts du gâteau restaient plus ou moins stables. Cette situation a aujourd'hui vécu dans beaucoup de secteurs, mais pas tous, et les barrières non tarifaires font encore honneur à l'imagination de la bureaucratie nippone.

---

1. Contraction de l'anglais *lost generation* (génération perdue). Prononcer *lossu géné*.

2. Pour la période 1968-1989 : deuxième économie du monde libre.

3. MITI : ministère de l'Industrie et du Commerce international. METI : ministère de l'Économie, du Commerce et de l'Industrie.

4. La « descente du ciel » : obligation faite *de facto* à tous les cadres de l'administration centrale, et souvent aussi locale, de la quitter avant la fin de leur carrière pour être recasés par elle dans le privé.

L'introversion du modèle se lisait dans les chiffres, et s'y lit encore. Entre 1980 et 2010, les exportations n'ont représenté que 11,4 % du PIB japonais, et les importations 9,4 %, contre 20 % dans chaque sens pour la France. Le stock d'investissements directs étrangers dans l'Archipel ne représente que 19 % de son PIB, et celui de ses propres investissements à l'étranger 37,5 % (France : 49 % et 75,5 %). Et au plus fort de la crise, les dirigeants japonais, tout conservateurs qu'ils étaient, n'ont pas hésité à faire ce que les socialistes français n'ont pas osé : ils ont nationalisé temporairement certaines entreprises pour les redresser avant de les revendre, en veillant à ce qu'elles restent entre des mains japonaises.

▶ Un mode de production exceptionnellement efficace et un « capitalisme d'ingénieurs » plutôt que d'actionnaires

Bien qu'éloigné des principes de l'économie de marché, le modèle japonais a été remarquablement efficace. Quinze années de très haute croissance jusqu'en 1973 ont fait de l'Archipel une puissance industrielle majeure. Il a ensuite surmonté les deux chocs pétroliers qui ont mis fin aux Trente Glorieuses occidentales, devenant ainsi la première puissance commerciale du monde. Dans les années 1980, la richesse qu'il créait et la très forte revalorisation de sa monnaie en ont fait un moment la première puissance financière de la planète.

Ce succès reposait à la fois sur la croissance exponentielle du marché intérieur et sur celle des exportations. La première était portée par la très forte croissance démographique et par celle du niveau de vie ; la deuxième par la productivité exceptionnelle du mode de production des grandes entreprises. Souvent baptisé « toyotisme », celui-ci repose sur trois piliers. En matière d'emploi, l'emploi dit « à vie » (mais associé à un important volant de main-d'œuvre ultra-précaire) et l'assurance pour chaque salarié qui en jouissait d'une progression minimale de sa carrière à l'ancienneté (mais associée à une compétition permanente pour un avancement accéléré et une meilleure rémunération). En matière sociale, l'utilisation systématique de syndicats-maison pour assurer la paix et la participation active des salariés à l'organisation du travail. En matière d'organisation du travail, l'embrigadement « volontaire » des salariés dans les cercles de qualité, la systématisation des flux tendus, la polyvalence des opérateurs sur les chaînes et l'automatisation à outrance.

Couronnant le tout, les profits étaient réinvestis par priorité dans l'outil de production. Le capitalisme japonais était un « capitalisme d'ingénieurs » plutôt que d'actionnaires. Les grandes entreprises se finançaient à des conditions préférentielles auprès des banques de leur propre *keiretsu*[1], qui étaient vouées à leur service. L'essentiel de la capitalisation boursière était détenu sous forme de participations croisées au sein de chaque *keiretsu*, ou par des investisseurs institutionnels inféodés au ministère des Finances. Les actionnaires extérieurs n'avaient aucun pouvoir. Cela permettait de consacrer l'essentiel des profits à l'investissement productif et à la R&D, puis à l'amélioration des salaires (donc de la consommation). L'argent ne servait pas à faire de l'argent, mais à fabriquer des choses qui se vendaient fort bien. C'est en changeant de logique dans les années 1980, pour s'ouvrir à

1. Les grands réseaux d'entreprises (Mitsui, Mitsubishi, Sumitomo, etc.) liées par des participations croisées, une banque et une société d'import-export communes, et une coordination de leur stratégie. Ils ont pris la suite des *zaibatsu* d'avant-guerre, qui étaient des holdings familiales dissoutes par les Américains en 1946.

la mondialisation financière sous la pression des États-Unis, que l'économie japonaise a plongé dans la crise.

Un modèle économique en adéquation avec l'image de la nation

Comme la nation, la grande entreprise japonaise « fait corps », grâce à l'emploi à vie, à la coopération syndicat-direction, à des symboles comme le badge et l'hymne de la société, ou des rituels comme la gymnastique matinale du personnel. Comme le Japon impérial, elle « fait famille » en distribuant à ses membres de nombreux avantages sociaux en lieu et place de l'État, mais aussi en se mêlant de leur vie privée, notamment pour les presser d'accomplir le devoir de mariage. L'atelier aussi « fait corps », via la polyvalence des opérateurs et la fréquence des réunions du type cercles de qualité. Et comme la nation japonaise face à l'Occident, l'entreprise nippone se voulait radicalement différente : chez elle, relations du travail apaisées, zèle et discipline, respect des travailleurs et culte de l'outil ; en Occident, lutte des classes, vacances et grèves, poursuite du profit immédiat. C'est du moins ainsi que les Japonais voyaient les choses.

« Sécurité, égalité, conformité » : le modèle social

Une société égalitaire et protectrice sans politique redistributive ni État-providence

À la veille de la crise, le Japon faisait aussi bien que les social-démocraties les plus avancées en matière d'égalité des revenus, de chômage et de pauvreté. Mais l'État ne prélevait guère plus que dans les pays ultra-libéraux comme les États-Unis et la Grande-Bretagne. En d'autres termes, l'Archipel obtenait les résultats sociaux d'un État-providence avancé avec une fiscalité de type libéral, et sans politique de redistribution. Il y parvenait pour l'essentiel en transférant la charge de la protection sociale aux grandes entreprises. Celles-ci distribuaient nombre d'avantages sociaux, et jouaient à leur manière le rôle d'assurance-chômage en employant davantage de main-d'œuvre qu'on ne l'aurait jugé nécessaire en Occident, et en la conservant pendant les épisodes dépressifs. L'État les y obligeait en multipliant les réglementations pour entraver l'utilisation des intérimaires et rendre les licenciements difficiles. En outre, le Japon vivait constamment à la limite de la pénurie de main-d'œuvre, sans que les autorités ouvrent pour autant la porte à l'immigration – ostensiblement pour des raisons culturelles, mais aussi parce que le plein-emploi assurait la stabilité sociale, donc celle du pouvoir du PLD.

Cette tension du marché du travail obligeait aussi les PME à suivre, dans la mesure de leurs moyens, les bonnes pratiques sociales des grandes entreprises. Ainsi, tout comme celle des maisons ou de l'apparence physique, la similitude apparente du modèle des entreprises petites et grandes confortait l'image du « corps national » homogène. Le discours dominant survalorisait cette homogénéité en lui donnant une explication culturelle, voire quasi génétique, et en dissimulant les zones d'ombres, à commencer par le sous-prolétariat misérable et surexploité décrit par André L'Hénoret et Satoshi Kamata[1].

---

1. André L'Hénoret, *Le Clou qui dépasse. Récit du Japon d'en bas*, Paris, La Découverte, 1993. Satoshi Kamata, *Toyota, l'usine du désespoir. Journal d'un ouvrier saisonnier*, Paris, Éditions ouvrières, 1976 ; Paris, Demopolis, 2008 (en japonais : 1973).

▶ Une « société contrôlée », grande consommatrice de médias de masse et de rites

La même homogénéité s'imposait aux conduites individuelles, souvent aux dépens de la vie privée. Le Japon d'après-guerre a hérité de la période d'Edo et du militarisme ce qui est aujourd'hui dénoncé sous l'appellation de *kanri shakai*. On peut traduire ce terme par « société organisée par les autorités », voire « société camisole de force [1] ». Les principes en sont connus. Organisation hiérarchique stricte fondée sur l'ancienneté. Autorité arbitraire des supérieurs, des maîtres et des fonctionnaires. Comportements imposés par le rang, la fonction et le genre, jusque dans la manière de s'habiller, de parler ou de rire. Parcours de vie encadré, qui ne laissait notamment pas le choix du célibat sous peine de marginalisation sociale. Participation quasi obligatoire aux groupes de voisinage et aux PTA [2] pour les femmes, à un club scolaire ou universitaire pour les lycéens et les étudiants, aux sorties pour boire et aux excursions entre collègues sous l'œil du supérieur pour les salariés. Toile d'araignée des « relations entre les personnes » (*ningen kankei*) qui confère à chaque Japonais une multitude d'obligations, véritables dettes sociales (*giri*) qu'il doit rembourser tôt ou tard à ses parents, ses professeurs, son employeur, et à toute personne qui lui rend le moindre service.

La cohésion qui en découlait était, et est encore entretenue par les médias de masse et des rites nationaux petits et grands. Au Japon, on lit un quotidien dans plus de 90 % des foyers (un tiers en France), et les grands médias se caractérisent par ce qui semble être leur refus de diviser la nation, comme nous le verrons plus loin [voir chapitre 5, II, 2].

Les Japonais ont aussi longtemps « fait corps » autour de rites collectifs tels que le tournoi national de baseball biannuel des lycées (*Kôshien*), l'émission de variétés du Nouvel An de la chaîne de télévision publique NHK (*Kôhaku*) et son feuilleton historique annuel (*Tiger drama)*, les fêtes locales et de quartier toujours très vivaces (*matsuri*), ou en suivant jour après jour l'avancée du front des cerisiers qui fleurissent une région après l'autre. Dans ces occasions, les Japonais se voient comme on leur dit qu'ils sont : attachés à l'effort, à leurs traditions, à la nature. Et heureux.

Heureux comme un Japonais au Japon, mais...

En dernier ressort, la cohésion de la nation tenait au fait qu'elle rendait les Japonais heureux, quoi qu'en pensât l'Occident, où ils étaient volontiers décrits comme des « fourmis » dont le mode de vie ne pouvait convenir à des individus dignes de ce nom.

Le modèle assurait une sécurité très enviable. Celle de l'emploi était presque totale. Grâce à l'influence du lobby médical sur le PLD, l'assurance-maladie a été très tôt de bonne qualité. La tradition familiale assurait aux parents qu'on s'occuperait d'eux dans leur vieillesse. La faible criminalité et la rareté des incivilités assuraient, et assurent encore, une sécurité personnelle très appréciable. En dépit de prix trop élevés pour cause de protectionnisme, le niveau de vie était en amélioration constante : la génération des baby-boomers a accédé aux « 3 Trésors » dans les années 1960, aux « 3C » dans les années 1970 [3], aux produits de luxe

1. Masao Miyamoto, *Japon, société camisole de force*, Arles, Philippe Picquier, 2001 (en japonais : 1993).
2. *Parents Teachers Association.*
3. Les 3 Trésors : réfrigérateur, machine à laver, télévision. Les 3C : *car, cooler, color TV.*

dans les années 1980, et a pu devenir propriétaire. Il en résultait un climat général de confiance en soi et d'optimisme.

Mais, aujourd'hui, après vingt ans de crise, le Japon connaît lui aussi la précarisation massive du travail et le tassement du niveau de vie [ci-après, IV].

Le Japonais était assuré de voir ses efforts récompensés s'il jouait le jeu. Sa vie était balisée très tôt : l'université dont il réussissait le concours déterminait presque à coup sûr la catégorie d'entreprise à laquelle il pouvait prétendre et la carrière qu'il y ferait, le niveau social de la femme qu'il épouserait, le quartier où il habiterait, et jusqu'aux voyages qu'il ferait à l'étranger. Il suffisait de travailler dur et de se conformer. À ces conditions, le modèle japonais assurait une forme de reconnaissance sociale même aux plus humbles. Dans la *kanri shakai*, chacun avait son rôle et était assuré d'être traité justement s'il s'en acquittait avec zèle – comme les paysans de l'époque d'Edo qu'on ne pouvait pas déposséder tant qu'ils payaient l'impôt.

Mais, aujourd'hui, nombre de cinquantenaires qui pensaient n'avoir jamais démérité ont été victimes de la crise, et la jeune génération est sommée d'inventer elle-même son avenir, qu'elle voit souvent bouché.

La mobilité sociale était réelle. Conformément à la tradition confucéenne, le principal vecteur était le système scolaire, centré sur le classement qui permettait d'entrer dans un bon lycée et les concours d'accès à l'université. Les deux faisaient la plus large place aux QCM afin de minimiser l'avantage culturel des enfants de milieu aisé. En investissant dans l'éducation de leurs enfants, les parents pouvaient donc se dire que leurs rejetons auraient une situation meilleure que la leur.

Mais aujourd'hui, la réforme du système scolaire a fait reparaître une forte ségrégation par l'argent [voir chapitre 5, III, 3], et si le bouleversement économique en cours a fait émerger une génération de *self-made-men* [voir chapitre 7, I, 4], l'ascenseur social est en panne pour la masse des classes moyennes et populaires.

Les Japonais avaient le sentiment satisfaisant d'être tous logés à la même enseigne. Depuis les années 1970, plus de 80 % d'entre eux estimaient appartenir à la classe moyenne. Ce gratifiant sentiment d'égalité était conforté par l'absence d'ostentation chez les plus fortunés (encore un héritage d'Edo, où les signes extérieurs de richesse étaient sévèrement règlementés) et par l'uniformisation des apparences et des goûts : le bonheur, c'était le même costume bleu pour l'employé de bureau et le cadre supérieur, et un Vuitton (plus ou moins cher) pour la ménagère de classe moyenne comme pour la riche héritière. Les médias vantaient une « nouvelle société de masse moyenne » (*shin chûkan taishû shakai*), qu'ils opposaient avec fierté aux sociétés occidentales divisées par la lutte des classes – quitte à simplifier considérablement la réalité.

Mais, depuis le début des années 2000, c'est la montée des inégalités (*kakusha*) qui fait la une du débat social [ci-après, IV].

Last but not least, les Japonais ont une capacité remarquable à faire bonheur de tout. Les moments de détente sont plus rares qu'en Occident, mais vécus d'autant plus intensément que l'exubérance de la culture populaire autorise nombre de conduites jugées vulgaires chez nous, mais très efficaces pour combattre le stress. Des activités comme les sorties entre collègues ou le golf de rigueur à partir d'un certain niveau social, qui nous rebuteraient à cause de leur caractère quasi imposé, plaisent aux Japonais précisément par ce côté convenu :

la répétition, comme celle des saisons, leur donne au moins autant de plaisir que la nouveauté.

Mais aujourd'hui ces obligations à la fois festives et rituelles pèsent de plus en plus aux jeunes générations, et depuis la crise, les entreprises distribuent moins généreusement à leurs cadres les cartes de crédit qui donnent accès au paradis du golf et des bars à hôtesses.

III. Quand le corps national a la fièvre

Les Japonais sont réputés peu contestataires : ne font-ils pas grève « juste en portant un brassard[1] » ? En réalité, ils ont montré dans l'histoire qu'ils pouvaient se rebeller avec une violence parfois paroxystique, mais ils n'ont jamais cru à la révolution. En outre, depuis les années 1960, le pouvoir conservateur est passé maître dans la gestion des diverses formes de contestation, et la crise qui fragmente et démoralise la société n'a rien fait pour la relancer.

Une nation plus contestataire qu'on le croit

▶ L'histoire japonaise est aussi pleine de fureur et de sang qu'une autre

Le Japon ancien n'avait rien d'une nation paysanne pacifique, mais le dire est politiquement incorrect. Le déni commence dès les prémices : le clan Yamato n'a pas pris le pouvoir par la force ; c'est le mythique Jimmu Tennô qui a « soumis les démons ». L'assassinat de l'empereur qui permit à l'exemplaire prince Shôtoku d'accéder au pouvoir (593) et l'extermination de la descendance de ce dernier par le clan Fujiwara (645) ? Les écoliers nippons n'en entendent pas plus parler que des centaines de milliers de paysans massacrés dans les immenses jacqueries qui ont ensanglanté l'archipel du XIVe au XVIe siècle. Et les *jidai mono* ne montrent pas les crucifiés et les têtes coupées exposés par l'impitoyable justice d'Edo au bord des routes, où les premiers voyageurs occidentaux ont pu les photographier dans les années 1850.

Une contestation de type moderne est apparue comme partout avec la révolution industrielle, dont les débuts ont été aussi brutaux qu'en Occident : au Japon aussi, les enfants de cinq ans travaillaient dans les mines. En 1918, lors des grandes « émeutes du riz », les autorités ont envoyé l'armée et la pègre yakuza contre les grévistes et les manifestants. Le parti communiste japonais a été fondé aussi tôt que son homologue français (1920). À l'époque militariste, malgré l'interdiction des syndicats, un tiers de la main-d'œuvre était organisé. Après la guerre, la coopération syndicat-direction n'a pris forme qu'après quinze années de conflits sociaux très durs et l'éradication brutale des syndicats communistes. Au milieu des années 1980, le puissant syndicat des JNR, qui s'opposait à leur privatisation, a été brisé avec autant de détermination que celui des mineurs britanniques par Margaret Thatcher au même moment.

Après l'extinction des grandes luttes ouvrières, l'Archipel a vu se multiplier d'autres formes de contestation dans les années 1960 et 1970. Les *shimin undô* (mouvements de citoyens) se mobilisaient pour la défense de la Constitution démocratique de 1947 ou

1. Encore un cliché : ce sont les salariés qui n'ont pas le droit de faire grève qui protestent ainsi.

l'interdiction des armes nucléaires. Les *jûmin undo* (mouvements d'habitants) luttaient contre la pollution et la mauvaise qualité de la vie dans la Mégalopole [voir chapitre 4, III, 1]. En 1970, un puissant boycott des consommateurs a contraint Panasonic à baisser le prix de ses téléviseurs. Les *burakumin*, descendants des parias d'Edo, se mobilisaient contre la discrimination dont ils étaient (et sont encore) victimes, tout comme les féministes du *Chupiren*[1]. Le mouvement de 1968 a été beaucoup plus dur et plus long qu'en France, et a généré un terrorisme aussi violent qu'en Allemagne et en Italie[2]. Et pendant une quinzaine d'années, des fronts de gauche socialistes-communistes ont pris le pouvoir dans les grandes préfectures urbaines (Tôkyô : 1967-1979, Ôsaka : 1971-1979).

▶ **Mais l'idée de changer le monde est étrangère à la culture japonaise**

Cela commence avec les religions. Le shintô ne fait que veiller sur la répétition du cycle toujours semblable de la vie, et conforte la légitimité impériale. Le bouddhisme a connu des avatars violents pendant les siècles d'anarchie, où des dizaines de milliers de croyants sont morts pour établir le paradis de Bouddha dans l'archipel, mais le régime d'Edo l'a récupéré en faisant des temples un pilier de son système de contrôle social. Il est devenu une espèce d'assurance sur la mort, son domaine réservé. De chacune des deux religions, le Japonais attend qu'elle l'aide à tirer le meilleur du temps qu'il passe sur cette terre : on va au temple ou au sanctuaire pour demander un service ou être préservé d'un malheur. Les nouvelles religions, qui poussent comme des champignons depuis la fin de la période d'Edo chaque fois que le pays traverse des temps difficiles, ont le même caractère pragmatique. Certaines sont entrées en politique dans le camp conservateur, comme la très puissante Sokagakkai : le parti Kômeitô, qu'elle a créé en 1964, a aidé le PLD à reconquérir les grandes villes et l'épaule au gouvernement depuis la fin des années 1990. Les « néo-nouvelles religions » (*shin shin shukyô*) des années 1980, y ajoutent une dimension festive, ludique et individualiste qui ne fait rien pour les rendre contestataires[3].

La vieille culture populaire conforte ce pessimisme à l'égard des rébellions. Elle se passionne pour les héros qui semblent secouer le joug social, mais à condition qu'ils finissent mal – à l'instar des fameux 47 *rônin*, condamnés en 1703 à s'éventrer pour avoir vengé leur maître injustement exécuté, victimes consentantes d'un conflit insoluble entre la fidélité due à leur seigneur et l'obéissance due au shôgun. Ces rebelles malgré eux, tout comme les amants du théâtre kabuki séparés par le système des castes et voués à un double suicide larmoyant, satisfont deux pulsions contraires des Japonais. Ils leur permettent de se défouler au spectacle de personnages qui osent défier l'ordre des choses, mais leur sort pitoyable rappelle que ce défi est voué à ce que Ian Morris appelle « la noblesse de l'échec[4] ». Au Japon, Robin des Bois aurait fini noblement pendu, et son public aurait trouvé cette fin conforme à la morale sociale.

---

1. La Ligue pour [la défense de la liberté de] l'avortement et [le droit à] la pilule.

2. Entre autres faits d'armes, l'Armée Rouge japonaise (*Nihon Sekigun*) a tué 26 personnes à l'aéroport de Lodz en 1972, pris en otage l'ambassadeur de France aux Pays Bas en 1974 et celui des États-Unis en Malaisie en 1975, fait s'écraser un Boeing malaisien détourné en 1977, et blessé encore 20 personnes au Japon dans des attentats en 1988.

3. La secte Aum, responsable d'un attentat au gaz sarin dans le métro de Tôkyô en 1995, apparaît comme une exception monstrueuse, dont les dirigeants seront pendus.

4. Ian Morris, *La noblesse de l'échec. Héros tragiques de l'histoire du Japon*, Paris, Gallimard, 1980.

▶ De l'échec du mouvement de 1968 au « conservatisme de confort »

Les idéologies révolutionnaires importées d'Occident ont eu leurs heures de gloire au Japon pendant la révolution industrielle : certains des penseurs qui ont influencé le nationalisme militariste venaient du socialisme et voyaient l'affrontement avec l'Occident comme une guerre de libération des « nations prolétaires » d'Asie. Après 1945, toute une génération d'intellectuels et d'enseignants a baigné dans le marxisme, et les étudiants en révolte de 1968 s'en réclamaient. Mais les libérateurs de l'Asie ont été vaincus, et les soixante-huitards nippons ont échoué à entraîner la société, au contraire de leurs homologues occidentaux : des milliers d'entre eux ont été arrêtés, condamnés et marginalisés à vie, et les plus épris d'idéologie se sont entretués après l'échec du mouvement.

Le conservatisme consumériste de confort a triomphé dans les années 1980. Les baby-boomers goûtaient désormais la sécurité de l'emploi à vie. Leur défaite en 1968 avait vacciné leurs cadets contre la rébellion : eux se voulaient des êtres d'une espèce nouvelle (*shinjinrui*), frais et tendres comme de jeunes pousses de bambou (*takenoko*), purs et fragiles « comme le cristal » : *Nantonaku kurisutaru* – titre d'un roman best-seller, prix Bungei en 1980. Cet ouvrage, où des centaines de notes de bas de page signalent les marques, les boutiques et les lieux branchés que le lecteur se doit de connaître, a symbolisé l'avènement au Japon du capitalisme consumériste, fondé sur la création incessante de nouveaux besoins. Cet avatar touche tous les pays avancés, mais l'Archipel est sa terre d'élection, parce que l'homogénéité de la société et l'impact démesuré des médias en font le pays par excellence de la mode et des engouements. La jeunesse nippone réserve dorénavant ses enthousiasmes aux nouveaux gadgets et ses efforts à se tenir au courant des dernières tendances. Elle n'est pas la seule, mais l'élite dirigeante conservatrice a été particulièrement habile à exploiter ce nouvel état d'esprit – tout contraire qu'il soit à celui qui a porté le « miracle » japonais.

Des élites très habiles à gérer les mécontentements

Un moment bousculé par la gauche dans les grandes métropoles [voir chapitre 4, II, 2], le PLD a rétabli son hégémonie dans les années 1980. Malgré la crise, il a gardé le pouvoir jusqu'en 2009, et y est revenu dès 2012. Les démocraties occidentales n'offrent aucun exemple d'une telle domination d'un seul parti. Le PLD l'a bâtie sur quatre piliers.

a) **La croissance.** Les revenus de celle-ci permettaient au parti gouvernemental de multiplier à son gré les travaux publics à finalité électorale, de subventionner à tout-va, et de développer certains aspects bien ciblés de l'État-providence (gratuité des soins médicaux pour les plus de 60 ans). Dans chaque circonscription, l'argent huilait les rouages des machines électorales conservatrices (*kôenkai*). Cette façon de faire de la politique coûtait très cher, et les scandales étaient monnaie courante. Peu importait : la croissance remplissait les caisses de l'État, le patronat celles du PLD, et les Japonais étaient indifférents aux « affaires ».

b) **L'unité.** La croissance a permis au PLD de rester uni. Bien qu'il fût divisé entre une aile moderniste proche du grand patronat et une aile conservatrice et populiste liée aux secteurs archaïques protégés, il pouvait multiplier les compromis et différer les choix douloureux en comptant qu'une économie florissante arrangerait toujours les choses.

c) **Un soutien organisé tentaculaire.** Le monde des affaires finançait le parti dominant. Les organisations paysannes, les associations professionnelles et nombre d'entreprises faisaient ouvertement voter pour lui. La plupart des élus locaux le soutenait, et ses *kôenkai* maillaient le terrain avec autant d'efficacité que les cellules du Parti dans les pays communistes de jadis. L'administration centrale n'imaginait pas travailler avec un autre parti que lui. La Cour Suprême était à sa main et la justice peu favorable aux plaignants qui osaient attaquer l'État. La police surveillait les partis de gauche. Les grands médias, tout en se proclamant neutres, servaient le parti gouvernemental en nourrissant le désenchantement [voir chapitre 5, II, 2].

d) **L'incurie de l'opposition.** Son pilier central, le Parti socialiste, s'est perdu en querelles intestines et sclérosé sous la coupe des syndicats de fonctionnaires; il n'a jamais su réaliser l'aggiornamento qui a permis à ses homologues européens de devenir de grands partis attrape-tout capables d'accéder au gouvernement. Les communistes étaient marginalisés et surveillés de près. Au centre, le Kômeitô et le petit Parti démocrate-social faisaient une cour assidue au PLD, dans l'espoir qu'il aurait un jour besoin d'eux. Le mécontentement ne disposait donc d'aucun relais politique efficace.

Mais le choc de la mondialisation et la crise ont privé le PLD de la manne de la croissance, fait éclater des conflits d'intérêts entre ses multiples soutiens, exacerbé ses divisions, exaspéré la société dont la classe politique s'était coupée, amené sur la scène politique de nouveaux entrants aux dents longues, et poussé les médias à faire écho au mécontentement de leur clientèle. Le parti gouvernemental s'en est trouvé un moment paralysé, ce qui a totalement empêché la mobilisation nationale et rendu très difficiles les réformes dont le Japon avait besoin pour faire face au choc de la mondialisation.

IV. Le modèle au péril de la mondialisation

L'éclatement de la bulle spéculative en 1990 a précipité le Japon dans une crise économique dont il n'était pas encore sorti en 2014. Depuis un quart de siècle, sa croissance moyenne n'a été que de 0,6 % par an (France : 1,3 % ; Chine : 10 %). Début 2014, l'indice Nikkei se traînait autour de 14 000 points contre 40 000 fin 1989. La part de l'Archipel dans le PIB mondial est tombée de 10 % à la veille de la crise à moins de 6, et sa part dans les exportations de presque 10 % à guère plus de 4. En 2010, il a cédé à la Chine la place de deuxième économie mondiale[1].

La crise du modèle est générale. À son corps défendant, le Japon a dû ouvrir son économie et engager des réformes de type libéral. L'impact social a été très dur et la cohésion du « corps national » ne pouvait qu'en être affectée.

1. Ce recul est très fortement – et artificiellement – amplifié par la dépréciation de plus de 20 % du yen face au dollar en 2013, puisque les statistiques mondiales sont établies en dollars.

Des réformes économiques incomplètes et qui divisent

▶ Certaines faiblesses majeures rendaient le modèle japonais incompatible avec la mondialisation

La croissance avait dissimulé le fait que le Japon entretenait d'énormes secteurs sous-productifs. La micro-agriculture et le petit commerce surprotégés faisaient vivre (et voter) environ 18 millions de personnes. Faute de concurrence, la productivité était souvent moitié moindre qu'en Occident dans tous les secteurs qui ne travaillaient que pour le marché intérieur (agroalimentaire, textile, ameublement) [voir chapitre 7, I, 4]. Le tertiaire hébergeait des millions de surnuméraires dont la fonction essentielle était d'assurer le plein-emploi et la réputation de l'Archipel en matière de qualité de service. Dans une économie ouverte à la concurrence internationale, tous ces secteurs étaient condamnés.

Ces secteurs – auxquels s'ajoutaient des travaux publics pléthoriques qui engloutissaient bon an mal an 7 % du PIB (deux fois la moyenne de l'OCDE) – coûtaient cher à l'État, aux épargnants et aux consommateurs. En 1989, la dette publique japonaise dépassait déjà 50 % du PIB, un niveau élevé pour l'époque (France : 34 %, États-Unis : 41 %). L'État la finançait aisément grâce à la masse d'épargne domestique (les foyers nippons épargnaient à l'époque 13,5 % de leur revenu, contre 8 % aux États-Unis), dont l'essentiel était coincé dans la banque postale et à peine rémunéré. Les prix trop élevés ajoutaient à la spoliation des ménages. Le niveau de vie ne s'accroissait pas autant qu'il aurait pu, et les Japonais en prenaient conscience à mesure qu'ils voyageaient davantage hors de l'archipel.

Les grandes entreprises employaient trop et payaient trop cher tous les services. Leurs performances, qui permettaient d'entretenir les secteurs sous productifs, n'en apparaissent rétrospectivement que plus remarquables, mais dans une économie mondialisée, les surcoûts et les rigidités allaient les accabler. Dès les années 1980, Nissan perdait déjà beaucoup d'argent dans l'automobile ; toutefois, comme beaucoup d'autres, la firme que Carlos Ghosn devra sortir du trou dans la décennie suivante présentait toujours des bilans flatteurs grâce aux activités financières spéculatives qu'elle avait créées.

▶ Les réformes économiques ont provoqué des dissensions et restent incomplètes

Le PLD divisé ne pouvait guère réformer et l'administration, qui vivait en quasi-symbiose avec les principaux bénéficiaires du « capitalisme organisé », partageait ses réticences. Dès 1980, une partie du patronat et des dirigeants conservateurs avaient conscience de la nécessité d'adapter le modèle japonais. Yasuhiro Nakasone (1982-1987) a engagé des réformes de type libéral (privatisations, réforme fiscale), mais les parlementaires et l'administration ont bloqué ses velléités de déréglementer l'économie et de diminuer la dépense publique. Quand la crise a éclaté, le PLD l'a traitée de la seule manière qui ne le fracturerait pas entre réformateurs et partisans du *statu quo* : en multipliant les plans de relance à base de travaux publics et de réduction d'impôts pour tous. Le PLD a sauvé son pouvoir, mais la dette publique dépasse aujourd'hui 240 % du PIB [voir chapitre 7, II, 1] et l'économie s'est enfoncée dans la stagflation.

Ce déni de réalité n'a pris vraiment fin qu'avec le gouvernement de Junichirô Koizumi (2001-2006). Ses réformes structurelles d'inspiration néolibérale ont eu un impact social très dur, qui a fait perdre le pouvoir au PLD d'août 2009 à décembre 2012. Mais leur effet a été compromis par la conjonction du tassement du niveau de vie et de la consommation dans l'Archipel, de la concurrence sans cesse croissante des pays émergents pour ses exportations, de la crise financière mondiale de 2008, du renchérissement paradoxal du yen jusqu'en 2013[1], et de l'arrêt du parc nucléaire après Fukushima, qui a mis la balance commerciale dans le rouge en accroissant les importations d'hydrocarbures.

Aujourd'hui, le modèle qui a réalisé le « miracle japonais » semble avoir vécu. Les transports ont été (en principe) privatisés, et la Poste – dont la banque est la 13e entreprise mondiale – est vouée à l'être depuis 2006. La concurrence progresse sur le marché intérieur : le petit commerce a perdu son droit de veto contre la création de grandes surfaces et ses monopoles, à commencer par celui de la vente du riz et de l'alcool ; le contrôle des prix est en voie de disparition ; l'alignement (très progressif !) des normes sur les standards internationaux facilite les importations. Le marché du travail a été flexibilisé au point que 40 % des emplois sont désormais de l'intérim ou des CDD de quelques mois. Dans le domaine financier, le ministère des Finances a perdu (en principe) le contrôle de la Banque du Japon, celui de la gestion des fonds de pension et la supervision des établissements financiers. Les actionnaires ont reçu de nouveaux droits et la compacité des *keiretsu* s'est affaiblie : il n'est plus impensable qu'un sous-traitant travaille à la fois pour une entreprise du groupe Mistui et une du groupe Mistubishi.

Il s'en faut toutefois que l'évolution soit complète. L'État garde *de facto* le contrôle de l'essentiel des chemins de fer et des autoroutes. La Poste ne sera pas privatisée avant 2017, si toutefois le projet va à son terme. L'ouverture aux acteurs extérieurs reste limitée : hostiles ou non, leurs OPA sont mal accueillies, et ils ne détiennent guère que le quart de la capitalisation boursière contre près de la moitié en France. Les actionnaires trop activistes et les *self-made-men* trop voyants sont parfois remis dans le rang, voire en prison. Et bien que la Banque du Japon soit en principe indépendante, le PLD n'a eu qu'à claquer des doigts pour la faire consentir à augmenter massivement la base monétaire[2] (2013).

Une remise en cause du système de pouvoir conservateur

Dès son début, la crise a frappé au cœur le système PLD en diminuant les ressources dont il disposait et en le divisant jusqu'à paralyser la décision. Dès 1993, une scission a brièvement écarté le PLD du pouvoir. Avant d'y revenir à la tête de diverses coalitions, il a dû accepter une réforme du financement des partis politiques qui complique le sien, et une réforme du mode de scrutin destinée à favoriser l'alternance [voir chapitre 5, I, 3].

L'opinion, qui regardait traditionnellement les jeux politiques avec un certain détachement, s'est mise à osciller entre la colère, le découragement, le cynisme et des engouements aussi massifs que fragiles pour des personnalités (Junichirô Koizumi) ou des perspectives (l'alternance politique). Les médias, soucieux de coller à leur auditoire, ont suivi – et donc amplifié – ces mouvements contradictoires. Le vote flottant a explosé. Dans un pays où une élection nationale (législative ou sénatoriale) intervient en moyenne tous les 18 mois, cette volatilité a entraîné une instabilité chronique. Seize Premiers ministres et neuf majorités

1. Le yen est une devise contracyclique par nature : il tend à monter quand la conjoncture mondiale se détériore.
2. Ne pas confondre avec « masse monétaire », qui ne prend en compte que la monnaie en circulation.

différentes se sont succédé de 1990 à 2013. Il a pourtant fallu attendre 2009 pour que se produise une alternance au profit du Parti démocrate japonais (PDJ, centre-gauche). L'expérience a cruellement déçu, et le PLD est revenu au pouvoir fin 2012.

Les pouvoirs locaux, traditionnellement inféodés au PLD, profitent de la situation pour s'émanciper [voir chapitre 4, II, 3]. Des populistes anti-système ont été élus gouverneurs un peu partout, à commencer par Tôkyô et Ôsaka. Des référendums locaux ont bloqué la construction de nouvelles centrales nucléaires (et peut-être demain leur réactivation) ou le déplacement des bases militaires américaines. Autre pilier du système de pouvoir PLD, l'administration a perdu beaucoup de son aura, et au moins un peu de son autorité. Elle se divise, notamment entre le ministère des Finances, immobiliste, et le METI, champion autoproclamé des réformes. La classe politique a fait des hauts fonctionnaires les boucs émissaires de la crise pour se dédouaner de sa propre responsabilité, et les accuse haut et fort d'avoir usurpé le pouvoir aux dépens des élus de la nation. L'unité d'action entre les deux têtes de l'État japonais est ébranlée, et le passage du PDJ au pouvoir s'est traduit par un divorce quasi public entre l'exécutif et la haute administration.

Une société dont la cohésion et le dynamisme sont menacés

▶ Le contrat social du « modèle japonais » est rompu

Le modèle qui a fait le « miracle japonais » se fondait sur l'ardeur et la discipline au travail en échange de la sécurité et de l'augmentation du niveau de vie. La crise a invalidé ce contrat. Depuis le début de la crise, le taux officiel de chômage n'a jamais dépassé 5,5 % (4,3 % fin 2013), mais près de 40 % des emplois ne sont plus que de l'intérim ou des CDD de quelques mois, avec un salaire horaire inférieur en moyenne de 60 % à celui des CDI et presque aucune couverture sociale. Résultat : le taux de pauvreté dépasse désormais 16 %, contre moins de 11 % en moyenne pour l'OCDE, ce qui classe le Japon en bas du tableau avec les États-Unis, le Mexique et la Turquie. La nation qui faisait corps ressemble désormais à une société brutale « à l'occidentale ».

L'égalitarisme était devenu un élément central de l'identité nationale. Il n'est question désormais que de *kachigumi* et *makegumi* (gagnants et perdants). Le coefficient de Gini est passé de 24,9 au début des années 1990 à 37,6 en 2008, alors que celui de la France est resté stable à 32,7 et que celui de l'Allemagne s'est réduit de 30 à 27. Les inégalités se creusent partout : entre les revenus, entre précaires et titulaires d'emplois fixes, entre les villes et les campagnes sinistrées, entre les baby-boomers tirés d'affaire et les moins de 30 ans à l'avenir souvent bouché. Les « ultra-riches » (*fuyusô*), qui ont fait fortune grâce à la spéculation des années 1980 ou au bouleversement économique en cours, font souvent fi de la retenue traditionnelle en matière d'ostentation. La gratifiante homogénéité du *kokutai* n'est plus.

▶ Le pessimisme gagne et les piliers de la société confucianiste se délitent

La crise a dévalorisé le conformisme. Désormais, les autorités invitent avec insistance chaque japonais à « réaliser pleinement son potentiel personnel ». Dans les années 1990, ils ont répondu à cette invite. De jeunes politiciens se sont lancés et les *self-made-men* ont fait un retour parfois spectaculaire dans la vie économique. Mais les années 2000 apparaissent comme celles du désenchantement, voire du découragement. Le taux de suicide est le plus élevé des grands pays développés (21,7/100 000 en 2011, soit plus de 30 000 morts par an, contre 15 en France et 12 aux États-Unis). Les conduites de fuite sont devenues un phénomène de société, depuis les jeunes « claquemurés » (*hikikomori*), qui vivent reclus et réfugiés sur Internet, jusqu'aux « hommes herbivores » (*sôshoku danshi*) qui consacrent toute leur énergie à éviter les chocs de la vie. Toute une partie de la jeunesse n'aspire plus qu'à « un bonheur de taille normale » (*toshindai na shiawase*) et se montre profondément pessimiste, comme nous le verrons [voir chapitre 7, II, 3].

La famille et l'école, piliers des sociétés de type confucéen, se délitent. Le mariage était quasi obligatoire et les fils aînés – surtout leurs épouses – prenaient soin des parents âgés. Désormais, le divorce atteint des taux occidentaux, un quart des moins de 30 ans pourrait rester célibataire, et nombre de vieillards connaissent des « morts solitaires » (*kodokushi*) qui passent inaperçues pendant des mois. L'école ne joue plus son rôle d'ascenseur social, et la persécution des plus faibles (*ijime*) est devenue un cancer social : en 1997, 75 % des lycéens de terminale affirmaient en avoir été témoins, 53 % victimes, et 35 % coupables ; plus de 100 000 cas ont été officiellement recensés en 2007.

▶ Le Japon semble en panne de but national

Après 1853 comme après 1945, l'angoisse et la colère ont été un puissant moteur du sursaut de l'énergie japonaise. Mais d'avoir « rattrapé l'Occident » n'a apporté aux Japonais ni l'admiration du monde, ni le bonheur, et la crise les a rendus cyniques. Tous ceux qui ont moins de 30 ans n'ont connu depuis l'âge de raison qu'un pays en crise : ils n'ont aucune mémoire des « miracles » passés, et l'idée de grandeur nationale a peu de sens pour eux. C'est en vain que les dirigeants ont cherché le slogan capable de ranimer la flamme. Les Japonais n'ont accroché ni à l'alléchant « superpuissance du niveau de vie » à la fin des années 1980, ni à l'élégant « *utsukushii kuni*[1] » de Shinzô Abe, Premier ministre en 2006-2007 et de nouveau depuis 2012, ni – en anglais dans le texte – au scintillant « *vibrant, attractive nation* » du Keidanren[2]. Le seul slogan qui ait réussi depuis dix ans à capter l'attention de l'opinion est « *Cool Japan* », inventé par un journaliste américain[3]. L'Archipel en aurait-il assez de se raidir face au monde et pense-t-il, crise ou pas, être suffisamment riche pour en profiter un peu ?

---

1. Officiellement traduit par *beautiful country*, ce terme implique aussi respect, dignité, harmonie et tradition.

2. L'équivalent japonais de notre MEDEF.

3. Douglas McCraig, dans un article intitulé « Japan's Gross National Cool » paru en mai 2002 dans *Foreign Policy*.

4 Les combats de la décentralisation

Géopolitique intérieure du Japon

Le Japon d'aujourd'hui apparaît comme un pays très centralisé. La concentration des pouvoirs à Tôkyô, très vulnérable aux séismes, inquiète même au point que le principe d'un transfert de la capitale a été acté en 1992. Pourtant, la centralisation a été longue à s'établir dans un archipel où l'autorité de l'État ne s'est pas imposée dans toute l'île principale avant le XII*e siècle. Où l'émiettement féodal sur fond d'anarchie a perduré jusqu'au début du* XVII*e siècle. Qui a eu deux capitales jusqu'en 1868. Et dont les institutions actuelles ont été établies par les Américains avec la volonté de faire des collectivités locales un contrepoids démocratique face à un centre jugé trop puissant.*

Le deuxième aspect majeur de la géopolitique intérieure japonaise est le formidable déséquilibre entre la Mégalopole de la côte Pacifique, qui concentre 85 % de la population et les trois quarts de l'activité économique, et un « Japon de l'Envers » (Ura Nihon) *très inégalement irrigué par les retombées de l'industrialisation. Longtemps préservées par la pérennité de la micro-exploitation et la protection politique du PLD, les zones rurales sont aujourd'hui en proie à une crise profonde qui impose à moyen terme une restructuration complète de l'agriculture nippone.*

Ce ne sera pas la première fois que l'État japonais entreprendra de (ré) aménager le territoire. Chacun à leur manière, l'État de « l'Age d'Or » du prince Shôtoku, l'État autoritaire d'Edo, l'État modernisateur de Meiji et le Japon du « miracle » d'après-guerre l'ont fait. Il y est à nouveau contraint aujourd'hui, pour des raisons tant économiques que politiques – à commencer par une « révolte des gouvernements locaux » depuis deux décennies, qui a imposé une politique de décentralisation à laquelle l'administration centrale oppose une résistance tenace.

I. Un centre du pouvoir qui a beaucoup varié

Tout comme l'histoire de la nation japonaise n'a pas été un long fleuve tranquille, la géographie du pouvoir dans l'archipel a été très fluctuante. Comme le front de la floraison annuelle des cerisiers, il s'est déplacé du Sud-Ouest vers le Nord-Est, non sans à-coups.

Les migrations du pouvoir et l'archipel aux deux capitales

Le premier aperçu de l'organisation du pouvoir dans l'archipel nous est donné par les chroniques chinoises à l'époque Yayoi. Le centre de gravité du Japon est alors le Kyûshû, divisé entre des dizaines de petites principautés. Île la plus proche du continent, le Kyûshû constitue la porte d'entrée naturelle du pays : les Mongols tentent d'y débarquer, les Portugais y touchent terre, et le port de Nagasaki reste entrouvert à l'époque d'Edo. Le Kyûshû est donc souvent en avance sur le reste de l'archipel, ce qui le rend contestataire face au pouvoir central. Les grands conflits féodaux opposent généralement les clans du Sud-Ouest

La formation du territoire national japonais (2) – La migration des centres de pouvoir

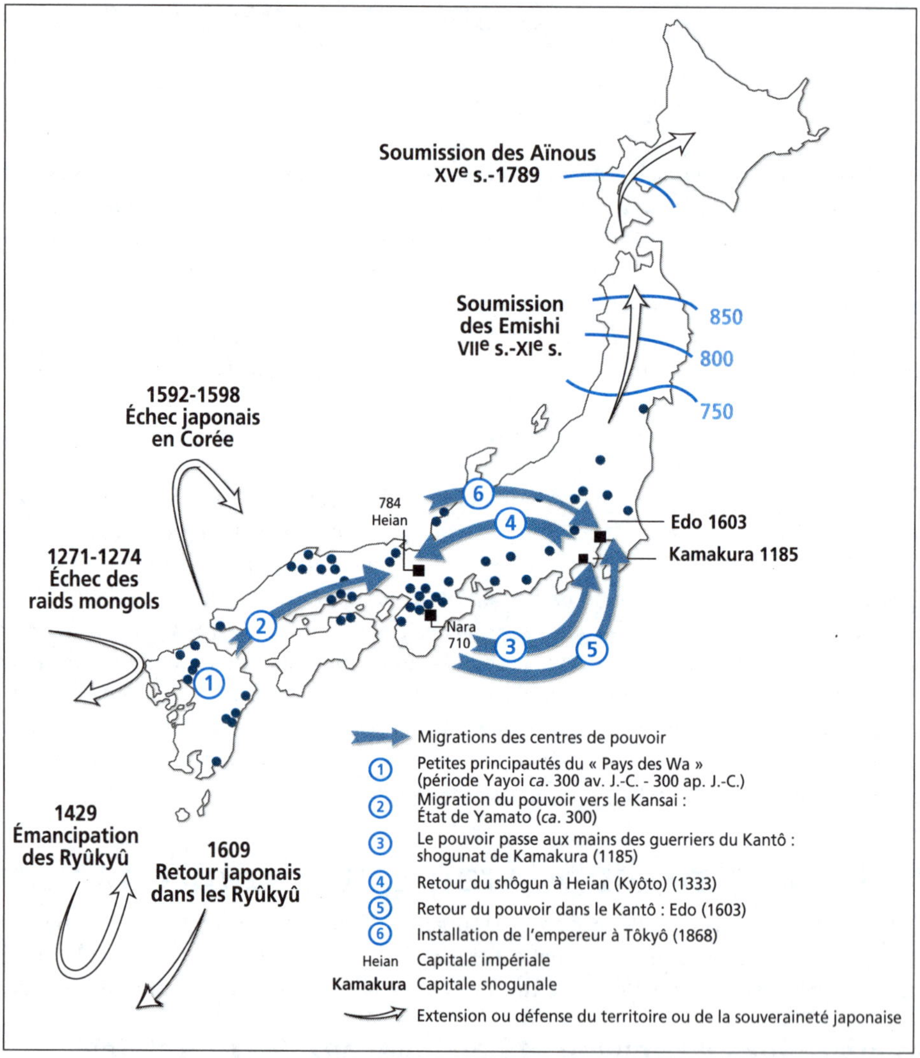

et ceux du Nord-Est, le Kansai servant de champ de bataille. Même le régime d'Edo ne pourra pas déraciner les grands clans du Kyûshû. Écartés du pouvoir et surveillés de près, ils prendront la tête du camp réformateur qui abattra le shogunat en 1868. En 1992 encore, les gouverneurs de Kumamoto et de Saga seront à la pointe du mouvement réformateur qui provoquera la recomposition de la scène politique japonaise.

Le Kansai devient le siège du pouvoir à partir du IIIe siècle, avec l'État unifié de Yamato. Pendant cinq siècles, les capitales y sont nomades. En 794, l'empereur se fixe définitivement à Heian (Kyôto), plus de deux siècles avant que les Capétiens ne le fassent à Paris. La capitale devient le centre d'un État ultra-centralisé sur le modèle chinois, qui s'approprie toute la terre cultivable. Les premiers circuits routiers unissent un territoire divisé en provinces. Leurs gouverneurs doivent faire parvenir chaque année à Heian un rapport détaillant – entre autres – le nombre des têtes de bétail mâles et femelles, de moines et de nonnes, de délinquants emprisonnés, et jusqu'au métrage d'étoffe tissé dans leur juridiction. Heian aurait compté au moins 10 000 fonctionnaires et abritait une école nationale d'administration. Le modèle idéal de l'État japonais est fixé : il possède tout et contrôle tout.

La désagrégation de cet État bureaucratique aboutit à la prise du pouvoir local par qui en a la force – vieux clans ou nouveaux seigneurs de guerre. En 1185, les guerriers provinciaux arrachent définitivement le pouvoir à l'aristocratie de Heian quand le premier shôgun, Minamoto no Yorimoto, installe le pouvoir dans son fief de Kamakura, dans la grande banlieue de l'actuelle Tôkyô. Le pouvoir réel passe dans le Kantô, mais son centre symbolique demeure dans la capitale impériale (*miyako*).

Cette dualité est interrompue en 1333 avec la chute des Minamoto, remplacés par les Ashikaga qui reviennent résider à Heian, et doteront la cité des pavillons d'Or et d'Argent. Dans un Japon en proie aux conflits féodaux, le Kansai joue toujours le premier rôle, car ses ports (Sakai, Ôsaka) sont les plus actifs dans l'essor du commerce maritime qui enrichit l'Archipel jusqu'à sa fermeture [voir chapitre 2, III, 1]. Le retour à l'ordre commence avec Nobunaga Oda, dont les possessions sont situées dans l'actuelle région de Nagoya, et qui met la main sur Sakai, Ôsaka et Heian. Mais son œuvre sera parachevée par Ieyasu Tokugawa, dont le fief est dans le Kantô, à Edo (aujourd'hui Tôkyô).

Edo, centre surpuissant d'un État omniprésent

Edo devient le centre du nouveau régime, fondé sur un contrôle minutieux de ce qui se passe dans chacun des quelque 300 fiefs dont les *daimyô* administrent l'archipel. Tout se décide dans la capitale shogunale, depuis la destitution de l'un ou l'autre des *daimyô* jusqu'aux détails de la manière dont chaque caste doit se vêtir, l'organisation du nouveau réseau urbain de l'archipel et les travaux publics, dont le shôgun peut imposer l'exécution aux fiefs à son gré. En outre, l'État contrôle directement les grandes routes, les principaux ports, les mines et les grands sanctuaires. Le système de « résidence alternée » (*sankin kôtai*), qui contraint chaque *daimyô* à résider à Edo un an sur deux, accroît encore le pouvoir de ce centre surpuissant. La capitale shogunale – gonflée par la bureaucratie et la masse des serviteurs, artisans, commerçants et services de toute sorte réclamés par les résidences seigneuriales – aurait été la plus grande agglomération du monde au XVIIIe siècle, avec un million d'habitants.

La formation du territoire national japonais (3) – De l'anarchie à la réunification

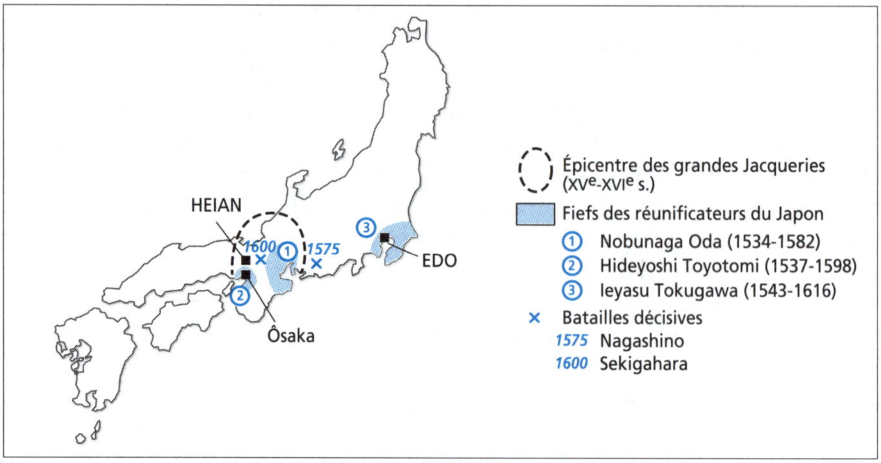

La formation du territoire national japonais (4) – La stabilisation de l'ère Edo

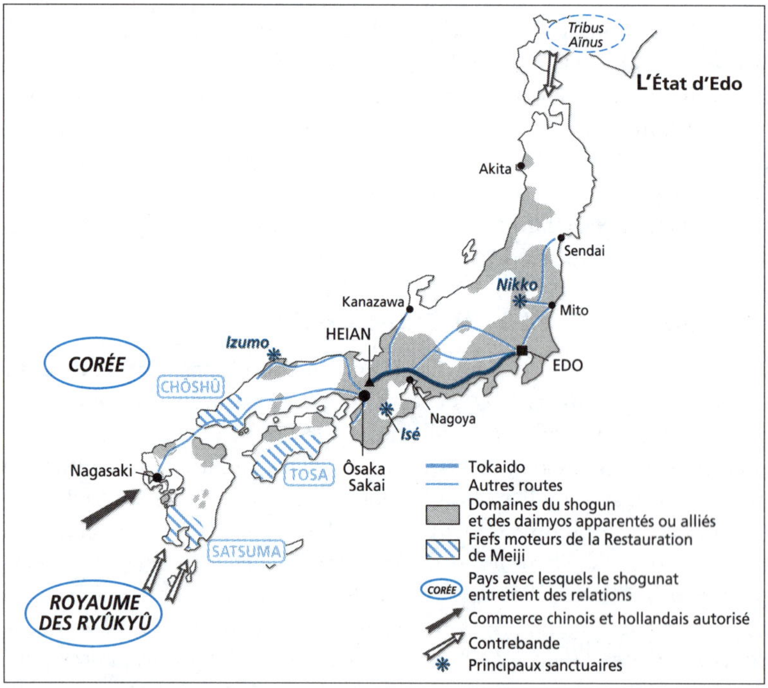

Cependant, l'empereur survit dans son palais de Heian, avec sa cour et ses nobles, le nouveau régime ayant décidé, après mûre réflexion, de le laisser en place, relégué dans une semi-obscurité. Le Kansai abrite donc toujours le centre symbolique du pouvoir. Surtout, il conserve sa prépondérance économique : Ôsaka est la première place commerçante et financière du pays, fief des grandes dynasties marchandes et entrepreneuriales comme les Mitsui et les Sumitomo [1].

La déchéance progressive du Kansai

La Restauration de Meiji enlève au Kansai la capitale impériale. L'empereur et les élites réformatrices s'installent à Edo, rebaptisée « capitale de l'Est » (Tôkyô). Plus de quinze siècles après qu'il a quitté le Kyûshû, la migration du pouvoir est terminée. Le Kansai maintiendra plus longtemps sa prédominance économique. Surnommée « la Manchester de l'Est », l'agglomération d'Ôsaka-Kôbe reste le premier centre industriel et financier de l'archipel jusqu'aux années 1930. C'est la marche à la guerre qui poussera les grandes firmes industrielles à se rapprocher de l'état-major militaire, amorçant une concentration irrésistible des sièges sociaux à Tôkyô. Cette dernière profitera ensuite pleinement de toutes les mutations de l'économie, jusqu'à l'avènement des hautes technologies et la financiarisation, alors que les industries du pôle Ôsaka-Kôbe vieillissaient.

Le Kansai en a gardé de l'amertume. Kyôto cultive sa spécificité : ce haut lieu de la tradition s'est donné un gouverneur communiste pendant deux décennies, comme un défi au pouvoir conservateur en place à Tôkyô. Un maire communiste a aussi dirigé Ôsaka pendant deux mandats (1971-1979), et son maire actuel est à la pointe du combat néo-populiste contre les élites de la capitale.

Les legs du réaménagement à l'époque d'Edo

Le régime d'Edo a réaménagé tout le territoire en obligeant chaque fief à concentrer les fonctions militaires et administratives dans une seule ville dotée d'un château-fort. Ces nouvelles villes s'implantèrent dans les plaines, à proximité des grands axes de communication. Les principales deviendront les chefs-lieux des actuels *ken* [2]. Par ailleurs, la *noria* incessante des cortèges des *daimyô* faisant l'aller-retour imposé à Edo fit naître des villes-étapes le long des cinq grandes routes de l'archipel. La plus importante était le Tôkaidô, reliant Edo au Kansai : ses villes-étapes ont été les premiers maillons du réseau urbain qui deviendra l'énorme Mégalopole du Pacifique. Si l'on ajoute à ces deux générations de villes celles qui leur préexistaient, il en a résulté qu'au Japon « l'émiettement urbain atteint une intensité sans équivalent dans les autres grands pays industrialisés, qui reste source de problèmes aujourd'hui [3] ».

---

1. Sur les quatre grands *zaibatsu* qui dominent l'économie japonaise à partir de l'ère Meiji, seul Yasuda a pris son essor à Edo. Le quatrième (Mitsubishi) a ses origines à Nagasaki et à Ôsaka.

2. Les traductions de *ken* les plus usitées sont « département » et « préfecture ». Par la taille (8 000 kms^2 en moyenne) les *ken* sont plus proches de nos départements (5 700) que de nos régions (25 000), mais comme ces dernières ils n'ont aucun échelon administratif au-dessus d'eux. Leurs institutions sont copiées sur celles des États américains, mais dans la pratique ils sont soumis à une tutelle étroite du pouvoir central. Pour tenir compte de ces spécificités, nous conservons ici le terme *ken*.

3. Natacha Aveline, « Urbanisme et civilisation urbaine », chap. 17, *in* Jean-Marie Bouissou (dir.), *Le Japon contemporain*, Paris, Fayard, 2007.

Par ailleurs, Edo a renforcé à la fois la cohésion du territoire et les particularismes. Pour la première fois, les quatre îles principales ont été soumises à une autorité présente dans le moindre village, via son chef (*nanushi*) et le desservant du temple bouddhiste, qui était chargé de tenir l'état-civil et de délivrer les précieux permis de voyager. Le shogunat a parachevé l'extension de la riziculture à tout le terroir, et uniformisé l'habitat et la vêture selon les castes. Enfin, la ronde des *daimyô* en route vers Edo donnait à ceux qui les voyaient passer le sentiment concret de faire partie d'un ensemble dont ils identifiaient clairement le centre, et connaissaient sa toute-puissance. Mais d'un autre côté, la limitation et le contrôle des déplacements ont figé chaque collectivité sur son terroir et dans ses traditions, et nourri la crainte du monde extérieur.

II. Un État très centralisé remis en cause

Depuis Edo, l'État japonais se caractérise par une centralisation extrêmement forte. L'architecture des pouvoirs locaux repose sur deux niveaux : 47 *ken* et seulement 1 600 communes (2014). Le nombre de ces dernières devrait être réduit à un millier d'ici 2020 (soit 127 000 habitants pour chacune en moyenne, contre guère plus de 17 000 pour les 36 400 communes françaises). Afin d'enraciner la démocratie au Japon, les Américains ont organisé ces collectivités sur le modèle des leurs ; mais dès la fin de l'Occupation, l'État japonais s'est ingénié à les remettre sous tutelle. Toutefois, depuis deux décennies, communes et *ken* secouent le joug de l'administration centrale. Il en résulte un profond changement dans leurs relations. Mais cette décentralisation reste incomplète, et les collectivités locales sont confrontées à une crise financière aussi sévère que celle qui touche l'État.

De l'autoritarisme à la démocratie, et retour

▸ Meiji a perpétué la suprématie absolue du gouvernement central instaurée sous Edo

Les réformateurs de Meiji ont modernisé l'administration locale de l'archipel. Ils l'ont divisé en 47 *ken* et ont regroupé ses quelques 70 000 villes, villages et hameaux en moins de 16 000 communes. Ces collectivités étaient dotées d'assemblées délibératives élues, et celles des communes désignaient les maires. Mais derrière cette façade démocratique minimale, l'État restait tout puissant. Les *ken* étaient dirigés par des gouverneurs nommés et les maires pouvaient être révoqués par le ministère de l'Intérieur (*Naimushô*). Ce dernier déployait partout la redoutable présence de l'État, à travers des dizaines de milliers de postes de police dont les fonctionnaires étaient autant de tyranneaux de quartier qui n'hésitaient guère à tirer leur sabre. Le *Naimushô* était aussi chargé des affaires religieuses, du contrôle de la pensée, du renseignement, de la Santé, des Travaux publics, et faisait fonction de porte-parole du gouvernement. Son emprise était démultipliée par le maillage étroit des « associations de voisinage », qui regroupaient toute la population et servaient à la fois à la mobiliser, à la surveiller et à lui transmettre les directives des autorités.

▸ Les Américains ont voulu faire des collectivités locales « l'école de la démocratie »

Les autorités d'occupation redoutaient la tradition d'autoritarisme de l'État japonais. Pour y faire contrepoids, elles ont fait inscrire dans la Constitution de 1947 le principe d'autonomie des collectivités locales, qui limite en théorie l'action de l'État aux seules prérogatives régaliennes. Le ministère de l'Intérieur a été purement et simplement supprimé et la police décentralisée au niveau des *ken*, sur le modèle américain.

Le chef de l'exécutif local (gouverneur du *ken* ou maire) est élu au suffrage universel direct pour quatre ans, comme aux États-Unis, et flanqué d'une assemblée élue. Celle-ci peut le censurer, mais il peut la dissoudre et possède un droit de veto suspensif sur ses décisions. Il a seul l'initiative du budget, dirige seul l'administration et peut organiser des referendums locaux. Ces prérogatives des gouverneurs et des maires, et leur mode d'élection, instaurent un véritable « système présidentiel local ».

Les Américains ont aussi prévu des mécanismes de démocratie locale directe. Les citoyens peuvent contraindre le maire ou le gouverneur à démissionner, et imposer la dissolution de l'assemblée ; demander à l'assemblée (qui décide en dernier ressort) l'organisation d'un référendum ; et demander à l'administration centrale d'auditer les pratiques ou les comptes de l'administration locale. En outre, les Américains ont flanqué cette dernière de commissions administratives composées de citoyens (pour l'éducation et la sécurité publique notamment), sans toutefois préciser leur mode de désignation.

▶ Le régime conservateur a rapidement remis les collectivités locales sous tutelle

Dès la fin de l'occupation, les conservateurs ont remis les collectivités locales sous tutelle. La police a été largement recentralisée et le ministère de l'Intérieur ressuscité, sous le nom modeste d'« agence de l'Autonomie ». Il redeviendra un ministère de plein exercice en 1960 (*Jichishô*), et abandonnera toute référence à l'autonomie locale en 2001 pour devenir ministère de l'Intérieur et des Communications (*Sômushô*).

La nomination par le gouverneur ou le maire est devenue la règle pour composer les commissions administratives. Les collectivités locales ont été progressivement écrasées par une masse de « fonctions déléguées » (561 en 1995) que l'État les charge d'assumer pour son compte, et qui absorbent jusqu'à 80 % du travail de l'administration des *ken* ; jusqu'en 1991, le gouvernement pouvait destituer les maires et les gouverneurs qui ne s'en acquittaient pas. *Ken* et communes ont besoin d'innombrables autorisations pour la moindre entreprise, et sont submergés par des milliers de « recommandations » que peu oseraient ignorer. Afin de les « guider », les ministères détachent des fonctionnaires aux échelons supérieurs des administrations locales, dont ils prennent ainsi le contrôle effectif ; ils multiplient aussi les bureaux régionaux qui doublonnent avec l'administration locale, et les services en charge de la planification régionale, dont les politiques s'imposent aux collectivités locales.

Celles-ci sont tenues en dépendance financière, et l'asservissement politique suit l'asservissement financier. *Ken* et communes doivent assurer environ 65 % de la dépense publique en ne prélevant que 40 % des impôts, et ne peuvent pas emprunter sans autorisation de l'État. Ils dépendent donc entièrement des fonds que ce dernier leur transfère. Une bonne partie l'est sous forme de subventions, dont l'administration centrale fixe le montant presque à sa guise en « calculant » quels sont les « besoins de base » de chaque collectivité locale et quels revenus propres elle « devrait avoir » si sa politique fiscale est « correcte ». Ces calculs, opaques et largement arbitraires, ont notamment permis d'étrangler les gouvernements locaux progressistes des années 1970.

À ce jeu, le patronage politique est essentiel pour les communautés locales, en sorte que les électeurs cherchent avant tout des élus qui soient des *paipu*[1] bien introduits auprès des grands ministères nourriciers. De ce fait, à la fin du XXe siècle, près des trois-quarts des élus locaux et la quasi-totalité des gouverneurs étaient des « indépendants », conservateurs mais souvent soutenus conjointement par tous les partis sauf le PCJ. En 2000, 33 des 47 gouverneurs provenaient même en droite ligne du *Jichishô*, dont ils avaient démissionné juste avant de se présenter à l'élection : « le ministère de l'Autonomie » était bien plutôt celui de l'assujettissement.

La périphérie n'en a pas moins une emprise sur le centre

L'étroitesse de la tutelle de Tôkyô n'a pas empêché les collectivités locales de peser lourd dans la géopolitique intérieure de l'Archipel, et de jouer par moments un rôle essentiel dans les évolutions d'après-guerre. Et ceci bien que tout cumul des mandats soit interdit : tout élu local désireux de se présenter à une élection nationale doit au préalable abandonner son mandat, et ne le retrouve pas s'il échoue. Pour autant, la remontée des demandes de la périphérie vers le centre est très efficace. Elle est traditionnellement assurée par les tentaculaires machines électorales des parlementaires PLD [voir chapitre 5, I, 2] et par la relation quasi-symbiotique entre les élus locaux et l'administration centrale. Dans chaque quartier ou chaque hameau, un double canal de communication (politique et administratif) permet ainsi d'adresser des demandes précises directement au bureau concerné à Tôkyô.

Au niveau national, le poids politique de la périphérie rurale lui a permis de faire échec aux projets de concentration des exploitations agricoles défendus dans la capitale par les organisations patronales et le MITI, d'être arrosée de subventions et nourrie de travaux publics démesurés. Le fait que, jusqu'en 2001, la quasi-totalité des Premiers ministres aient été des élus du Japon le plus profond y a aussi aidé. La périphérie a ainsi reçu sa bonne part des bénéfices de la croissance économique, à laquelle elle a d'ailleurs apporté une réelle contribution, comme nous le verrons ci-après.

La décennie des gouvernements locaux progressistes a également eu un impact considérable sur la politique nationale. Inaugurée en 1967 par l'élection d'un gouverneur socialiste à Tôkyô, elle a culminé vers 1975, quand 40 % de la population et une grande partie de la Mégalopole étaient administrées par des fronts de gauche. Les gouverneurs et maires progressistes ont initié des politiques d'avant-garde en matière de protection sociale et de lutte contre la pollution, mais aussi de droit des citoyens à l'information. Les habitants des régions conservatrices exigeant de leurs gouverneurs d'en bénéficier aussi, ces mesures ont fait tâche d'huile jusqu'à ce que le PLD les transpose dans la législation nationale – y compris le droit des citoyens à l'information au sens le plus large, qui a été adopté par 38 *ken* avant de devenir loi en 1989 malgré l'opposition farouche de l'administration centrale.

1. De l'anglais *pipe* : tuyau, pipeline.

Crise et révolte des communautés locales

▶ Les deux décennies de crise ont vu les gouvernements locaux secouer le joug

Le rétablissement de l'hégémonie conservatrice au niveau local à la fin des années 1970 n'a eu qu'un temps. Quand l'éclatement de la bulle financière des années 1980 a entraîné une marée de scandales, la plupart des parlementaires compromis sont passés entre les gouttes mais de nombreux élus locaux ont été châtiés par les électeurs, faisant place à une génération d'un type nouveau. De manière plus générale, l'impact de la mondialisation a provoqué un repli des citoyens sur les collectivités locales, perçues comme le seul lieu où ils peuvent encore avoir prise sur les choses. Et Internet a donné naissance à des formes de militantisme inédites capables de concurrencer, du moins à ce niveau-là, les lourdes machines des partis.

Trois types de candidats en ont profité. Des figures protectrices prônant l'amélioration des prestations sociales et le refus de la gabegie des travaux publics destructeurs de l'environnement. Des candidats populistes, anti-establishment et anti-Tôkyô, qui adoptent un agenda plus politique et une posture de confrontation résolue avec l'administration centrale. Des célébrités médiatiques, parfois des journalistes, souvent des amuseurs, à l'agenda généralement très sommaire. Depuis deux décennies, une quinzaine de *ken* parmi les plus importants ont ainsi fait le saut : Tôkyô, Ôsaka et les *ken* voisins, mais aussi les franges semi-rurales de la Mégalopole comme Miyagi, Kumamoto et Shiga, et jusqu'à des bastions conservateurs du Japon profond comme Nagano ou Oita. Même des gouverneurs conservateurs se sont mis à affronter Tôkyô, notamment en s'opposant au chargement des réacteurs nucléaires avec du combustible MOX[1].

Même si – jusqu'à la catastrophe de Fukushima – de généreuses donations des compagnies d'électricité ont fini par adoucir l'opposition des communautés locales, le nucléaire est emblématique de la « révolte de la périphérie » dont l'Archipel est aujourd'hui le théâtre. Quand la première centrale japonaise a démarré en 1966, l'objectif était que le nucléaire représente 43 % du mix énergétique nippon en 2017. Mais en 2010, elle n'était que de 26 %, et diminuait. En l'absence de mouvement écologiste significatif au niveau national, ce sont les résistances locales qui en ont été responsables. À partir du milieu des années 1980, des référendums locaux ont bloqué tous les projets de nouvelles centrales, limitant l'extension du parc à l'adjonction de nouvelles capacités aux sites existants. Après Fukushima, ce sont les autorités locales qui ont progressivement arrêté tout le parc en n'autorisant pas le redémarrage des réacteurs qui stoppaient l'un après l'autre pour entretien, sans que le gouvernement – au moment où cet ouvrage est écrit – ait encore osé le leur imposer.

▶ Un jeu complexe : grands élus locaux en politique nationale et gouvernements jouant de la périphérie pour réformer

Depuis deux décennies, les gouvernements locaux empiètent sur les prérogatives régaliennes de l'État en matière de sécurité, de fiscalité ou de fixation des règles du commerce. Même si ces actions sont sans valeur légale, leur impact politique est significatif. Les trois-quarts des collectivités locales se sont ainsi déclarés « zone non nucléaire ». Dans les années 1980, de très nombreuses assemblées locales ont voté des motions contre

1. Voir p. 14, note 1.

l'instauration d'une TVA (qui n'a pu être créée en 1989 qu'au taux de 3 %[1]), et contre les importations d'OGM, sur laquelle Tôkyô a dû reculer quitte à mécontenter son grand allié américain. En 1996, le gouverneur d'Okinawa est allé jusqu'à refuser d'exécuter la fonction déléguée consistant à se substituer aux propriétaires récalcitrants pour signer les baux de location des terrains où sont installées les bases américaines, et en organisant un référendum – symbolique – sur le maintien de ces bases (89 % de « contre »).

De grands élus locaux entrent dans l'arène nationale. En 1992-1993, ce sont les gouverneurs de Kumamoto et de Saga qui dirigeaient les deux partis néoconservateurs qui ont impulsé la recomposition de la scène politique japonaise. En 2011, le gouverneur de Tôkyô Shintarô Ishihara, héraut de l'ultranationalisme nippon, a jeté une bombe dans les relations sino-japonaises en lançant une souscription pour racheter les îlots Senkaku à leur propriétaire privé, ce qui a obligé le gouvernement à les acheter lui-même, à la grande fureur de Pékin. Maitre d'Ôsaka depuis 2008 et partisan d'une décentralisation radicale, le jeune avocat Tôru Hashimoto, version nippone du défenseur télévisuel de la veuve et de l'orphelin incarné en France par Julien Courbet, joue sur la hargne du Kansai déclinant face à la capitale. En 2012, lui et Ishihara ont créé le Parti du Redressement du Japon, qui est devenu le deuxième parti en nombre de voix aux législatives avant de scissionner en 2014.

Inversement, le plus novateur des Premiers ministres des deux décennies de crise, Junichirô Koizumi (2001-2006), s'est appuyé sur les collectivités locales contre la résistance de l'administration centrale aux réformes qu'il prônait. Il a créé des « zones spéciales de réforme » inspirées des « zones économiques spéciales » qui ont fait décoller l'économie chinoise : toute collectivité locale pouvait demander à en devenir une pour mener une expérience – depuis des cursus scolaires tout en anglais jusqu'à l'autorisation aux entreprises de se livrer à l'agriculture, en passant par l'ouverture des services portuaires 24 heures sur 24. En 2013, Shinzô Abe a repris cette stratégie en créant à son tour des « zones économiques spéciales », dont certaines situées dans la mégalopole, ce qui devait leur donner un impact considérable.

▸ La décentralisation reste en chantier, mais elle est perçue comme la condition pour un rebond du Japon

La révolte des collectivités locales, mais aussi la nécessité d'une rationalisation imposée par la crise, ont fait de la décentralisation une cause nationale. Malgré la résistance de l'administration centrale, la tutelle a été desserrée. En 2000, après cinq années de débats houleux, les fonctions déléguées ont été supprimées… et aussitôt remplacées par des « fonctions juridiquement reçues » ; toutefois, ces dernières sont moins astreignantes. Depuis 2005, la contrainte financière a été un peu assouplie : quand une collectivité locale veut créer un nouvel impôt, l'autorisation a été changée en « concertation ». Il est prévu de remplacer (très progressivement) les subventions calculées arbitrairement par une augmentation de la part des impôts nationaux reversée automatiquement aux collectivités locales, ce qui priverait l'administration centrale d'un moyen de pression essentiel. Toutefois, l'état déplorable des finances de la plupart des collectivités locales (leur dette cumulée représente plus de 50 % du PIB) devrait les maintenir dans la dépendance du centre.

---

1. Porté à 5 % en 1997 et 8 % en 2014.

Un autre objectif des réformes est de regrouper les collectivités locales, tant communes que *ken*, afin de réaliser des économies d'échelle, de renforcer les moyens locaux pour la réalisation d'infrastructures et d'offrir un meilleur champ aux partenariats public-privé. À cet effet le gouvernement a déjà multiplié les « pôles urbains », « villes d'appui », « collectivités pilotes », « bassins d'aménagement prioritaires », « fédérations d'administration élargie » et autres « syndicats de collectivités territoriales ». Une nouvelle vague de fusion de communes devrait réduire leur nombre à 1 000. L'affaire est plus difficile pour regrouper les *ken* en dix grandes régions : le régime militariste lui-même s'y était cassé les dents, et l'on peut prévoir une levée de boucliers de tous les particularismes.

Surtout, les objectifs des deux parties concernées diffèrent. Celui de Tôkyô est de rationaliser l'administration locale en réduisant le nombre des acteurs et en mutualisant leurs moyens. Les collectivités locales, elles, attendent une véritable révolution : qu'on leur transfère l'entière responsabilité pour décider, planifier et exécuter toutes les politiques qu'elles estiment pouvoir assumer mieux que le centre, en commençant par supprimer les bureaux délocalisés et les services de planification régionale de l'administration centrale. Encouragée par la perte de prestige de celle-ci pour cause d'impuissance face à la crise, cette révolution de la gouvernance de l'Archipel est souvent présentée comme une condition essentielle pour sortir le Japon de la crise dans laquelle il est englué depuis un quart de siècle.

III. L'impossible aménagement du territoire ?

Les rapports de force et les jeux de pouvoir entre les collectivités locales et l'État, ou le centre et la périphérie, ne sont qu'un aspect de la géopolitique intérieure. Les clivages géographiques et les déséquilibres économiques et démographiques entre régions (comme la célèbre opposition entre « Paris et le désert français ») n'ont pas moins d'importance. Sur ce plan, le Japon se caractérise par des disparités gigantesques entre la façade Pacifique, hyper-urbanisée et industrialisée, et le reste de l'archipel. Aucune politique d'aménagement n'y a rien pu. Longtemps compensées par la politique du PLD de soutien aux zones rurales, ces disparités se sont creusées avec la crise, au point qu'une partie des *ken* ruraux semble aujourd'hui en perdition.

La Mégalopole du Pacifique, monstre ou modèle ?

▶ La formation de la mégalopole et l'urbanisation massive de l'archipel ont généré de nombreux problèmes

Edo avait aménagé un Japon relativement uniforme. La réouverture du pays a redistribué les cartes entre les régions. Le développement des échanges avec l'Occident a donné une importance vitale aux ports du Pacifique. Yokohama et Kôbe, modestes ports de pêche, ont vu leur population quadrupler en vingt ans pour atteindre 200 000 habitants, bien davantage que les chefs-lieux des *ken* de l'intérieur. En 1920, les quatre grands pôles industriels de la future Mégalopole étaient déjà en place : le Shutoken (Tôkyô-Yokohama), le Chûkyô (Nagoya), le Keihanshin (Ôsaka-Kôbe) et la conurbation Fukuoka-Kitakyûshû. Sur 23 % de la superficie du pays, ils fournissaient les trois-quarts de sa production manufacturière, une part qui est restée constante jusqu'à la fin du XXe siècle. Cependant, le Japon restait un pays rural : en 1945, 72 % de la population vivait encore dans les campagnes.

À partir de la fin des années 1950, la Haute Croissance a provoqué vers la Mégalopole un exode rural d'autant plus formidable qu'il avait été longtemps retardé. En un quart de siècle, 72 % de la population s'est retrouvée dans les villes – un bouleversement qui avait pris un siècle entier aux États-Unis et en Europe. L'industrie japonaise est alors dans « l'ère de la tonne » : priorité à l'industrie lourde. Le Plan quinquennal 1958-1962 repose sur la création d'énormes complexes industriels dans les quatre pôles de la façade Pacifique, regroupant sur des terrains conquis sur la mer l'importation des matières premières, leur transformation et l'exportation des produits finis. L'État investit aussi massivement dans les transports le long de la côte : le Shinkansen est mis en service entre Tôkyô et Ôsaka dès 1964, et atteint Fukuoka en 1975. Cette politique culmine avec le Premier ministre Kakuei Tanaka (1972-1974), entrepreneur de travaux publics de son métier, qui fascine les médias avec le projet grandiose d'un « remodelage de l'archipel » (*rêtto kaizôron*).

Cette croissance accélérée de la Mégalopole génère d'énormes nuisances. Crise environnementale et sanitaire : records mondiaux d'émissions polluantes, déversement direct des déchets industriels dans les rivières, bassins résidentiels jouxtant les sites industriels les plus nocifs, centaines de milliers de personnes atteintes de pathologies souvent mortelles (maladies respiratoires, empoisonnement au mercure ou au cadmium), affaissement des sols lié au pompage excessif des eaux alors que les côtes sont exposées aux typhons et aux tsunamis. Crise urbaine : sursaturation des transports publics, migrations pendulaires démesurées, immobilier le plus cher du monde, logements exigus et souvent dépourvus de confort (un rapport de l'Union européenne les qualifiera de « clapiers »), construction anarchique et médiocre en l'absence de tout zonage efficace et de contrôle de qualité du bâti, etc.

L'aménagement du territoire en échec ?

► Les tentatives d'aménager un territoire mieux équilibré n'ont guère donné de résultats

Les années 1970 mettent le rééquilibrage du territoire à l'ordre du jour. La mauvaise qualité de la vie dans la Mégalopole a fait basculer ses grands pôles à gauche, ce qui rend les circonscriptions rurales vitales pour le PLD. Celui-ci doit donc à la fois remédier aux maux de la Mégalopole et faire mieux profiter les campagnes de la croissance. Le choc pétrolier de 1973 s'y ajoute en poussant à privilégier les industries d'assemblage moins énergivores, moins polluantes et à plus forte valeur ajoutée : automobile, électronique, machines. L'industrie japonaise entre dans « l'ère du kilo », et le remodelage de l'archipel est ajourné. Mais le mode de production en flux tendu, caractéristique de l'industrie nippone, ne permet guère d'éloigner les sous-traitants de l'usine-mère. Les nouvelles industries s'installent donc surtout entre les grands pôles de la Mégalopole, ou dans ses prolongements bien desservis par les transports – ce qui densifie encore l'urbanisation de la façade Pacifique. Du côté des campagnes, l'égalité des revenus entre foyers ruraux et urbains et la politique de « symbiose de l'agriculture et de l'industrie » [voir chapitre 1, III, 1] ne tarissent pas l'exode rural, mais assurent le maintien d'un tissu de PME ou d'activités traditionnelles, qui profitent d'une main-d'œuvre moins exigeante en matière de salaires et de protection sociale.

Depuis les années 1980, l'industrie japonaise est entrée dans « l'ère du gramme ». L'avènement de la haute technologie comme moteur de la croissance offre en principe une liberté d'implantation maximale. Les plans se succèdent pour disséminer à travers tout l'archipel des « villes des industries du cerveau » (*zunô richi*), des « technopoles » au niveau des *ken*, des « *research parks* » au niveau des communes. Mais il est désormais quasi-impossible d'échapper à l'attraction de la Mégalopole. Au mieux, l'électronique et les activités associées la prolongent au nord jusqu'à Sendai (le Shinkansen y arrive en 1984) et vers Kumamoto au sud. Les centres de recherche et les start-up se concentrent à Tôkyô, où les PME du district de Jônan se reconvertissent dans les applications novatrices des semi-conducteurs, créant une manière de Silicon Valley urbaine dont l'activité déborde sur les espaces périurbains. Mais le Kansai, lui, manque le train hightech.

▶ Le mode d'aménagement du territoire laisse la haute main à l'administration et au favoritisme

Les principes japonais en la matière diffèrent du modèle français, qui repose sur l'égalité des chances offertes à toutes les régions en mal de développement, où la création d'emplois quels qu'ils soient bénéficie de primes d'autant plus élevées que la zone est jugée plus défavorisée en fonction de critères objectifs ; c'est aux entreprises de peser le pour et le contre d'une implantation. Pour sa part, la politique japonaise repose sur la mise en concurrence systématique des collectivités locales pour des projets précis, qui répondent à des besoins nationaux déterminés au coup par coup par l'administration.

Cette concurrence oblige les collectivités locales à surenchérir entre elles en matière de participation au financement des projets. Le choix fait aussi une large place au patronage politique, au profit du PLD. Il en résulte des dysfonctionnements. Les pressions politiques ont ainsi contraint l'administration, qui avait prévu 19 « technopoles », à en créer 26, jusque dans des zones reculées où beaucoup ont périclité. Et les collectivités locales ont été poussées à s'endetter au point que beaucoup se sont retrouvées au bord de la faillite quand la crise est survenue – et a encore profité à la Mégalopole.

▶ Depuis vingt ans, la crise joue encore en faveur de la Mégalopole, et surtout de Tôkyô

L'insertion croissante de l'économie japonaise dans la mondialisation ne pouvait que renforcer le rôle de la façade ouverte sur le monde et inciter à y améliorer l'environnement, tant pour l'efficacité économique que pour l'attractivité et le prestige international. La mutation du tissu urbain (meilleure qualité du bâti, restructuration spectaculaire des centres villes) a été stimulée par plusieurs facteurs : l'obsolescence des constructions bâclées des années 1950-1970, la mise en vente de vastes terrains appartenant aux JNR après leur privatisation, et surtout l'effondrement des prix de l'immobilier pendant la crise et les mesures prises pour le relancer. Aujourd'hui, la qualité de la vie n'a plus rien à voir avec celle des années 1960-1970 : la pollution a disparu, les transports se sont énormément améliorés, les équipements culturels et de loisir se sont multipliés. Témoin Tôkyô, longtemps affecté par le « syndrome du donut[1] », qui voit ses arrondissements centraux se repeupler.

1. Évidemment : le fait de s'évider du centre des grandes villes et gonflement de leurs banlieues.

L'aménagement du territoire – « L'ère de la tonne » et des kombinats

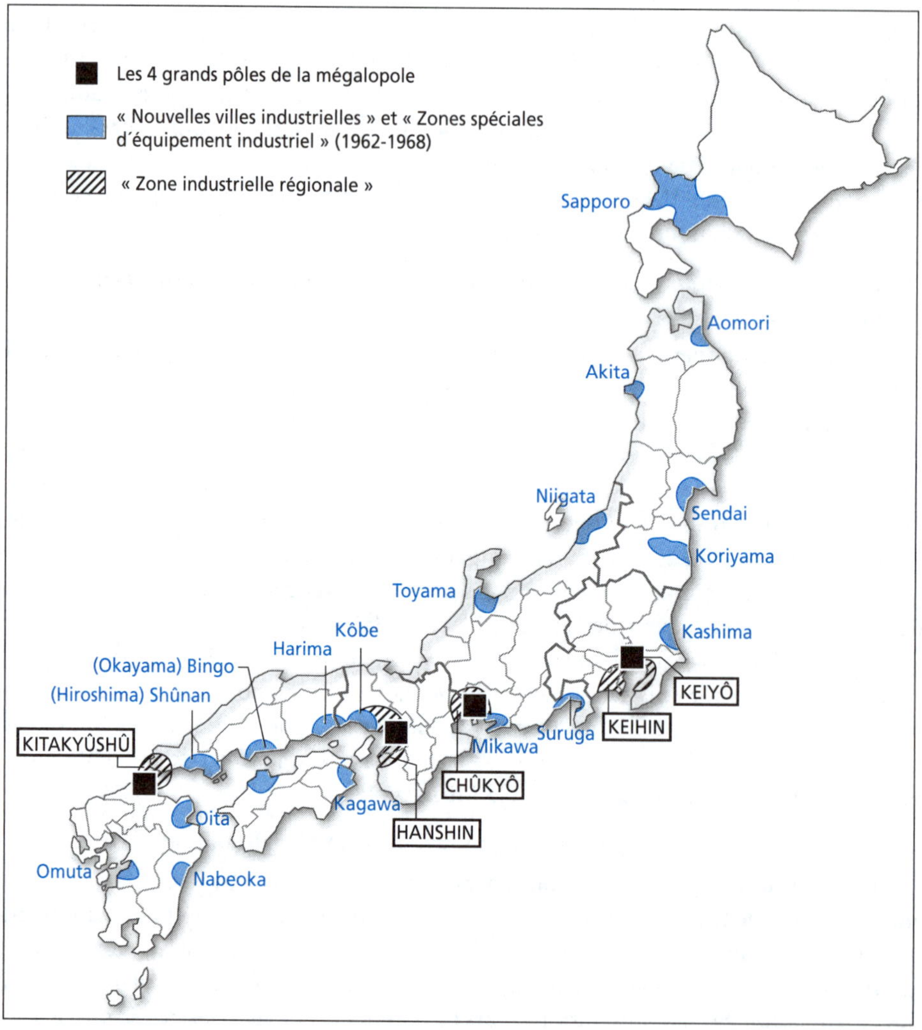

L'AMÉNAGEMENT DU TERRITOIRE – « L'ÈRE DU GRAMME » (1980...) ET L'ÈRE DES *CLUSTERS* (2000...)

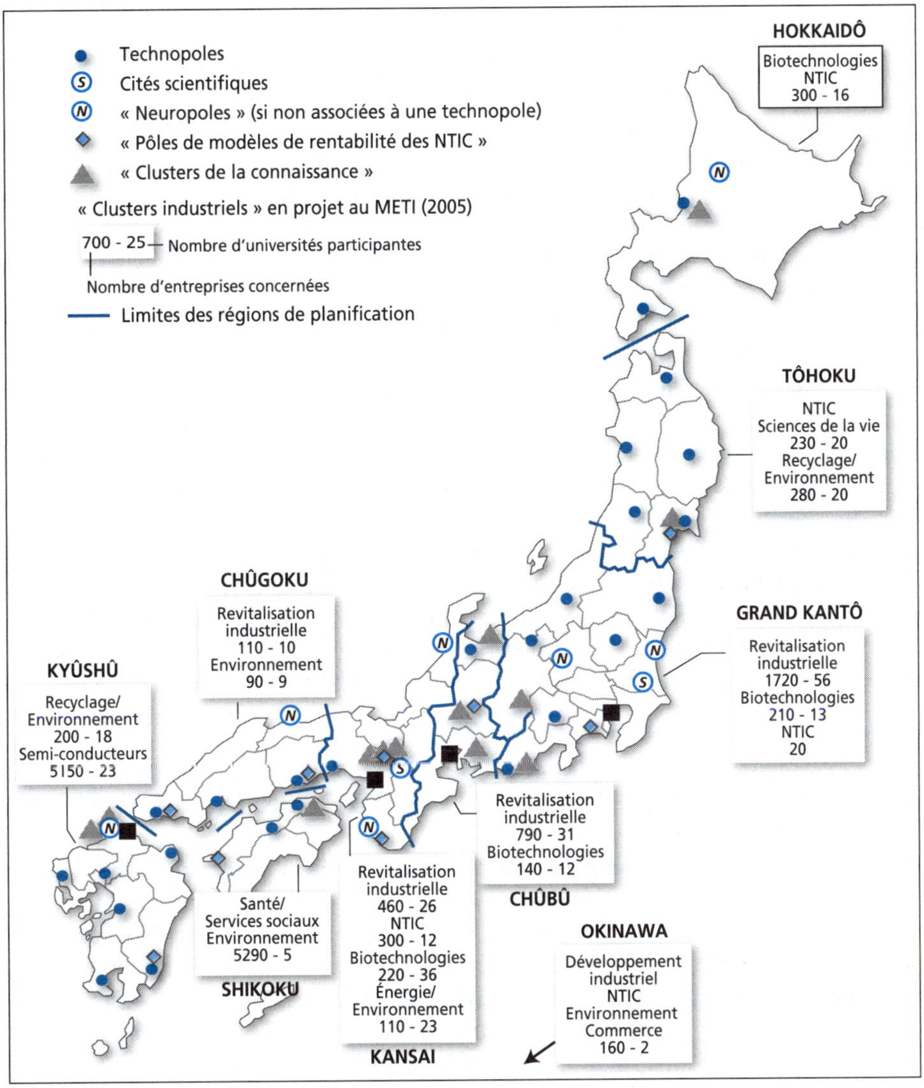

Le grand gagnant est le Kantô. Tôkyô est la seule agglomération nippone à pouvoir prétendre au statut de ville « globale » ou « mondiale ». Ce statut suppose la conjugaison de fonctions économiques et financières centrales dans la mutation de l'économie planétaire, de connexions avec les réseaux mondiaux de toute sorte (grandes institutions financières, ONG, alliance militaire majeure), d'une créativité technologique mais aussi culturelle, et d'une attractivité multiforme capable de séduire aussi bien les milliardaires internationaux que les jeunes créateurs ou la main-d'œuvre experte dans les industries du futur. Tôkyô dispose de ces atouts, sauf peut-être encore le dernier. Depuis le début de la crise, la population de la région-capitale a augmenté de 4,18 millions d'habitants (+13 %) : elle a absorbé à elle seule la quasi-totalité de la maigre croissance de la population nippone des deux dernières décennies. Pendant ce temps, celle des autres pôles a stagné. Faute d'avoir su entrer dans « l'ère du gramme », Ôsaka pâtit particulièrement : son solde migratoire est négatif tant avec le Kantô qu'avec Nagoya, et en 2010, c'était la région du Japon où les dépenses mensuelles par foyer étaient les plus faibles.

En 2010, la Mégalopole au sens large comptait plus de 85 millions d'habitants (68 % de la population) sur guère plus de 3 % du territoire. Le pôle Tôkyô-Yokohama est la plus grosse agglomération du monde avec ses 37 millions d'habitants (deux fois plus que Shanghai, trois fois plus que Pékin). La conurbation du Kansai en compte 17,5 millions, celle de Nagoya presque 9, et Fukuoka-Kitakyûshû plus de 4. Si les problèmes que cet entassement pose en termes de qualité de la vie sont en grande partie maitrisés, le risque de sécurité est considérable – tant face aux séismes et aux tsunamis que face à une attaque balistique ou bactériologique, ou à un nouvel accident nucléaire. La conscience de ces risques fait ressurgir à intervalles réguliers l'idée de construire une nouvelle capitale dans une zone plus sûre ; une loi en a même arrêté le principe en 1992, mais avec une dette publique supérieure à 240 % du PIB, les chances que cet investissement titanesque soit réalisé dans un avenir prévisible semblent nulles.

▸ Les campagnes ont été intégrées à la croissance, mais leur situation actuelle impose un réaménagement complet

La périphérie rurale de l'archipel a longtemps résisté à l'impact de la modernisation économique tout en réussissant à en tirer les bénéfices. Cette performance est d'autant plus remarquable que l'agriculture nippone cumule les handicaps : une superficie moyenne des exploitations inférieure à 1,5 hectare (France : 78), une production principale (le riz) à faible valeur ajoutée et une main-d'œuvre âgée (dès les années 1970, on parlait de « l'agriculture des trois *chan* »[1]). À la veille de la crise, les foyers ruraux ne représentaient plus que 11 % du corps électoral, mais leur poids politique a toujours été démultiplié par leur surreprésentation et par la discipline du vote que les coopératives agricoles mobilisent au profit du PLD. Jusqu'à la fin du XXe siècle, plus du tiers des parlementaires PLD venaient des circonscriptions rurales et semi-rurales, ainsi que la quasi-totalité des chefs de gouvernement. La périphérie rurale a donc bénéficié de politiques de soutien très généreuses pendant l'essentiel de l'après-guerre.

---

1. *Ojîchan, obâchan, kâchan* : le grand-père, la grand-mère et la mère – le père travaillant ailleurs pour gagner un salaire.

Les campagnes n'ont pourtant pas été que des parasites de la croissance, loin de là. Elles ont assuré la stabilité du régime PLD, et donc la continuité des politiques économiques. Quand l'Occident cherchait dans l'immigration une main-d'œuvre bon marché, le Japon la trouvait dans ses millions d'agriculteurs à temps partiel, qui disposaient de revenus complémentaires et qui se repliaient sur leurs micro-exploitations en cas de chômage sans demander de prestations sociales. En retenant ainsi une partie des actifs, les zones rurales ont aussi contribué au « plus que plein emploi » qui cimentait le contrat social du « miracle japonais ». Elles ont accueilli les déchets, les activités les plus polluantes et le parc nucléaire. Elles ont nourri le fantasme rural fédérateur du « corps national » [voir chapitre 3, I, 2]. Au regard de ces multiples services, la périphérie rurale semble avoir bien mérité les subventions massives dont le PLD l'arrosait.

Mais aujourd'hui, les micro-exploitations agricoles sont un gigantesque hospice où l'âge moyen des chefs d'exploitation dépasse 67 ans, et où les retraites constituent la principale source de revenus. Ce qui reste du protectionnisme est de moins en moins tenable face aux pressions extérieures, mais aussi du monde des affaires et des consommateurs japonais. Les travaux publics ont été réduits pour cause de dette publique. Le poids politique de la paysannerie s'est beaucoup affaibli, sinon évanoui, depuis que le vote flottant urbain est devenu la clé de toute victoire électorale.

L'agriculture japonaise est à réinventer. L'agonie de la micro-paysannerie menace l'entretien même du territoire : de 1985 à 2010, environ 2,7 millions d'exploitations ont disparu sans bruit, pour n'en laisser que 1,6 million, dont les trois-quarts n'ont pas de repreneur. À l'extinction de la présente génération d'exploitants, l'administration prévoit de réorganiser l'agriculture autour de « fermes piliers » de 40 à 60 ha pratiquant la grande culture mécanisée, et d'exploitations de 12 à 22 ha vouées aux productions à forte valeur ajoutée. Il faudra pour cela surmonter la répugnance viscérale des familles propriétaires à vendre ou louer leur terre (qui ne vaudra presque plus rien), et autoriser les entreprises à investir dans le secteur agricole, dont l'accès est encore réservé aujourd'hui aux personnes pouvant justifier d'un lien familial avec le terroir. Toutefois, pour surmonter ces obstacles, les pouvoirs publics peuvent compter sur la puissante machine coopérative, qui dispose de capitaux considérables pour se lancer dans l'agro-business pour son propre compte [voir chapitre 5, IV, 3], ce qu'une loi de 2014 devrait à terme lui permettre de faire plus, librement.

Le Japon à quatre vitesses

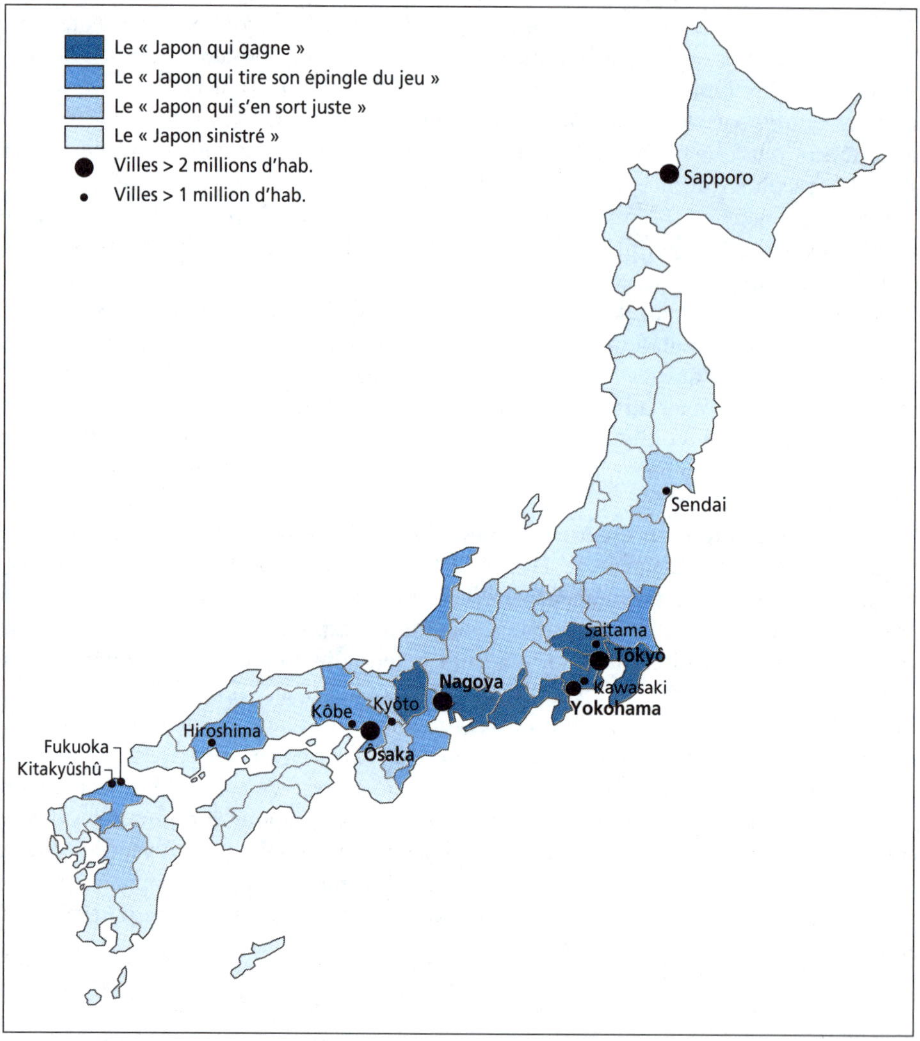

L'archipel au risque de l'écartèlement ?

Le terme est apparu dès le début de la crise[1]. Il est encore plus pertinent aujourd'hui, où le Japon apparaît nettement divisé entre des zones sinistrées – du moins au regard des statistiques – et d'autres qui semblent pouvoir profiter au mieux de la mondialisation.

Le Japon le plus dynamique est représenté par les *ken* qui scorent positivement sur chacun de dix indicateurs mesurant la vitalité démographique, le dynamisme économique, le niveau de revenus, l'attractivité et le moral[2]. Il se compose exclusivement des deux pôles de Tôkyô-Yokohama et de Nagoya, et du *ken* qui les relie le long de la côte (Shizuoka). Soit sept *ken* qui apparaissent comme les grands gagnants du dernier quart de siècle, et regroupent 32 % de la population.

Le Japon « qui tire encore bien son épingle du jeu » (24 % de la population) rassemble les huit autres *ken* qui scorent positivement sur plus de la moitié des dix indicateurs – mais aucun sur plus de sept : le fossé est très net entre eux et les grands gagnants. Ce sont les autres pôles de la Mégalopole, résilients mais en mal de dynamisme : Ôsaka-Kôbe, Hiroshima et Fukuoka-Kitakyûshû, dont les deux derniers scorent négativement à la fois pour le revenu moyen et pour le chômage. S'y ajoutent Ibaraki et Mie, à la périphérie des deux pôles grands gagnants. Ishikawa est le seul *ken* du « Japon de l'Envers » à bien tirer son épingle du jeu.

Le Japon « qui tire juste son épingle du jeu » compte 16 *ken* (22 % de la population). Il comprend le tissu interstitiel entre les pôles de la Mégalopole (Okayama), ainsi que ses prolongements reliés au Shinkansen (Fukushima et Miyagi au nord, Kumamoto au sud). S'y ajoutent les *ken* de l'intérieur qui la jouxtent : mais si leur bordure à son contact accueille des sous-traitants et les plus longues migrations pendulaires, le reste se vide.

Le Japon en grande difficulté regroupe 18 *ken* (22 % de la population) dont le score est négatif pour plus de cinq indicateurs. Il comprend toutes les marges : Hokkaido, Shikoku, la majorité du Kyûshû, mais aussi les deux extrémités de Honshû et presque toute sa façade tournée vers le continent. Toutefois, ce Japon en marge de la mondialisation et en voie de dépeuplement rapide reste bien pourvu d'équipements hérités de la grande période des travaux publics clientélistes. Les services ne l'ont pas déserté : Shikoku, Kyûshû et l'extrémité sud-ouest de Honshû sont les zones les mieux pourvues de l'Archipel en médecins ! Les taux de chômage y sont aussi les plus bas de l'Archipel en raison du vieillissement massif. Sept de ces *ken* que les statistiques montrent sinistrés sont donc aussi classés parmi les 20 plus attractifs du Japon[3].

Okinawa apparaît comme une région à part. Le petit archipel cumule paradoxalement le revenu le plus bas du Japon par habitant et les nuisances causées par les bases américaines avec un solde migratoire très positif et un développement rapide du tourisme, en

1. Keiko Yamanaka, *L'Archipel écartelé*, Paris, Éd. Tsuru, 1990.

2. Démographie : moins de 25 % de la population âgée de 65 ans ou plus, solde naturel positif ou faiblement négatif, gain net de population entre 2005 et 2010. Vitalité économique : chômage inférieur à la moyenne nationale (5 % en 2010), augmentation d'au moins 17 % de l'emploi industriel entre 1995 et 2005. Revenus par habitant : supérieurs à 275 000 yens (2010). Attractivité : solde migratoire positif depuis 1980, solde positif en 2005-2010. Moral : taux de suicide inférieur à la moyenne nationale (25,1/100 000 habitants en 2005).

3. Hokkaido (1), Okinawa (3), Nagasaki (9), Aomori (16), Miyazaki (18) et Akita (20).

raison de son caractère tropical et de l'attrait d'un mode de vie qui fait plus de centenaires que n'importe où au Japon.

La géopolitique intérieure du Japon est en plein changement. L'État très fort, omniprésent et autoritaire – gage de cohésion mais aussi facteur de rigidités – pourrait évoluer vers un système plus décentralisé, plus souple, plus économique par bien des aspects, et mieux en prise avec les besoins, mais aussi avec les énergies locales. À des campagnes clientélisées à grands frais pour faire un contrepoids conservateur aux villes pourrait succéder une périphérie mieux mise en valeur et plus productive. Ce seraient de nouveaux atouts pour un pays qui, malgré la longue crise qu'il traverse, n'en manque pas.

5 « Une éclipse n'est pas la fin du monde »

Les racines de la puissance japonaise

Le Japon traverse une profonde crise économique, politique est sociale depuis plus de deux décennies. Son système de valeurs est remis en cause. Sa démographie s'affaisse. Sa diplomatie se cherche. Sa classe politique semble timorée et hésitante. Le soleil se couche-t-il sur l'Archipel ? En 1853 et 1945, il a déjà connu deux « grandes défaites » dont il est sorti métamorphosé et plus fort. Il pourrait en être de même cette fois encore, à voir les atouts qu'il possède et que peuvent lui envier la plupart des autres pays développés.

I. Un système politique redynamisé ?

Son système politique est généralement considéré comme un handicap pour le Japon. Il est pourtant d'une importance essentielle pour sa puissance. Le rebond spectaculaire d'après 1945 doit beaucoup à la stabilité exceptionnelle du pouvoir du PLD. Ce dernier n'a su ni prévoir, ni juguler la crise actuelle, mais le système politique a été profondément réformé depuis deux décennies – ce que bien des démocraties plus ou moins dysfonctionnelles aux prises avec les mêmes difficultés n'ont pas su faire.

La démocratie japonaise est-elle « artificielle » et « anormale » ?

Les défauts du système politique nippon sont souvent attribués au fait que la démocratie aurait été greffée de force sur un fond culturel inadapté, en raison du « respect naturel » que les Japonais auraient pour l'autorité. Il est vrai que la Constitution de Meiji a copié celle de la Prusse, et que ce sont les occupants américains qui ont rédigé celle de 1947. Il n'en est pas moins vrai que le Japon a fait fonctionner ces deux régimes à sa manière, et très efficacement, à voir comment l'un, puis l'autre, ont présidé au développement exceptionnel de sa puissance.

Après sa réouverture en 1853, l'Archipel s'est modernisé politiquement aussi vite qu'économiquement. Une Constitution « à l'occidentale » était indispensable au Japon pour être traité d'égal à égal par les grandes puissances. Le régime de Meiji, s'est donc doté d'un texte qui en a fait une monarchie constitutionnelle, mais qui laissait l'essentiel du pouvoir au cabinet choisi par l'empereur face au Parlement (1889). Mais si les libertés fondamentales sont toujours restées très sévèrement limitées, la pratique s'est peu à peu libéralisée : le parti qui gagnait les élections formait le gouvernement, le suffrage universel masculin a été instauré (1925), des « partis prolétariens » se sont formés. Cette évolution a été interrompue par les mêmes facteurs qui ont jeté bas la République de Weimar au profit d'Hitler : les frustrations nationalistes et la crise économique cataclysmique de 1929. Mais à la différence de l'Allemagne, où Hitler a gagné les élections de 1933, les citoyens japonais n'ont joué aucun rôle dans la venue des militaires au pouvoir. C'est une série d'assassinats ciblés, terrorisant la classe politique, qui a permis à l'armée de prendre *de facto* le contrôle du gouvernement – aidée par la pusillanimité de l'empereur Hirohito ou avec son soutien actif (les historiens en débattent encore), sans qu'aucun changement institutionnel n'intervienne.

Après la défaite, la Constitution dictée par les Américains a été accueillie comme une évolution inévitable et bienvenue : la démocratie à l'occidentale n'avait-elle pas prouvé sa supériorité ? Ses débuts mouvementés dans l'Archipel montrent que les Japonais peuvent être des citoyens tout aussi actifs et contestataires qu'en Occident : la gauche est entrée en force sur la scène politique, le Parti socialiste japonais (PSJ) a formé le gouvernement en 1947 et les communistes ont pris la tête d'un puissant mouvement syndical. Le Japon a connu quinze ans de conflits sociaux et politiques très durs jusqu'en 1960. La révolte étudiante de 1968 était longue et brutale, et – comme nous l'avons vu – la gauche a pris le contrôle des grandes villes pendant une décennie.

Néanmoins, le système politique a été stabilisé par l'unification du camp conservateur au sein du PLD (1955), qui a exercé presque continûment le pouvoir jusqu'en 2009, et l'a reconquis en 2012. Cette quasi-absence d'alternance a parfois fait qualifier la démocratie nippone d'« anormale », ce qui ne l'a pas empêchée de présider à la formidable croissance économique du pays.

Une stabilité politique débilitante à la longue

Nous avons analysé plus haut les moyens grâce auquel le PLD a su pérenniser son pouvoir [voir chapitre 3, III, 2 et chapitre 4, II, 1]. Certains de ceux-ci se sont avérés contre-productifs à la longue. En outre, trois facteurs « techniques » ont fragilisé l'exécutif et compromis l'efficacité du processus de décision : certaines dispositions de la Constitution, un mode de scrutin rarement employé ailleurs, et plus encore les pratiques adoptées par le PLD afin de préserver son unité.

▸ L'organisation des pouvoirs rend l'exécutif faible et instable

La Constitution de 1947 organise la supériorité de la Diète sur l'exécutif. Il n'y a pas de chef d'État[1] et le Premier ministre est élu par les parlementaires. Face à eux, il n'a aucun des moyens de contrôler les débats que possède, par exemple, l'exécutif français (maîtrise de l'ordre du jour, procédure d'urgence, etc.). Comme le Président américain, le Premier ministre japonais est incapable de surmonter la résistance de sa propre majorité quand il propose des mesures que refusent les lobbies ayant l'oreille des parlementaires. Cette faiblesse a été aggravée par les pratiques imaginées par le PLD pour préserver son unité : avancement à l'ancienneté de tous ses parlementaires jusqu'aux portefeuilles ministériels, renouvellement annuel du cabinet pour maximiser le nombre de maroquins à distribuer, partage des postes entre tous les clans du parti et rotation de leurs chefs à la tête du gouvernement. Ces recettes ont préservé l'unité du PLD, mais au prix d'une instabilité gouvernementale (10 Premiers

1. L'empereur n'est officiellement que « le symbole de la nation ».

ministres et 24 cabinets différents de 1970 à 1990) qui contrastait avec la stabilité de la majorité parlementaire conservatrice.

La question se pose donc de savoir « qui gouverne le Japon ? » Diverses réponses ont été avancées. Dans les années 1970, la haute administration, qui jouissait alors d'une réputation de compétence et d'honnêteté dont la crise a aujourd'hui fait litière, aurait été maitresse du jeu. Les années 1980 auraient été celles d'un « triangle du pouvoir[1] » formé par l'administration, les grandes entreprises et le PLD agissant en un concert harmonieux. À l'opposé, quand l'incapacité du PLD à adapter le pays à la mondialisation est devenue flagrante, on a souvent présenté l'État japonais comme une mosaïque de fiefs rivaux farouchement attachés à leurs intérêts particuliers : l'État intervient partout mais chaque ministère, chaque parti et chaque clan tire à hue et à dia, laissant le champ libre à tous les lobbies sans qu'aucun acteur puisse définir l'intérêt national, encore moins le faire prévaloir.

▶ Le mode de scrutin mettait les intérêts les plus particuliers au centre de la vie politique

Les victoires électorales répétées du PLD reposaient sur un mode de scrutin assez rare. Chaque circonscription élisait plusieurs députés – en général plusieurs PLD et un, deux ou trois appartenant chacun à un parti d'opposition différent. Dans ce système, les voix de 10 % des électeurs inscrits suffisaient souvent pour emporter un siège. Chaque élu PLD ciblait donc une clientèle spécifique, dont il faisait son fief personnel en servant tous ses intérêts particuliers : aménagement du quartier ou du village, soutien aux entreprises et aux productions locales, défense du moindre avantage acquis. Il y ajoutait force services personnels (trouver un emploi, voire un conjoint), mais aussi diverses gratifications financières. Si « leur » député y manquait, ses électeurs l'abandonnaient au scrutin suivant pour un autre candidat PLD. Ainsi, les intérêts les plus particuliers étaient au cœur des élections, et le parti gouvernemental ne proposait que pour la forme un programme national dont personne ne se souciait.

Pour fidéliser sa clientèle, chaque élu entretenait une machine électorale personnelle qui pouvait lui coûter jusqu'à 500 millions en année électorale au début des années 1990[2]. L'essentiel de cet argent provenait du trafic d'influence, qui ne constituait pas un délit en droit japonais. Pour ce prix, nombre d'élus PLD disposaient de sièges inexpugnables, qu'ils pouvaient léguer à leurs fils. Le dommage était quadruple : les possesseurs de ces sièges héréditaires étaient de plus en plus coupés du pays réel, ils ne se souciaient guère d'intérêt national, ni d'obéir aux leaders du parti, et la corruption gangrenait la vie publique.

L'opposition ne jouait plus son rôle. Le PCJ était hors-jeu. Recru de défaites, le PSJ avait abandonné jusqu'à l'idée de prendre le pouvoir, se contentant de gérer au jour le jour son fonds de commerce de fonctionnaires et d'employés des entreprises publiques. Les petites formations centristes vivotaient dans l'attente hypothétique du jour où le PLD aurait besoin d'elles. Tous étaient régulièrement compromis dans les affaires de corruption aux côtés du PLD. Entre élus gouvernementaux héréditaires et opposition sclérosée, le système politique tout entier perdait le contact avec les demandes sociales.

---

1. *Sankaku dômei*. Les médias anglo-saxons parlent de *Iron Triangle* et les nôtres de Triangle d'Airain.

2. Soit 5 millions d'euros au cours de 2012, quand les dépenses officielles de campagne de François Hollande cette année-là ont été de 21,8 millions – à peine de quoi faire élire quatre députés conservateurs nippons.

Ces défauts étaient supportables dans une conjoncture de forte croissance et de stabilité économique : le système disposait de ressources abondantes pour accommoder tous les intérêts en compétition, et de temps pour gérer les aléas en étalant les ajustements. Mais il ne pouvait faire face à la réduction des ressources, à la nécessité de réformes structurelles attentatoires à nombre d'intérêts particuliers, ni à la révolte des citoyens contre les tares de la vie politique. Avec la crise, ces problèmes sont devenus accablants.

Une réforme politique lente, mais profonde

La lenteur du système politique à réformer le « modèle japonais » pour l'adapter à la mondialisation a englué le Japon dans la crise. Néanmoins, il a été capable de se réformer lui-même de manière à renforcer la capacité de ses leaders à décider et à agir face aux intérêts particuliers.

▶ Deux réformes ont renforcé l'autorité des dirigeants politiques

Nous avons déjà vu comment en 1993 une scission a écarté le PLD du pouvoir le temps de voter deux réformes politiques. Celle du financement des partis a limité la capacité des élus à lever des fonds par eux-mêmes et renforcé celle des partis. Explicitement destinée à faciliter une alternance, celle du mode de scrutin a introduit un système « à l'anglaise » (un siège par circonscription, un seul tour) assorti d'une dose de proportionnelle. Ces réformes ont diminué la centralité des intérêts particuliers dans le jeu électoral : les candidats s'opposent désormais sur les programmes de leurs partis respectifs, et ils doivent davantage compter sur les subsides de ces derniers. Le redécoupage de toutes les circonscriptions a morcelé les fiefs héréditaires. Les dirigeants des partis peuvent désormais se faire mieux obéir de leurs parlementaires.

L'autorité du gouvernement s'est aussi accrue face à l'administration centrale, qui lui disputait traditionnellement la responsabilité de définir les politiques nationales. En 2001, elle a été profondément restructurée, ce qui a affaibli certaines féodalités ministérielles, à commencer par celle des Finances. Diverses mesures ont accru l'autorité de l'exécutif sur la technocratie. En 2009, le PDJ a officiellement confié au seul gouvernement la responsabilité de définir les politiques nationales, et brutalisé une haute administration qui lui était hostile. En 2012, le retour du PLD au pouvoir a décrispé les choses, mais la manière dont il a imposé à la Banque du Japon de doubler la base monétaire[1] est typique d'un nouveau rapport des forces entre le pouvoir exécutif et la haute administration.

▶ Un nouveau type de leader est apparu

Les Premiers ministres japonais donnaient souvent l'image de gérontes interchangeables et ternes. La crise a fait émerger des leaders du type de Tony Blair et Nicolas Sarkozy : experts au jeu médiatique, populistes par leur discours volontariste et clivant, et qui conquièrent à la hussarde de vieux partis auxquels ils imposent leur agenda. Au tournant du siècle, Junichirô Koizumi a fasciné les Japonais et les médias en promettant au pays du sang et des larmes[2] et

1. Ne pas confondre avec « masse monétaire » (p. 68, note 2).
2. *Itami no ato seichô* (la souffrance, et après, la croissance).

en jurant de « se jeter dans le feu pour les réformes ». Sa popularité l'a imposé à la tête d'un PLD qu'il jurait pourtant de « détruire » s'il lui résistait, et dont il a piétiné les pratiques sclérosantes et expulsé les élus les plus opposés aux réformes. Entre 2001 et 2006, il a donné une impulsion décisive aux réformes néolibérales. Sa cote de popularité a dépassé 70 %. Ses successeurs ont essayé de l'imiter sans jamais l'égaler ; mais le fait que certains aient enregistré brièvement une popularité égale à la sienne atteste que les Japonais rêvent désormais de leaders décidés, voire flamboyants, capables d'une action forte.

▸ Une révision de la Constitution pourrait parachever la réforme politique et stimuler la fierté nationale

Ce changement progressif a transformé le système politique tout en épargnant au pays les crispations autour d'une révision de la Constitution. Cette révision a toujours été un objectif du PLD, mais les verrous posés par les Américains (un vote de chacune des deux Chambres à la majorité des deux tiers, suivi d'un référendum) l'en ont empêché. Aujourd'hui, la concordance de vues entre la quasi-totalité des partis pourrait la rendre possible.

Une révision pourrait remédier à deux problèmes politiques majeurs, qui minent aussi la démocratie américaine dont la constitution nippone a copié les principes : la frénésie électorale et la paralysie du gouvernement quand il ne contrôle pas les deux Chambres (alors qu'en France, il peut se passer du Sénat, et des Lords en Grande-Bretagne). Aux États-Unis, les élections de mi-mandat menacent le pouvoir présidentiel à peine installé ; au Japon, le gouvernement affronte en moyenne une élection sénatoriale ou législative tous les 18 mois. Au mieux, il a sans cesse le nez dans le guidon ; au pire, la perte d'une des chambres le paralyse. L'expérience de cette situation depuis 2007 a créé un large consensus pour y remédier. Une révision pourrait aussi en finir avec deux décalages flagrants entre la lettre de la Constitution et la réalité, en rétablissant symboliquement l'empereur dans la fonction de chef d'État et en aménageant l'article 9, qui contraint sévèrement les forces armées nippones [voir chapitre 6, III].

Au plan symbolique, la révision d'un texte dicté par une puissance occupante effacerait le dernier stigmate de la défaite. Opérée dans un climat de consensus, elle constituerait un grand sujet de fierté nationale et ouvrirait symboliquement une ère nouvelle. Mais le texte de 1947 est précieux pour une très grande majorité des Japonais, aux yeux desquels il a eu l'immense mérite d'enraciner la démocratie et les principes pacifistes dans l'Archipel. Sa révision comporte des risques de déchirements si elle est prise en mains et dévoyée par une frange ultranationaliste qui considère la démocratie fondée sur les libertés individuelles comme une importation inadaptée à « l'âme japonaise », et qui n'a que mépris pour l'article 9.

La réforme des institutions et des pratiques politiques (1993-2014)

▸ Favoriser l'alternance

– *Réforme du mode de scrutin à la Chambre des députés* (1994) : 300 circonscriptions « à l'anglaise » (un seul siège, un seul tour) et 200 sièges pourvus à la proportionnelle dans 11 régions (réduits à 180 en 2000).

▶ **Réduire l'indépendance des parlementaires face aux leaders des partis**
– *Réforme du financement politique* (1994). Création d'un financement public des partis. Interdiction aux entreprises et aux particuliers de verser directement une contribution financière aux élus. Interdiction du trafic d'influence, jusqu'alors légal.
– *Mesures prises par le PLD* [réforme des statuts par Koizumi, 2001-2006]. Le président du parti (qui devient Premier ministre quand le PLD est au pouvoir) peut rester en fonctions 5 ans au lieu de 4. Le parti n'investit plus de candidats âgés de plus de 75 ans.
Un ancien Premier ministre redevient chef du gouvernement pour la première fois depuis 1948 [Shinzô Abe, en 2006, puis 2012].
– *Mesures prises par le PDJ* [pendant l'alternance de 2009-2012]. Suppression du comité du parti pour l'élaboration des politiques, désormais réservée au gouvernement. Interdiction aux parlementaires de traiter eux-mêmes les pétitions de leurs électeurs. [NB : mesures abandonnées par la suite].

▶ **Imposer la suprématie du pouvoir politique à la haute administration**
– *Mesures prises par le PLD*. Renforcement de la « présence politique » dans les ministères (création d'un ministre adjoint). Interdiction aux fonctionnaires de répondre à la place de leur ministre devant le Parlement. Réduction du nombre des ministères de 21 à 11 et division de celui des Finances en trois (2001).
– *Mesure du gouvernement Koizumi*. Création de « zones spéciales de réforme » échappant en partie à l'autorité de l'administration centrale.
– *Mesures prises par le PDJ*. L'élaboration des politiques est réservée à un ministère de la Stratégie nationale. Création d'un deuxième ministre adjoint. Interdiction aux hauts-fonctionnaires de se concerter face au gouvernement, et de commenter ses décisions. Examen public de certaines demandes budgétaires par des commissions citoyennes. [NB : mesures abandonnées par la suite]
– *Mesures prises par Shinzô Abe* (2012-). Mise au pas de la Banque du Japon. Création de « zones économiques spéciales » plus puissantes que les précédentes.

▶ **Renforcer la capacité d'action du gouvernement**
– *Nouvelles pratiques instaurées par Koizumi*. Choix des ministres par le Premier ministre et non plus par les clans du parti. Abandon du choix des ministres à l'ancienneté, de la répartition proportionnelle des portefeuilles entre les clans et de leur redistribution annuelle. Davantage de ministres non-parlementaires. Multiplication des commissions *ad hoc* auprès du gouvernement pour proposer des réformes en contournant l'administration et les comités du parti.
– *Mesures prises par le PDJ*. Création du ministère de la Stratégie nationale. Suppression du comité du parti pour l'élaboration des politiques. [NB : mesures abandonnées par la suite]
– *Mesures envisagées par Shinzô Abe* (2012-). Libérer le chef du gouvernement et les ministres de l'obligation d'assister à tous les débats parlementaires. Réviser la Constitution.

II. Sa société, première ressource du Japon

Nous avons vu que la société japonaise est encore plus durement impactée par la crise que la nôtre sur bien des plans [voir chapitre 3, IV]. Pourtant, l'Archipel échappe assez largement au « déclinisme », aux divisions, aux insécurités et, partant, aux extrémismes. Cette cohésion de la nation reste une des meilleures ressources géopolitiques de l'Archipel. La proximité, la densité des contacts et des formes de collaboration entre les individus, ainsi que le respect (ou du moins la politesse) qui préside généralement à leurs rapports, font du Japon une terre à part parmi les grands pays développés. Ce n'est pas un hasard si le mot choisi par les Japonais pour caractériser l'année 2011 n'a été ni « tsunami », ni « nucléaire », ni « catastrophe », mais *kizuna* : le lien.

Le Japon, « société du lien » par excellence

▶ Relier, mailler et servir

Les transports sont essentiels au « lien ». La place réduite laissée à la voiture en ville (nul ne peut en acheter une sans justifier d'une place de parking privée, et il est presque partout interdit de stationner) préserve la qualité de la vie et de l'air, mais aussi l'idée que nul ne peut s'approprier l'espace public à sa convenance et que les règles sont faites pour être respectées. Corollaire : la densité des transports publics est exceptionnelle. Chaque usager y fait l'expérience du « bien public » au quotidien : ponctualité, propreté méticuleuse, confort (hors les heures de pointe, comme partout) et incivilités rarissimes depuis que des wagons réservés à certaines heures aux femmes qui le souhaitent les protègent des attouchements. Il en résulte aussi que le Japon compte peu de ghettos : plutôt qu'une flaque urbaine, les grandes agglomérations apparaissent comme une juxtaposition de quartiers distincts, dont chacun « fait communauté » tout en étant bien relié aux autres. Le *takkyûbin* [voir chapitre I, 3, 2] constitue lui aussi un « lien » remarquable.

L'omniprésence des réseaux de services contribue aussi à la cohésion territoriale et sociale. Réseau virtuel : les trois-quarts des Japonais utilisent le site Rakuten.com., où se pressent des milliers de boutiques situées physiquement aux quatre coins du pays. Réseau matériel des 45 000 supérettes (*convini*) ouvertes 24 heures sur 24 et 365 jours par an, qui maillent densément l'espace urbain et y maintiennent en permanence une présence humaine aimable et sécurisante. Irréprochables sur la qualité et la fraîcheur, elles sont aussi multiservices (retirer de l'argent ou recharger ses cartes de paiement, payer toutes sortes de factures, déposer ou recevoir des colis, etc.).

Autre maillage, celui des quelque 140 000 sanctuaires shintô et temples bouddhistes. Chacun, à la différence de nos églises, est pourvu d'un desservant, petit notable qui y fait commerce des rites ancestraux liant les Japonais entre eux et à leur histoire ; et c'est autour d'eux que s'organisent les *matsuri*, fêtes locales petites ou grandes mais toujours très vivaces, dans lesquelles la communauté locale retrempe chaque année son identité.

▶ De multiples structures pour agir ensemble

Le « lien » est aussi créé par les organisations communautaires de quartier et de village. Sauf à demander expressément à ne pas en être, tout Japonais appartient en principe à une *chônaikai* – les associations de voisinage héritées du système de responsabilité collective de l'époque d'Edo. Elles transmettent aux habitants de multiples informations et consignes, et font remonter les demandes locales vers les autorités et les élus. Elles assurent plus ou moins activement la surveillance et le nettoyage des petites rues, un peu de solidarité en sus des services sociaux, et jusqu'à la « revitalisation » du petit supermarché local. C'est aussi sur elles que repose en partie le système d'alerte et d'évacuation en cas de catastrophes naturelles. La quasi-totalité des mères d'élèves participe aussi aux PTA (*Parents Teachers Associations*), qui encadrent les activités périscolaires, préparent les multiples fêtes de l'école, nettoient parfois les locaux et font la circulation à la sortie des classes. Les autorités s'y entendent aussi pour inciter à la création de nouveaux réseaux, notamment pour gérer au niveau du quartier la complexité byzantine du tri des ordures.

Des mouvements spontanés s'ajoutent à ces associations traditionnelles liées aux autorités. Nous avons déjà évoqué les « mouvements de citoyens » et les « mouvements d'habitants » [voir chapitre 3, III, 1]. Les années 1980 ont vu émerger les coopératives de consommateurs autogérées qui court-circuitent la distribution traditionnelle, et les réseaux de *shimin ombudsmen*[1] spécialisés dans la traque des abus de l'administration et des malversations des élus. Dans les années 1990, le vocable de « société civile » (*shimin shakai*) s'est répandu, et cette notion importée s'est concrétisée en 1995 quand une foule de volontaires a convergé de tout le pays vers Kôbe après le séisme qui y a fait 6 500 morts. Il en a résulté une loi qui a affermi le statut légal des associations, et une autre qui a donné à chaque citoyen le droit d'obtenir de l'administration des informations « sur les sujets le concernant » – ce qui peut inclure jusqu'au détail des notes de frais des élus remboursées sur fonds publics.

Tous ces « liens » s'entrecroisent pour former des communautés solides et vivantes, comme le montre un *matsuri* ou l'on verra se succéder sur la scène du sanctuaire local une troupe récitant de vénérables *naga-uta*, un jeune orchestre de scie musicale, une troupe féminine de tambours traditionnels et un club de ménagères exécutant des danses hawaiiennes, pendant qu'une association écologique et un groupe d'aide aux chômeurs proposent divers produits, que la *shôtengai* organise une braderie, que des anciens du *rôjinkai* initient les enfants au maniement de la toupie à ficelle, et que le petit gang du quartier gère ses traditionnels stands de seiche grillée près de la tente où les policiers du *kôban* local distribuent de l'information sur la lutte contre le crime organisé[2]. La géopolitique prend parfois des chemins détournés…

Les « liens » n'empêchent pas qu'au Japon des SDF soient tabassés à mort par des voyous, que la vie scolaire soit un calvaire pour les têtes-de-turc, que les réfugiés de Fukushima aient été mal accueillis ici et là, que les morts solitaires de vieillards soient devenues un phénomène de société, et que le taux de suicide soit le plus élevé des grands pays développés. Les « liens » ne protègent pas les Japonais de la crise et ne les immunisent pas contre le pessimisme. Mais ils sont pour beaucoup dans le fait que ce pessimisme est sans doute moins amer et moins destructeur que dans nombre de pays.

▸ Le Japon reste un pays très sûr – jusqu'à un certain point

Au Japon, la sécurité publique est l'affaire de tous. Les *patororu* (patrouilles) de mères de famille et de seniors pour surveiller le quartier feraient sourire chez nous, tout comme les stickers de soutien à la police collés sur certaines maisons, les affichettes qui avertissent les délinquants que la communauté les tient à l'œil et celles des magasins qui invitent les personnes menacées par quelque voyou à s'y réfugier. Il n'empêche que le Japon est largement épargné par la délinquance quotidienne qui mine ailleurs le respect pour la loi et la confiance dans l'État. Selon le *Surveys of Crime Trends* de l'ONU, on n'y enregistrait en 2012 que 4 vols à main armée pour 100 000 habitants (France : 181), 44 cas de violences volontaires (310), 85 vols de voiture (333) et 117 cambriolages (513). Corollaire : avec seulement 52 détenus pour 100 000 habitants contre 95 chez nous, le système pénitentiaire évite la

1. *Ombudsmen* : citoyens volontaires.

2. *Naga uta* : forme traditionnelle de récit psalmodié. *Shôtengai* : association de commerçants. *Rôjinkai* : association des personnes âgées. *Kôban* : poste de police de proximité.

surcharge qui en fait parfois ailleurs l'école du crime et conduit à écourter les peines au détriment de leur exemplarité. Toutefois, les performances du Japon en matière de sécurité publique ne doivent pas être surévaluées. Certains délits sont notoirement sous-déclarés, et la police (comme dans nombre de pays) embellit ses statistiques en refusant de recevoir trop de plaintes. Les comparaisons internationales montrent d'ailleurs que le sentiment de sécurité et la confiance dans la police ne sont pas plus élevés dans l'Archipel qu'ailleurs. Les quelques 80 000 yakuzas dûment recensés par la police constituent toujours l'une des maffias organisées les plus puissantes du monde, en dépit d'un durcissement significatif de la législation qui la vise ; et leurs accointances avec la classe politique et les milieux d'affaires restent nombreuses

La sécurité sociale, soumise à des conditions rigoureuses, s'est beaucoup dégradée avec la crise. Le système de santé est très efficace : les Japonais battent les records de longévité alors que le pays n'y consacre que 8 % de son PIB (12 % en France, 16 % aux États-Unis). Les baby-boomers jouissent de bonnes retraites, mais leurs épouses, sauf exception, n'auront pas de pension de réversion. Une partie des générations suivantes n'a pas d'autre perspective que le système minimum obligatoire (l'équivalent de 520 euros par mois à partir de 65 ans pour 25 années de cotisations mensuelles de 90 euros) ; en outre, ce système est en difficulté car beaucoup de ceux qui devraient cotiser ne le font plus. Les indemnités de chômage sont presque inaccessibles aux travailleurs précaires, et ne dépassent pas 80 % du salaire (50 % pour les plus élevés) pendant une seule année. Le revenu minimum, à la discrétion des autorités locales, peut être refusé aux personnes jugées physiquement aptes au travail, et le demandeur est parfois contraint de vendre jusqu'à sa voiture avant d'en bénéficier. Cette insuffisance du filet de sécurité était traditionnellement compensée par le plein-emploi, les bénéfices sociaux offerts par les entreprises et les solidarités familiales. Mais ce « modèle japonais de sécurité sociale » s'est délité avec la crise. D'où l'explosion du taux de pauvreté et des inégalités, déjà évoquée.

Les médias, facteur puissant et ambigu de cohésion nationale

Les médias sont un facteur souvent sous-estimé dans l'analyse géopolitique. Ils jouent pourtant un rôle central dans la cohésion nationale d'un pays et la capacité d'action de ses leaders. À cet égard, on peut distinguer plusieurs types de démocraties. Dans certaines, leur fonction principale n'est plus guère que de distraire l'opinion. Dans d'autres, deux camps entretiennent systématiquement une division nationale qui est leur fonds de commerce, comme aux États-Unis ou en France. Les médias de masse nippons (*massu komi*) relèvent d'un troisième type : ils mettent toujours un point d'honneur à exercer une fonction pédagogique, et forment un chœur mi-fédérateur, mi-destructeur.

► La presse nippone est très puissante et peu clivante

Au Japon, les quotidiens publient 6 exemplaires pour 10 habitants, contre 1,5 en France. On en lit un dans plus de 90 % des foyers. Les trois grands titres nationaux (*Yomiuri*, *Asahi*, *Mainichi*) ont un tirage cumulé de 25 millions d'exemplaires, dont plus de 11 millions pour le premier (325 000 pour *Le Monde*, 800 000 pour *Ouest France*, premier tirage français). S'y ajoutent quatre autres quotidiens nationaux cumulant plus de 12 millions d'exemplaires, et une cinquantaine de titres régionaux. Chacun des trois grands possède en outre une chaine de télévision, un empire dans l'édition et la culture, et d'autres activités lucratives, y compris financières et immobilières.

Le *Yomiuri* est conservateur, le *Asahi* centre-gauche, le *Mainichi* centriste libéral. Mais au-delà de ces sensibilités affichées, ils cherchent traditionnellement à ratisser au plus large en adoptant des positions assez peu clivantes et en collant aux mouvements de l'opinion. Cette stratégie commerciale commune a uniformisé sur le fond leur discours politique : à longueur d'éditoriaux, ils déplorent la piètre qualité des débats, renvoient dos à dos majorité et opposition, et admonestent ceux-ci solennellement au nom du peuple. Jusqu'à la crise, cette rhétorique reflétait bien l'état d'esprit de la majorité des Japonais ; elle servait aussi au mieux le PLD au pouvoir en nourrissant le désenchantement et le cynisme politique.

Les trois grands n'aiment guère les éclats et pratiquent fort peu le journalisme d'investigation ; si bien informés qu'ils soient, ils ne considèrent pas que leur devoir est de tout dire. Cette retenue prudente est renforcée par le système des clubs de presse : chaque ministère, chaque grande entreprise, chaque parti et chaque personnalité politique a ses journalistes accrédités, souvent installés à demeure, auxquels il dispense en continu une information prémâchée, et qui s'accordent entre eux sur le traitement qu'ils vont lui réserver dans leurs journaux respectifs. Il en résulte une connivence des grands médias avec le monde des affaires, l'administration et la classe politique, ainsi qu'entre les journalistes des différents titres. Le Japon n'est certes pas le seul pays où elle existe, mais lui l'a systématiquement organisée, voire institutionnalisée.

▶ Le rôle des médias a changé avec la crise et l'instabilité politique

Avec la crise, l'opinion et une partie du patronat réclamant un changement politique, les *massu komi* ont découvert qu'ils avaient la capacité de le provoquer. Ils ont vu qu'en faisant chorus, ils pouvaient conforter leur prestige et leur pouvoir en sacrant Premiers ministres ceux qui captaient la faveur de l'opinion (Koizumi) et en détruisant ceux dont elle se détournait (tous ses successeurs jusqu'en 2012). La possibilité inédite de voir advenir une alternance politique et l'adoption d'un style plus tranchant par certains dirigeants a aussi conduit les grands quotidiens à prendre davantage parti, en adoptant des positions plus polémiques. C'est particulièrement le cas du *Yomiuri*, aujourd'hui résolument pro-nucléaire, très nationaliste et révisionniste sur la question des crimes de guerre de l'armée impériale, et auquel cette mutation a d'ailleurs profité.

Pour autant, le chœur médiatique continue à unifier la nation plutôt que de la diviser, et à accompagner l'opinion plutôt que de la prendre à rebrousse-poil ou de la mobiliser à grands cris. Après Fukushima, la manière dont les trois grands quotidiens (y compris le *Yomiuri*) ont d'abord accompagné avec plus ou moins de réserve le sentiment antinucléaire sans jamais souffler sur le feu, puis ont mis peu à peu le sujet sous l'éteignoir, apparaît comme un modèle de ce que les *massu komi* nippons savent faire pour réduire les fractures nationales – en définitive au profit des intérêts en place.

Les nouveaux médias sur Internet n'ont encore qu'une importance limitée. Les grands forums de discussion et d'échanges comme 2-Channel (10 millions de fidèles) ou Nico Nico Douga (25 millions), dont les journalistes sont désormais admis aux conférences de presse, donnent régulièrement un écho national à des informations qui seraient autrefois restées cachées, mais ils sont loin de détrôner les *massu komi :* en 2010, seulement 29 % des Japonais leur faisaient confiance, contre 63 % pour la télévision et 73 % pour la presse traditionnelle. Néanmoins, les médias en ligne forgent désormais l'opinion minoritaire – par exemple sur la question du TPP, fondamentale pour l'avenir du Japon comme nous le verrons plus loin [voir chapitre 9, II, 1 et III, 2].

III. Savoirs et savoir-faire : des atouts en péril ?

Ils ont été un facteur essentiel de la croissance japonaise. Le système éducatif était crédité de former des élèves dotés d'un bon niveau de connaissance, travailleurs et bien socialisés. Les firmes japonaises, après avoir excellé à inventer des applications à partir des découvertes occidentales, se sont portées à la pointe de la recherche-développement (R&D) dans des domaines comme l'électronique dans les années 1980. Plus encore, on leur reconnaissait un savoir-faire exceptionnel en matière d'organisation de la production. Toutefois, depuis deux décennies, les critiques pleuvent sur ces deux domaines, ce qui a conduit à des réformes de type néolibéral dont les résultats ne sont pas toujours probants.

L'école japonaise abandonne ses fondamentaux d'après-guerre

L'école japonaise a longtemps été égalitaire. La carte scolaire était rigide, l'enseignement privé presque inexistant jusqu'au lycée, l'usage intensif des QCM devait minimiser les inégalités culturelles, et le port de l'uniforme rendre les différences sociales invisibles ; les meilleures universités étaient nationales et gratuites. Dans « l'enfer des examens » (*shiken jigoku*), l'effort était rude mais la récompense assurée : entrer à l'université déterminait presque automatiquement l'avenir professionnel de chacun. L'ascension sociale semblait ainsi promise à tous ceux qui consentaient l'effort nécessaire.

À partir des années 1980, le système scolaire a été soumis à une triple critique. Certains le jugeaient trop dur. D'autres déploraient le « relâchement moral » de la jeunesse et la montée de la violence scolaire. D'autres enfin considéraient que l'école ne développait pas dans les jeunes esprits la créativité et la hardiesse dont la nouvelle économie avait besoin. En 2006, une réforme a mis en place une école résolument inégalitaire. Ses mesures-phare ont été la suppression de la carte scolaire, la généralisation des classes par niveau et la création d'établissements publics d'élite qui opèrent une sélection par concours d'entrée dès la fin du primaire. La grande majorité des élèves se retrouve ainsi dans les établissements publics ordinaires, d'où ils n'ont aucune chance d'accéder à une des grandes universités qui garantissent l'emploi « à vie » – d'où démoralisation, violence et désertion. Parallèlement des « ghettos scolaires pour riches » sont apparus autour des meilleurs établissements, et les *juku*, – officines de bachotage dont certaines appliquent désormais les recettes des neurosciences à la préparation des concours – ont connu un nouvel essor qui ne peut qu'accentuer la sélection par l'argent.

L'enseignement supérieur à la peine

▶ Trop d'établissement, trop peu d'études ?

En 2010, le Japon comptait officiellement 778 établissements d'enseignement supérieur, dont l'accès se fait sur concours. Seuls les États-Unis en ont davantage (2 532). Toutefois, leur densité par rapport à la population est la même qu'en France (315 universités et grandes écoles). Du point de vue qualitatif, le Japon et la France font jeu égal dans l'ARWU[1] : en 2013, la France y plaçait 4 universités dans le Top 100 et 20 dans les 500 meilleures, le Japon 3 (mais mieux placées) et 21 – derrière les grands pays anglophones et l'Allemagne. Toutefois, l'Archipel ayant deux fois plus d'universités que l'Hexagone, on peut être tenté de conclure que leur qualité moyenne est plus faible.

L'enseignement supérieur japonais présente des défauts bien connus, qui régressent mais sont loin d'avoir disparu – raison pour laquelle nous en parlons ici au présent. Traditionnellement, entrer dans une université nippone garantit d'être embauché quatre ans plus tard dans une catégorie d'entreprises déterminée par la réputation de cette université. Les entreprises ne s'intéressent qu'à la capacité à travailler très dur qu'ont démontrée les jeunes gens en réussissant le concours d'entrée : pour en faire de parfaits salariés elles ne font confiance qu'à la formation qu'elles leur dispensent elles-mêmes après embauche. Les étudiants tendent donc à considérer l'université comme le seul moment de leur vie où ils peuvent en profiter, entre « l'enfer des examens » et la stricte discipline imposée aux *kaisha-in*[2]. Il est en outre convenu avec l'université que la quatrième année est consacrée à la chasse à l'emploi. De ce fait, pour la très grande majorité des étudiants nippons, les « études supérieures » ne durent en pratique que trois ans. Quant au diplôme, il suffit d'avoir régulièrement fait acte de présence pour l'obtenir : 27 % des étudiants des pays de l'OCDE quittent l'université sans en avoir, mais seulement 10 % des étudiants japonais - en général parce qu'ils ont trouvé une embauche à leur convenance. La qualité de l'enseignement ne peut que se ressentir de ce laxisme : il était, et reste encore parfois, routinier, livresque et daté. Autre défaut majeur : l'université nippone est notoirement peu ouverte sur le monde, comme nous le verrons [voir chapitre 6, II, 2].

▶ Privatiser et « internationaliser »

Ces défauts sont de plus en plus pénalisants pour le Japon dans un monde où l'économie a moins besoin d'esprits laborieux et disciplinés que de créativité, de formations spécialisées, et de jeunes ayant le goût et la capacité de travailler dans un environnement international ou de créer leur start-up. En outre, les universités sont frappées de plein fouet par la crise démographique : le nombre des jeunes gens qui atteignent l'âge d'y entrer est tombé de 2 millions en 1990 à seulement 1,2 million en 2010. On estime que la moitié des établissements d'enseignement supérieur devront disparaître ou fusionner dans la prochaine décennie. Cela devrait en améliorer la qualité ; mais pour l'heure, dans un effort désespéré pour survivre, certaines vont jusqu'à supprimer le concours d'entrée.

Les autorités ont entrepris de réformer l'enseignement supérieur dans le même esprit

---

1. *Academic Ranking of World Universities* – le fameux « classement de Shanghai ».
2. Les gens (*in*) des entreprises (*kaisha*) : les salariés jouissant de l'emploi à vie.

que le système scolaire. En 2003, les universités nationales sont devenues des « institutions administratives indépendantes », qui fonctionnent selon une logique privée quoiqu'avec de l'argent surtout public. L'objectif est de les dynamiser en les incitant à collaborer étroitement avec les entreprises, en les obligeant à percevoir désormais de lourds frais de scolarité, et en rendant la position des enseignants moins confortable. Le MEXT[1] veut aussi sélectionner 20 universités dont il entend pousser 5 dans le Top 30 des classements mondiaux. Les établissements candidats à cette élévation et aux subventions afférentes doivent se doter d'organes dûment labellisés, aux acronymes anglais : COE (*Centers of Excellence*), VLB (*Venture Business Laboratory*) et IH (*International Headquarters*)... La *short-list* qui se dessine comprend surtout des universités ex-nationales – celles de Tôkyô (Tôdai), de Kyôto, d'Ôsaka et du Tôhoku, le Tôkyô Institute of Technology et l'Université de Tsukuba – ainsi que Keio et Waseda dans le secteur privé.

La R&D regarde vers la Silicon Valley sans y entrer

Le Japon s'est affirmé dans les années 1980 comme une puissance majeure en matière de R&D. Malgré la crise, en 2011 il y consacrait 3,6 % de son PIB (France : 1,9 %) et comptait 5,6 chercheurs pour 1 000 habitants (France : 3,3). Avec 20 % de l'investissement mondial en matière de R&D, il ne le cédait qu'aux États-Unis, tout comme pour le nombre de brevets triadiques déposés[2].

Le modèle d'innovation japonais se caractérise par la prédominance du financement privé (75 %) et le rôle majeur des grandes entreprises. L'administration s'évertuait à définir des priorités et à lancer de grands programmes, mais ses efforts étaient desservis par la rivalité entre le MITI et le ministère de l'Éducation, ainsi que par des erreurs de stratégie qui ont fait peu ou prou manquer au Japon la révolution du numérique, celle des NITC et celle des biotechnologies – même s'il a aujourd'hui remonté en partie son retard.

Ces échecs ont entraîné un changement de politique. En 2001, le ministère de l'Éducation a mis seul la main sur la R & D (du moins en principe) en devenant le MEXT. Il entend s'inspirer du modèle de la Silicon Valley américaine : rôle central des start-up, financement par le capital-risque, collaboration entreprises-universités, extension tous azimuts du champ de ce qui est brevetable au profit des inventeurs – que les firmes nippones ne considéraient traditionnellement que comme des salariés qu'elles « récompensaient » avec des primes dérisoires pour des découvertes parfois fondamentales. Désormais, au Japon, on peut créer sa start-up avec un seul yen de capital, la fiscalité encourage le capital-risque, et les instituts nationaux de recherche deviennent des agences indépendantes. Dès la première année de la réforme de l'enseignement supérieur, les chercheurs universitaires auraient créé un millier de *venture businesses*, et Microsoft a mis en place au Japon un « réseau de recherche collaboratif » incluant scientifiques de renom et universités prestigieuses.

Pour autant, les grandes entreprises, travaillant tant isolément qu'en consortiums, restent de loin les principaux acteurs de la R&D nippone. Car si le système d'innovation japonais est critiqué pour ses lacunes dans la recherche fondamentale et la visibilité

1. Ministère de l'Éducation de la Culture, du Sport, de la Science et de la Technologie.
2. Valables à la fois aux États-Unis, en Europe et dans le reste du monde.

internationale assez réduite de ses chercheurs (encore qu'ils comptent sept lauréats du Prix Nobel depuis 2000), sa force réside dans des processus qui ne se développent nulle part mieux que dans les entreprises : la capacité à accumuler collectivement des compétences et à les combiner pour développer de nouveaux produits, à concevoir l'architecture de systèmes complexes intégrés pour optimiser les *process* industriels, et à fusionner des technologies pour en créer de nouvelles par hybridation, comme la mécatronique, l'optronique ou la medtronique.

IV. Les infrastructures matérielles

Les infrastructures sont essentielles à la puissance d'un pays. D'elles dépendent la maîtrise du territoire et l'exploitation de ses ressources, sa protection contre les risques naturels, la qualité de vie qu'il offre, la mobilité des personnes indispensable à une implantation rationnelle des activités et, par tous ces moyens, la cohésion nationale. En outre, leur construction et leur entretien constituent l'une des variables économiques sur laquelle l'État a le plus de prise. Tout cela se vérifie particulièrement au Japon.

L'État utilise au maximum le potentiel des travaux publics

Les travaux publics ont toujours eu une fonction politique autant qu'économique, que ce soit dans les États-Unis du New Deal de Roosevelt, la France des ateliers nationaux de 1848 ou celle des ronds-points routiers qui y prolifèrent aujourd'hui. Le Japon d'après-guerre est peut-être le pays où l'État a poussé le plus loin leur utilisation systématique comme instrument de puissance. Autant que « l'État développeur » (*development State*) vanté par Chalmers Johnson, il est « l'État constructeur » (*construction State*) dont Brian Woodal a analysé les ressorts.

Dans les années 1980, les travaux publics absorbaient jusqu'à 7 % du PIB, deux fois plus que la moyenne des pays de l'OCDE. Ils nourrissaient quelque 850 000 entreprises qui employaient plus de 6 millions de personnes, et les faisaient dûment voter pour le PLD. Les chantiers petits et grands procuraient en outre aux élus du parti gouvernemental un moyen privilégié de remplir leurs caisses en prélevant en toute légalité (du moins jusqu'en 2000) des commissions sur les contrats qu'ils aidaient à conclure.

Nous avons vu comment cette manne va surtout aux fiefs ruraux du PLD. Le BTP y est très souvent la première source de revenus, et aide à maintenir les micro-exploitations agricoles sous perfusion en leur procurant des revenus complémentaires. Il a été la clé de voûte de l'ordre politique du Japon d'après-guerre, et le principal moyen d'une redistribution que l'État ne pratique pas par sa politique fiscale. Mais le gaspillage est considérable, parce que l'utilité de nombreux travaux est douteuse, les appels d'offres systématiquement « arrangés » pour permettre à toutes les entreprises de subsister, et la main-d'œuvre employée en surabondance pour assurer le plein-emploi (et désormais aussi un complément de revenus aux seniors, que l'on rencontre en nombre sur les chantiers).

Les travaux publics ont aussi été un élément central des plans de relance par lesquels le PLD a essayé en vain de juguler la crise pendant toutes les années 1990 alors que la dette publique explosait. Le gouvernement Koizumi (2001-2006) a été le premier à oser réduire les frais. Les dépenses de travaux publics ont été ramenées autour de 4 % du PIB. Mais une des premières mesures du PLD revenu au pouvoir en 2012 a été un nouveau plan de 100 milliards de dollars à base de béton.

Des infrastructures de qualité

▶ Le parc immobilier et la qualité de vie dans les villes japonaises sont meilleurs qu'on le pense en Occident

Alors que la densité de l'Archipel est de 1 600 personnes par kilomètre carré propre à l'occupation humaine contre seulement 162 en France, la superficie moyenne des logements y est supérieure (94 m^2 contre 91) et le nombre moyen de personnes par pièce inférieur (0,55 contre 0,62). Pas moins de 61 % des Japonais et 44,5 % des habitants de Tôkyô sont propriétaires de leur logement, contre 57 % des Français et 33 % des Parisiens. Dans la zone du Grand Tôkyô, 45 lignes de train (dont le Shinkansen) et 13 lignes de métro transportent chaque jour plus de 4 millions de personnes avec une ponctualité et dans des conditions qu'envieraient nos banlieusards. Si Paris a 13 000 Vélibs, les grandes villes nippones ont des millions de vélos. À n'importe quelle heure, on peut y trouver aussi bien un taxi qu'une bière et un plat chaud au *convini*. Quant aux espaces verts, s'ils occupent 5,6 % de la superficie de Paris intra-muros (22,8 % si l'on compte les deux bois), ils occuperaient 24 % de celle des 23 arrondissements de Tôkyô, où des centaines de milliers de petites maisons entretiennent autant de minuscules bouts de jardin.

La crise a beaucoup contribué à l'amélioration du parc immobilier et de la qualité de la vie. Les prix de l'immobilier se sont effondrés parfois des deux-tiers : en 2013, le mètre carré à Tôkyô (dans l'ancien) coûtait entre 4 000 et 4 500 euros, presque moitié moins qu'à Paris. Pour relancer le bâtiment, les règles d'urbanisme ont été beaucoup assouplies. Outre de somptueux *hills* multifonctions de grande hauteur pour les plus riches, les équipements commerciaux, culturels et de loisir se sont multipliés jusque sur la mer, comme dans l'île artificielle d'Odaiba en baie de Tôkyô.

▶ Les infrastructures de transport, de communication et de commerce sont d'une densité exceptionnelle

Rappelons des chiffres déjà cités : par kilomètre carré propre à l'occupation humaine, le Japon possède 550 mètres de voie ferrée et 12 kilomètres de route. Cette infrastructure très dense permet aux entreprises de fonder leur mode de production sur les flux tendus, aux convini d'être réapprovisionnés deux fois par jour en produits frais, et au *takkyûbin* de faire merveille. Si les autoroutes urbaines saturent parfois et si la circulation est lente sur l'ensemble du réseau routier[1], c'est que la voiture particulière n'a jamais imposé sa tyrannie dans l'Archipel et que la sécurité est prioritaire.

En matière de communication et de commerce, l'espace virtuel compte aujourd'hui au moins autant que l'espace physique. Le Japon est fort bien équipé. Avec un taux de connexion à Internet de 79,5 %, il arrive au 3e rang mondial à égalité avec la France, après l'Allemagne et la Corée (83 %). Le 11 mars 2011, Internet a joué un rôle majeur dans la gestion de la crise.

1. Les autoroutes sont limitées à 100 ou 110 km/h et la plupart des routes à 50 ou moins, avec des interdictions de dépasser quasi-continues.

Le tsunami ne s'était pas encore retiré que des millions smartphones se connectaient déjà pour donner ou prendre des nouvelles et mettre des images en ligne. Opérateurs et prestataires de services en ligne se sont mobilisés aux côtés des autorités pour organiser l'envoi des secours et des informations. Les cartes des zones sinistrées et de la dissémination des particules radioactives autour de Fukushima ont d'emblée été diffusées sur la Toile, et de nombreuses plates-formes créées pour recruter des volontaires ou rechercher les personnes disparues. Aujourd'hui, les Japonais peuvent recevoir une alerte sur leurs smartphones dans les secondes qui suivent le moindre séisme.

Un gisement de croissance considérable

▶ Des équipements importants à rénover

Nonobstant leur efficacité globale, les infrastructures de l'Archipel peuvent être considérablement améliorées. La mégalopole comprend des millions de petites maisons vétustes et d'immeubles d'habitation à deux étages datant des années 1950-1960 dont le confort est sommaire, le bilan énergétique déplorable, et qui gaspillent énormément d'espace. Le vieillissement de la population pose la question de l'adaptation globale du parc immobilier et du milieu urbain aux seniors. Certaines infrastructures de communication datant des années 1960, à commencer par les autoroutes urbaines suspendues de Tôkyô, appellent une mise à niveau et une rationalisation (notamment en utilisant sous elles l'espace aujourd'hui laissé en déshérence). Les Jeux olympiques de 2020 seront une occasion en or pour d'autres grands travaux d'urbanisme déjà planifiés. La reprise en 2013 des essais du Maglev, le train à sustentation magnétique qui mettrait Ôsaka à une heure de Tôkyô, laisse entrevoir une nouvelle ère du transport ferroviaire qui transformerait pratiquement la Mégalopole en une seule ville.

Depuis Fukushima, les infrastructures énergétiques constituent un autre grand chantier. La sécurité du parc nucléaire, totalement à l'arrêt au moment où ce livre est paru, doit être revue de fond en comble. La réactivation de nombre de centrales thermiques a mis en lumière leur vétusté. Les problèmes de la répartition entre régions d'une électricité devenue rare pendant un moment ont montré l'absurdité de la division de l'Archipel en deux réseaux de fréquence différente (60 hertz au sud-ouest, 50 hertz au nord-ouest), entre lesquels les échanges sont difficiles. Se pose aussi la question des énergies renouvelables : en 2013, elles ne représentaient que 10 % de la production d'électricité (France : 14,5 %), et l'essentiel provient d'installations hydroélectriques souvent construites dans les années 1950 et 1960. Toutefois, la politique volontariste annoncée après Fukushima se heurte au manque d'espace pour implanter panneaux solaires et éoliennes, dont il faudrait en outre importer l'essentiel de Chine alors que les relations des deux pays sont au plus bas, et plus encore aux réticences de très puissantes compagnies d'électricité, dont la priorité absolue est d'obtenir le redémarrage de leur parc nucléaire. Il n'est donc pas sûr que le chantier des énergies renouvelable tienne ses promesses. Le gaz de schiste, voire les hydrates de méthane sous-marins, pourrait être recherché et mis en exploitation avec davantage d'ardeur – et de très gros chantiers.

▶ Deux énormes chantiers pourraient changer le visage de l'archipel

Un autre chantier gigantesque est celui de la reconstruction dans les six *ken* dévastés le 11 mars 2011. Elle devrait prendre au moins cinq ans et coûter 4 à 5 % du PIB. Les autorités proclament leur volonté de faire des zones dévastées un modèle de « cités intelligentes et écologiques » intégrant les technologies les plus avancées. Quant à la réhabilitation de la zone de Fukushima, elle durera jusqu'après 2050. Ces deux chantiers constituent des défis techniques inédits à très grande échelle, qui peuvent beaucoup apporter au Japon en termes de modernisation, voire de prestige international – à condition de les mener de manière exemplaire. En outre, la menace de nouveaux séismes majeurs accompagnés de tsunamis, provoqués par le réajustement des plaques tectoniques en cours depuis le choc de 2011, pose la question de la consolidation de nombreuses infrastructures sur la côte Pacifique, voire de leur déplacement vers l'intérieur. Sans parler du serpent de mer de la construction d'une nouvelle capitale, rêve de tous les bétonneurs de l'Archipel.

Encore plus lourd d'enjeux est le défi de la revitalisation de l'agriculture japonaise, qui pourrait métamorphoser la périphérie sous-productive de l'archipel, comme nous l'avons vu au chapitre précédent. Ce chantier ne suppose rien moins que la restructuration d'une bonne partie du terroir – tant son parcellaire que son bâti – pour l'adapter à la grande culture. Il suscite bien des convoitises, à commencer par celles de l'énorme Fédération nationale des coopératives agricoles (JA Zennô), dont la banque et la compagnie d'assurance disposaient en 2012 de fonds et d'avoirs pour l'équivalent de quelque 1 350 milliards d'euros. Bien plus qu'il n'en faut pour mener ce travail à bien.

Malgré plus de deux décennies de crise, la puissance japonaise dispose donc encore d'atouts très solides. Un Japon libéré d'une partie des lourdeurs du système politique pourrait les utiliser pleinement. Mais il faudra pour cela qu'il ait une vision claire des chemins de son avenir.

6 Toyota, manga, *Jieitai*

Les aspects de la puissance japonaise

Le Japon n'a jamais été une grande puissance. Au mieux, entre la fin du XIXe siècle et 1945, il a été un archétype de puissance régionale : capable de vaincre n'importe lequel de ses voisins mais incapable de leur faire accepter sa domination, et incapable de tirer de ses victoires d'autres profits que ceux que les grandes puissances acceptent de lui concéder. Une telle situation génère une frustration croissante, exacerbe le nationalisme et crée un sentiment d'insécurité permanente favorable à la militarisation de la société. Que l'on songe au cas d'Israël dans le monde d'aujourd'hui.

Après sa défaite, le Japon a été dégradé au rang de simple base de guerre pour les États-Unis face au communisme en Asie. Dans les années 1980, devenu un géant économique, il a tenté avec un succès limité d'élever son rang international politique en se positionnant comme « puissance utile » et « pont entre l'Asie et l'Occident », tout en travaillant à desserrer les contraintes imposées à ses Forces d'Autodéfense[1] *par sa Constitution.*

Depuis un quart de siècle, les cartes géopolitiques ont été rebattues par la fin de la Guerre froide, les décennies de crise au Japon et le grand retour de la puissance chinoise. En Asie, la question est désormais celle du leadership régional. Le Japon ne saurait y prétendre avec ses seules forces. Mais il espère passer du rang de protégé des États-Unis à celui de véritable partenaire, dont les intérêts et les avis seraient mieux pris en compte par Washington qu'ils ne l'ont été jusqu'ici.

Pour y parvenir, Tôkyô peut jouer de trois formes de puissance : une énorme richesse accumulée et une économie toujours très puissante, des forces armées renforcées et reprofilées, mais aussi un « soft power » dont la découverte a été pour lui une divine surprise.

I. De la richesse à la puissance, un abîme…

L'ouvrage de cette collection sur la France nous apprend que la somme du patrimoine des ménages, des entreprises et des administrations atteignait 12 513 milliards d'euros en 2007. En 2012, selon les sources, celle du Japon était comprise entre 33 500 et 37 500 milliards d'euros : le triple. Après les États-Unis, le Japon est le pays qui abrite le plus de millionnaires en dollars (1,7 million, plus de 12 % du monde, sept fois plus qu'en France). Il faut toutefois considérer ces chiffres avec prudence. D'abord parce qu'ils dépendent des variations brutales des taux de change[2]. Ensuite parce que la crise prive aujourd'hui la masse des ménages nippons de toute capacité d'épargne, alors que celle qu'ils ont accumulée leur rapporte très peu. Enfin parce que si le Japon est riche, l'État croule sous la dette.

1. *Jieitai* : nom officiel des forces armées japonaises.

2. Début 2014, suite à la très forte baisse du yen, la valeur du patrimoine du Japon en euros n'était plus comprise qu'entre 23 500 et 26 250 milliards d'euros.

Le cas du Japon montre bien qu'il n'existe pas de relation directe entre la richesse et la puissance dans le jeu international. À la fin des années 1980, quand le territoire de l'archipel était censé valoir aussi cher à lui seul que tout le reste de la planète (!) et que l'État américain bouclait ses fins de mois grâce aux acheteurs japonais de ses Bons du Trésor, Tôkyô n'a pas réussi à peser plus lourd dans les affaires du monde. Sa diplomatie n'a avancé sur aucune de ses priorités, et le *Japan bashing* s'est développé partout en Occident [voir chapitre 2, I, 4].

Le Japon qui fabrique : la forteresse du *monozukuri*

▶ C'est dans ce domaine que le Japon a toujours excellé et bâti sa puissance économique

Si l'industrialisation du Japon n'a commencé que dans la seconde moitié du XIXe siècle, sa tradition d'excellence artisanale était déjà bien établie au XIIIe, quand les sabres fabriqués dans l'Archipel faisaient prime dans toute l'Asie. En 1940, ses puissants chantiers navals lui avaient construit 10 porte-avions alors que la France n'en avait aucun d'opérationnel. C'est sur l'industrie, de la plus lourde à la plus légère, que l'Archipel a rebâti son économie après sa défaite. En 1970, la « fabrication des choses » (*monozukuri*) comptait pour 43 % dans le PIB japonais, contre seulement 35 % en France et aux États-Unis ; seule l'Allemagne faisait mieux (48 %).

Une politique industrielle marquée par le syndrome de la forteresse s'est attachée à doter l'Archipel de toutes les activités jugées indispensables pour l'indépendance nationale. Quitte à les créer de toutes pièces, comme la machine-outil, ou à des coûts prohibitifs, comme l'aluminium dans un pays qui n'a pas de bauxite et où l'électricité est très chère. Seule l'aéronautique, démantelée sous l'occupation américaine, manquait à l'appel. En 2013, on trouvait 58 entreprises japonaises dans les 500 premières du monde. Parmi elles, 25 « fabriquent des choses »[1] et trois produisent de l'électricité.

▶ Le Japon est menacé de désindustrialisation comme les autres pays avancés, mais il résiste mieux que beaucoup

Délocaliser une partie de leur industrie a constitué pour les Japonais un déchirement angoissant, dont témoigne le terme brutal souvent utilisé par les médias pour évoquer ce phénomène : « éviscération » (*kudoka*). Néanmoins, ses entreprises l'ont fait dès les années 1970 pour échapper à une réglementation anti-pollution devenue très stricte, dans les années 1980 pour contourner les mesures protectionnistes prises en Occident contre certaines de leurs exportations, et aujourd'hui pour faire face à la concurrence des pays émergents à bas coûts et profiter du « système de production intégré » en Asie [voir chapitre 7, I, 3]. Depuis 1990, la part de leur production délocalisée par les entreprises japonaises est ainsi passée de 7 % à plus de 30 %.

Toutefois, la délocalisation de la production progresse moins vite dans l'Archipel qu'en Occident. Depuis 1970, la part de l'industrie dans son PIB est tombée de 43 % à 27,4 %, soit un recul d'un peu plus du tiers. Mais elle a diminué presque de moitié en France et

1. Électronique : 8. Automobiles et équipements : 7. Équipements industriels : 3. Appareils de photo et films : 3. Aciers : 2. Produits chimiques : 2.

aux États-Unis, et de 45 % en Allemagne, où l'industrie ne pèse aujourd'hui pas plus lourd dans le PIB qu'au Japon.

Le Japon qui exporte : mal compris et mal aimé

▶ Une puissance commerciale qui a suscité l'hostilité

Le solde commercial japonais a été négatif jusqu'en 1970. Il n'a été continûment positif que de 1981 à 2011 et au choc de Fukushima. Pendant ces trois décennies, l'excédent cumulé par l'Archipel s'est monté à 2 162 milliards de dollars. Dans le même temps, la France a été en déficit d'environ 530 milliards, et les États-Unis pour presque 9 600 milliards. Mais l'Allemagne a fait bien mieux que le Japon, avec un excédent proche de 2 800 milliards de dollars. Pourtant, elle a été épargnée par les critiques virulentes que l'Archipel a subies pour ses excédents commerciaux. Une raison est qu'il importait 40 % de moins qu'elle, alors que son économie pesait 60 % de plus. Il semblait en Occident que le Japon ne jouait pas le jeu : il achetait très peu alors qu'il vendait beaucoup. On lui reprochait d'y parvenir en sous-évaluant sa monnaie, en pratiquant le dumping et le protectionnisme, et en encourageant le nationalisme de ses consommateurs. Il était aussi accusé de pratiquer des exportations ciblées et agressives qui faisaient disparaître des pans entiers de l'industrie occidentale, comme celles de la moto, des appareils de photo ou des constructions navales.

En dépit de concessions japonaises significatives (autolimitation des exportations d'automobiles vers les États-Unis ou la France, réévaluation considérable du yen), cette hostilité a culminé avec le *Japan bashing* des années 1980. En 1989, sous la menace de sanctions commerciales, Washington a contraint Tôkyô aux négociations SII [voir chapitre 2, I, 4] dont beaucoup d'aspects constituaient une ingérence flagrante dans les affaires intérieures de l'Archipel – sommé, entre autres, d'investir l'équivalent d'une année de son PIB pour améliorer la qualité de vie de ses habitants plutôt que ses capacités productives, et même de multiplier les distributeurs de billets pour stimuler la consommation.

▶ Des échanges commerciaux à la fois « faibles » et « essentiels »

Malgré le volume considérable de son commerce, le Japon apparaît très peu ouvert aux échanges en proportion de la taille de son économie. Entre 1980 et 2010, ses exportations n'ont représenté que 11,4 % de son PIB et ses importations 9,4 % – contre 29,6 % et 24,7 % en Allemagne et 20 % dans les deux sens en France. Cela en fait le pays développé dont les échanges commerciaux par rapport à son PIB sont les plus faibles. Néanmoins, ces échanges sont essentiels pour lui, car il en dépend totalement pour alimenter son industrie en matières premières et en énergie, mais aussi pour nourrir sa population – et doit donc absolument exporter pour payer ces importations vitales.

Les exportations sont aussi essentielles pour les profits, le dynamisme et les progrès des grandes entreprises industrielles, qui tirent les lourds wagons du Japon sous-productif sur le chemin de la croissance et qui donnent le ton en matière de protection sociale et de salaires. Un coup de froid sur les exportations de Toyota, et c'est tout l'Archipel qui risque de « gripper ». Enfin, pour un pays pratiquement dépourvu de services de renseignement et dont l'appareil diplomatique est peu dynamique [voir chapitre 8, I, 1], les énormes maisons de commerce (*sôgô shôsha*), par lesquelles transite une grande partie de ses échanges, constituent un élément irremplaçable de ses réseaux à l'étranger.

La puissance financière et les services

Les jeux de la finance ne sont pas dans les gènes de l'économie japonaise. Les métiers de la banque ou le *trading* attirent peu les jeunes. L'Archipel n'en est pas moins devenu une énorme puissance financière, mais il peine à en tirer tout le profit.

▶ La puissance financière a été pour le Japon un cadeau empoisonné, mais ses déboires lui ont appris la prudence

Géant industriel dès les années 1960, puis géant commercial, le Japon est aussi devenu un géant financier dans les années 1980. Ses excédents commerciaux, des taux d'intérêts très bas, et plus encore une très forte revalorisation du yen exigée par les États-Unis dans l'espoir de freiner les exportations nippones, ont démesurément accru la base monétaire. Une énorme bulle spéculative en a résulté. La valeur des actifs boursiers et immobiliers a quadruplé entre 1985 et 1990, créant pour 8 000 milliards de dollars de « richesse de papier » (1,6 fois le PIB des États-Unis ou de l'Europe à l'époque). Le Japon a supprimé le contrôle des changes pour entrer dans le jeu de la finance mondiale. Une partie de sa nouvelle richesse s'est donc placée à l'étranger, en bons du Trésor américain et dans des prêts internationaux, dont les banques nippones raflaient à cette époque près de 40 % du marché.

Mais le Japon ne disposait ni des infrastructures, ni de l'expertise nécessaire. Ses banques avaient toujours vécu aux ordres du ministère des Finances, avec pour mission quasi unique de financer le développement industriel. Elles ignoraient tout de l'analyse des risques et des mystères des instruments financiers sophistiqués. En 1990, l'éclatement de la bulle a détruit la quasi-totalité de la richesse spéculative et déclenché la crise dont le Japon n'était toujours pas sorti en 2014.

Néanmoins, sa puissance financière reste considérable. Il détient le deuxième stock mondial d'investissements directs à l'étranger après les États-Unis, le premier stock de Bons du Trésor américains (plus de 1 260 milliards de dollars en juin 2014) et les deuxièmes réserves de change du monde après la Chine (1,27 milliard de dollars en juillet 2014). Les revenus de son énorme patrimoine net à l'étranger (environ 3 750 milliards de dollars, presque un tiers de plus que le PIB français) ont permis à ses comptes courants de continuer à afficher des excédents malgré ses déficits commerciaux post-Fukushima : 84,7 milliards de dollars en 2012, au 4e rang mondial (après Chine, Allemagne et Arabie Saoudite), alors que la France arrivait 189e sur 191, entre la Grande-Bretagne et les États-Unis, avec un déficit de 59 milliards. Ce n'était toutefois plus le cas en 2014.

Cette richesse est désormais mieux gérée. La crise a entraîné une restructuration radicale du secteur bancaire. Le nombre des grandes banques a été ramené de 12 établissements étroitement spécialisés à seulement trois géants généralistes (Mitsubishi UFJ, Mizuho, Sumitomo Mitsui). La dure leçon de l'éclatement de la bulle en 1990 leur a appris la prudence, qui leur a permis d'échapper à la crise des actifs pourris partie des États-Unis en 2008. En outre, le ministère des Finances surveille de très près d'éventuelles acrobaties financières.

▶ Le secteur des services est traditionnellement sous-productif et peu actif à l'étranger

Nous avons vu au chapitre 3 comment la sous-productivité des services est partie intégrante du modèle du « miracle japonais » : cols blancs somnolents et vendeurs désœuvrés, demoiselles d'ascenseur et « fleurs de bureau » préposées à la préparation du thé, chantiers occupant dix personnes là où trois suffiraient chez nous... tous participaient à assurer le plein-emploi qui confortait le pouvoir du PLD et contraignait les entreprises à suppléer l'État dans son rôle de « providence ». Résultat : parmi les 500 premières entreprises mondiales, le Japon n'en classe aucune dans les travaux publics et l'environnement, et seulement deux dans la distribution de détail, alors que la France aligne quatre grands groupes dans chacun de ces domaines, et que Chinois ou Sud-Coréens raflent les grands chantiers des pays en voie de développement. Non moins dommageable est l'absence de firme japonaise dans les secteurs de prestige comme la mode et les industries culturelles (excepté Sony). Même les très puissantes banques et compagnies d'assurance nippones sont moins visiblement présentes à l'étranger que celles de nombreux pays moins riches, car elles n'y sont encouragées ni par leur tradition, ni par leur culture, et encore moins par le souvenir de leur débâcle de 1990.

Le Japon tente de progresser sur ce terrain, surtout en Asie dans les secteurs où son expertise est la plus affirmée : la dépollution, le développement urbain, la distribution du genre *convini*, l'intégration des transports en commun et de grands centres commerciaux, etc. Dans une Asie où les classes moyennes augmentent très rapidement et sont en quête d'un style de vie dont l'exemple est souvent pour elles celui du Japon, ce dernier dispose là d'excellents atouts.

Deux dépendances de plus en plus préoccupantes

Dans l'hypothèse d'un conflit majeur qui couperait ses communications maritimes, l'archipel japonais pourrait – en théorie – être plongé dans le noir et sa population affamée. Est-il une faiblesse plus menaçante que la double dépendance énergétique et alimentaire, qui constitue une contrainte géopolitique plus forte pour le Japon que pour la quasi-totalité des autres grands pays développés ?

▶ Fukushima a brisé le rêve du Japon d'accéder un jour à l'indépendance énergétique

Le taux de dépendance énergétique de l'Archipel s'est établi à 82 % pour la période 1960-2010, contre 29 % aux États-Unis, 49 % en France et 60 % en Allemagne. Cette dépendance avait déjà été le talon d'Achille du Japon expansionniste : les deux mouvements qui l'ont entraîné dans des entreprises au-dessus de ses forces sont ceux qu'il a faits vers les champs pétroliers de Mandchourie (1930), puis ceux d'Indonésie après l'embargo pétrolier imposé par les États-Unis (1941). C'est aussi cette dépendance qui lui a donné la hardiesse de se démarquer de la politique américaine au Moyen-Orient [voir chapitre 8, I, 2 et chapitre 9, II, 2]. C'est aussi pourquoi, seulement dix ans après Hiroshima, il s'est lancé dans un des programmes nucléaires civils les plus ambitieux de la planète, et pourquoi il reste le seul pays à travailler sur les surrégénérateurs, abandonnés partout ailleurs comme trop dangereux, mais qui permettent en théorie d'accéder à l'indépendance énergétique absolue.

Le Japon s'est aussi attaché à économiser l'énergie. Les résultats ont été remarquables dans le domaine industriel : il consomme 1,8 fois moins d'énergie par unité de PIB produite que l'Union européenne, deux fois moins que les États-Unis et huit fois moins que la

Chine. Par contre, son parc immobilier hétéroclite est très peu performant en la matière. Bien qu'il ait attaché son nom au Protocole de Kyôto (1997), le Japon a complètement échoué à en atteindre les objectifs : au lieu de diminuer, ses émissions ont augmenté de 6 % depuis qu'il l'a signé. Il est aussi très loin d'être à la pointe en matière d'énergies renouvelables [voir chapitre 5, IV, 3].

Ses neuf compagnies d'électricité régionales constituent de formidables féodalités. Chacune jouit dans son fief d'un quasi-monopole de la production, de la distribution et de la vente. Il en résulte des prix élevés et la division aberrante du pays en deux réseaux de fréquence différente. Ces oligopoles se méfient aussi des énergies renouvelables, qu'ils voient comme un moyen pour de nouveaux acteurs d'entrer sur leur marché réservé. Leurs très généreuses contributions politiques, leurs relations incestueuses avec le METI censé les contrôler, le poids considérable de leurs syndicats-maisons dans ce qui reste du syndicalisme japonais et leur influence sur les médias leur ont permis jusqu'ici de faire échec à toute réforme du secteur.

La catastrophe de Fukushima a fait bondir le taux de dépendance énergétique du Japon à plus de 95 %, ruiné le rêve d'y mettre fin un jour grâce au nucléaire, et précipité la balance commerciale dans le rouge. Elle pourrait entraîner enfin, si les politiciens en ont le courage, la réforme du secteur de l'électricité. Mais cela ne résoudrait pas pour autant le problème d'une dépendance qui constitue pour l'Archipel une faiblesse géopolitique majeure.

▶ **La dépendance alimentaire est bien davantage qu'un problème économique**

En 1960, l'agriculture japonaise couvrait 80 % des besoins quotidiens de la population. Aujourd'hui, ce taux a diminué de moitié, et continue à baisser à mesure que les habitudes alimentaires changent : les Japonais consomment moitié moins de riz qu'il y a 40 ans, et davantage de pain fabriqué à partir de blé importé. Dans le même temps, la production agricole est tombée de 9 % à 1 % du PIB, et la superficie des terres cultivées de 6 à 4,5 millions d'hectares. Il en est de même pour la pêche [voir chapitre 1, I]. En outre, une grande partie de ce qui subsiste de l'agriculture ne survit que grâce au protectionnisme et aux subventions. Mais l'importance de la ruralité dans l'identité nationale du Japon et le poids politique considérable des micro-exploitations agricoles retardent la mise en route de l'immense chantier de la refonte de toute l'agriculture japonaise, seul moyen d'augmenter sa productivité, et donc l'autosuffisance alimentaire de l'Archipel [voir chapitre 1, III, 1 et chapitre 5, IV, 3].

II. En quête d'influence : le *soft power* à la japonaise

Toute sa puissance économique et financière n'a jamais donné au Japon la reconnaissance internationale et l'influence qu'il en attendait. À son apogée, dans les années 1980, on l'accablait de critiques et Washington le menaçait de sanctions comme un vulgaire pays en développement pour le traîner à la table des négociations SII. L'Archipel est loin d'avoir dans le monde la « place honorable » (*meiyo aru chii*) dont le préambule de sa Constitution fait son idéal. Sévèrement contraint en matière de *hard power*, il s'est donc lancé dans une quête du *soft power* systématique, mais malaisée et parfois maladroite.

Les quatre obstacles au *soft power* japonais

▶ Le Japon souffre d'un lourd handicap historique et d'une image qui a longtemps été peu attractive

Pour séduire le monde, le Japon doit remonter un lourd handicap lié à son histoire. Dans les années 1930-1945, il s'est acquis en Occident une réputation détestable, que Hergé a transmise à plusieurs générations de petits Occidentaux dans *Le Lotus bleu* (1936) : hypocrisie, agressivité, cruauté et fanatisme suicidaire. Son image est encore pire en Chine et en Corée, envers lesquelles il n'a pas su faire les gestes qui lui vaudraient le pardon [voir chapitre 8, II, 2]. Même sa réussite économique a véhiculé des images négatives. Pour les *Japan bashers* des années 1980, les Japonais étaient des « drogués du travail » ou des « fourmis ». Leur système de valeurs était « incompatible avec le nôtre », et leur objectif rien moins que « la conquête économique du monde » qui les vengerait de leur défaite[1]. Leur pays avait beau être riche, ils vivaient « dans des clapiers » et ils devaient porter des masques pour se protéger de la pollution[2]. Rien d'étonnant si les touristes étaient rares dans l'Archipel.

L'image positive du Japon a longtemps été élitiste et vieillie, à base d'antiques temples de bois et d'énigmatiques jardins zen. Sa « haute culture » d'après-guerre n'était pas d'un accès facile : intellectuelle comme la littérature des prix Nobel Kawabata et Ôe, austère comme le noir et blanc d'Ozu et de Mizoguchi, tournée vers le passé comme les films d'époque couronnés à Cannes (*Kagemusha*, *La Ballade de Narayama*), inquiétante et dramatique comme l'œuvre de Mishima, le suicidé grandiose[3]. À quoi s'ajoutaient, côté populaire, le graveleux des fameuses « estampes japonaises », le grotesque des obèses du sumô, et les sports de combat[4]. Ce Japon intriguait, séduisait parfois, mais il n'attirait pas et restait incompréhensible, irrémédiablement étranger : comment donc aurait-il pu parler au monde ?

▶ Le Japon est malhabile à « parler au monde »

Au demeurant, le Japon n'avait rien à lui dire. Un obstacle à son influence est qu'il peine traditionnellement à expliquer ce qu'il pourrait apporter à la communauté des hommes et des nations. Pour la France, ce n'était rien moins que la liberté, l'égalité et la fraternité, et aujourd'hui « le droit d'ingérence humanitaire ». Pour tous les colonisateurs petits et grands, la Civilisation. Pour les États-Unis, rien moins que la survie du monde libre, les bienfaits de

---

1. Ces qualificatifs et ces assertions se retrouvent dans un rapport de la Communauté européenne, dans la bouche d'une Première française, dans un rapport de la CIA cosigné par plusieurs grands noms de la japonologie américaine, et partout dans les médias de l'époque.

2. Sauf exception, les masques servent à ne pas transmettre la grippe (en hiver) ou à protéger les très nombreux Japonais allergiques aux pollens (au printemps).

3. Yasunari Kawabata (1899-1972) : *Le Grondement de la montagne, Les Belles endormies*.... Kenzaburô Ôe (né en 1935) : *Dites-nous comment survivre à notre folie*... Yasujirô Ozu (1903-1963) : *Le voyage à Tôkyô, Le Goût du saké*... Kenji Mizoguchi (1898-1956) : *Les Contes de la lune vague après la pluie, Les Amants crucifiés*... Yukio Mishima (1925-1970) : *Le Pavillon d'Or, Le Marin rejeté par la mer*...

4. Des estampes, l'Occident ne perçoit ni l'exubérance joyeuse ni l'aspect souvent ironique, pas plus que la réelle subtilité des combats de sumô.

la démocratie et du marché, l'ordre planétaire. L'Archipel, lui, ne se donne aucune mission. Cette notion est étrangère aux cultures asiatiques, car elle suppose une croyance à des valeurs universelles et absolues dont elles sont dépourvues. Au cœur de la culture occidentale, il y a l'universalisme. Au cœur de la culture japonaise, il y a eu – jusqu'à très récemment du moins – la croyance en son particularisme irréductible.

Autre obstacle majeur : le japonais n'est parlé que par la population de l'Archipel, ou presque, alors que les estimations les plus hautes vont jusqu'à 220 millions de locuteurs pour le français, 450 millions pour l'espagnol, 1,3 milliard pour le mandarin et peut-être 2 milliards pour l'anglais de base. À cela s'ajoutent les déficiences de l'enseignement des langues au Japon et l'interaction très limitée des Japonais avec les étrangers. Pour parler au monde, encore faut-il pouvoir s'en faire comprendre.

▶ L'université japonaise est peu ouverte sur l'étranger

L'enseignement supérieur est un instrument privilégié du *soft power* s'il attire des étudiants étrangers, futures élites de leur pays d'origine. Dès les années 1980, le Japon s'était donné pour objectif d'en accueillir 200 000, puis 300 000. Mais en 2012, ils n'étaient encore que 130 000 (4,5 % de la population étudiante), contre 290 000 en France (12 %) et 765 000 aux États-Unis. Quant aux étudiants japonais à l'étranger, ils sont moins de 60 000 aujourd'hui, contre 83 000 en 2005. La crise explique ce déclin, mais plus encore le fait que les entreprises nippones préfèrent toujours des jeunes formatés par le système d'enseignement national.

Côté enseignants, il n'y a que 3,4 % de professeurs étrangers à temps plein dans l'enseignement supérieur japonais. Le nombre de chercheurs invités a bondi de 88 000 à 137 000 entre 2000 et 2008 avec la multiplication des congrès organisés par les universités en quête de subsides du MEXT pour leur internationalisation [voir chapitre 5, III, 2] ; mais le nombre de ceux qui séjournent plus d'un mois dans l'Archipel est tombé dans le même temps de 7 000 à 4 000 !

Le calendrier universitaire lui-même entrave l'ouverture. Il commence au 1er avril, comme l'année fiscale, qui est aussi la date où les entreprises embauchent leur cohorte annuelle de CDI. Cette non-concordance avec le calendrier en vigueur en Occident et en Chine complique aussi bien la venue des étrangers que le départ des universitaires nippons en année sabbatique et celui des étudiants en échange. Même l'initiative de la très prestigieuse Université nationale de Tôkyô, qui entend passer au calendrier occidental, n'a pas fait boule de neige.

Les centres culturels implantés à l'étranger par certains pays (Alliance française, British Council, Goethe-Institut, Instituto Cervantes, American Center) relèvent de la même stratégie d'influence. Là encore, le Japon apparaît très en retard. La France a ouvert son premier institut au Japon en 1924, mais la Maison de la culture du Japon à Paris ne date que de 1997. Il y a un millier d'Alliances françaises et d'instituts français dans le monde, mais les centres culturels officiels japonais sont rares.

La quête de l'influence par « l'utilité »

À partir des années 1980, l'hostilité dont le Japon était l'objet à mesure qu'il s'enrichissait a convaincu ses dirigeants qu'ils devaient lui donner une « mission » pour en faire l'égal des grands, quitte à se faire violence comme l'avaient fait leurs prédécesseurs de Meiji en le dotant d'une Constitution. Mais l'exercice leur était peu familier.

▶ Le Japon comme « puissance civile » ou « puissance utile »

Pour guider ses pas, le Japon a emprunté au concept de *civilian power*, développé au début des années 1970 par François Duchêne et Hans Maull à partir des cas européen et allemand : un pays riche, très avancé et répugnant à l'usage de la force, peut bâtir son influence internationale sur son « utilité », et contribuer ainsi à la fixation des normes de toute espèce. C'est la base de la « doctrine Fukuda » (Premier ministre, 1976-1978) quand, invité au sommet de l'ASEAN juste après la fin de la guerre du Vietnam, il affirme que le Japon est disposé à aider économiquement tous les pays de la région, quels que soient leur camp et leur régime politique.

Le moyen privilégié par le Japon pour étendre ainsi son influence est l'aide publique au développement (ODA : *Official Development Aid*). Elle passe de 300 millions de dollars en 1970 à 3,3 milliards en 1980, et culmine à 14,7 milliards en 1995. Le Japon fournit alors à lui seul presque 20 % de l'effort mondial. Il est pourtant critiqué : sa générosité reste minime en proportion de son PIB (0,2 %, moitié moins que la moyenne des donateurs), elle s'exerce surtout en fonction de considérations géopolitiques, et les entreprises nippones se taillent la part du lion dans les projets financés par Tôkyô. Rien, au demeurant, qu'on ne puisse aussi reprocher à la plupart des gros donateurs.

Le Premier ministre Yasuhiro Nakasone (1982-1987) donne une ampleur nouvelle à la vision du « Japon utile » en mettant au premier plan le soutien qu'il apporte à la superpuissance américaine, et donc à l'ensemble des équilibres planétaires, en finançant le déficit budgétaire américain avec ses excédents de capitaux. M. Nakasone travaille aussi à élargir les missions des Forces d'Autodéfense afin d'élever leur statut à celui de partenaires des forces américaines. Et pour bien marquer cette élévation, il donnait en public du « Ron » au président Ronald Reagan, qui lui rendait du « Yasu » pour la plus grande fierté des médias japonais.

▶ De l'utilité concrète à « l'exemplarité » vague et au retour du réalisme

Après la fin de la Guerre froide, dans un monde qui se laisse un moment aller à l'optimisme, le Japon enjolive son positionnement de puissance utile d'un discours irénique. Le Premier ministre Miyazawa (1991-1993) décrit l'ordre mondial comme la « symbiose » (*kyôsei*) qui s'opère entre les musiciens d'un orchestre dont chacun exécute pourtant sa propre partition. Dans ce concert, le Japon doit jouer de sa triple expérience spécifique : celle de « pont entre l'Asie et l'Occident » depuis sa modernisation précoce, celle de « nation éprise de paix » depuis Hiroshima, et, puisqu'on parle de plus en plus d'écologie, celle de « peuple paysan respectueux de la nature » [voir chapitre 1, III, 1 et chapitre 3, I, 2].

Concrètement, Tôkyô finance très généreusement les activités de l'ONU, dont il assurait encore 20,5 % du budget en 1999 malgré dix ans de crise (12,5 % en 2011). Cela lui vaut d'être le pays le plus souvent élu au Conseil de Sécurité (20 fois). Il dirige de grands organismes internationaux à vocation humanitaire (Organisation mondiale de la Santé, Haut-Commissariat aux Réfugiés de l'ONU). Il organise des dialogues comme celui de Tôkyô pour le développement de l'Afrique (TICAD, depuis 1993). Il abrite des conférences comme celle qui a préparé la sortie de guerre civile au Cambodge (1990) ou celles des donateurs pour la reconstruction de l'Afghanistan (2002, 2012). Il autorise ses Forces d'Autodéfense à participer aux missions de maintien de la paix de l'ONU (1992) et les envoie sur le théâtre des grandes catastrophes naturelles. Il se dote d'une « force d'intervention humanitaire » inspirée de Médecins du Monde. Il attache son nom au Protocole de Kyôto sur les gaz à effet de serre (1997).

Il est récompensé de ces efforts en figurant régulièrement sur le podium des nations dont l'action dans le monde est jugée la plus « positive » dans les sondages spécialisés[1]. Toutefois, cette stratégie ne fait avancer aucun des contentieux qui opposent l'Archipel à ses voisins, ni ne lui donne le siège permanent au Conseil de Sécurité auquel il aspire. Au Moyen-Orient comme dans les mers d'Asie où la Chine avance sa marine, le réalisme et la force font leur retour brutal dans la politique internationale. Dès la première décennie du XXIe siècle, la quête du *soft power* par l'utilité et l'exemplarité n'est plus une priorité pour le Japon, au point qu'il mettra même cinq ans à ratifier « son » Protocole de Kyôto. Et l'énormité de sa dette publique le prive des moyens financiers pour poursuivre son effort en matière d'aide au développement.

La découverte merveilleuse du « *bunka power* »

La culture populaire retient peu l'attention des géopoliticiens, même s'il ne leur a pas échappé que Walt Disney, Hollywood, le rock'n'roll et Coca-Cola ont fait beaucoup pour le prestige planétaire de l'Amérique. Mais ces choses sont un peu vulgaires et très mal conceptualisées. On s'y perd entre « industrie culturelle », « industries du contenu » (*content industry*), « industries créatives » (*creativity-based industry*), « industries du copyright », et l'influence qu'elles exercent est difficile à mesurer. Cela n'a pas empêché les dirigeants japonais des années 2000 d'y découvrir un outil majeur de *soft power*, rebaptisé *bunka power* (pouvoir culturel) par les médias nippons.

▶ La culture populaire du « *Cool Japan* » connaît un succès planétaire

Selon le METI, en 2003 les « industries de contenu » du Japon comptaient pour 2 % de son PIB, et pour 10 % de la production mondiale. Leurs exportations représentaient en valeur plus de 20 % de celle des produits industriels, ce qui faisait de l'Archipel le second exportateur mondial[2]. Toute la jeunesse d'Asie et d'Occident – ou presque – connaît *Dragon Ball*, *Akira*, *Naruto* et les Pokémon ; *kawaii* ou *cosplay* figurent dans son vocabulaire courant. Les nouvelles incarnations du cinéma, de la littérature et de l'art japonais sont Hayao Miyazaki, Takeshi Kitano et les deux Murakami. Hello Kitty pèse 500 millions de dollars de ventes

1. Sondages annuels de BBC World Service (http://worldpublicopinion.org/index.php).

2. Les statistiques concernant les « industries du contenu » doivent être maniées avec précaution dans la mesure où il n'existe aucun consensus sur ce qu'elles recouvrent.

annuelles, toute l'Asie s'arrache les revues de mode japonaises, et la Japan Expo française, dont la première édition avait attiré 3 200 visiteurs en 1999, en a rassemblé 233 000 en 2013 [1].

Dans le même temps, l'image du Japon a radicalement changé : il est devenu un pays sympathique, attirant, et « cool » aux yeux de la jeunesse du monde. Le nombre de touristes, inférieur à 4 millions dans les années 1990, a dépassé 16 millions en 2013 (France : 83 millions). Ce phénomène a été une divine surprise pour les Japonais. Les autorités et les médias se sont lancés dans une opération de *nation branding* (promouvoir un pays comme une marque) afin de tirer le meilleur profit économique, mais aussi politique, de l'engouement du monde pour le « *Cool Japan* » – en anglais dans le texte.

▶ L'influence culturelle est l'objet d'une sévère compétition en Asie

Depuis une décennie, la politique du « *Cool Japan* » a deux axes. D'un côté, stimuler, encadrer et protéger les industries de contenu. De l'autre, préserver et célébrer la culture populaire nippone (musées, chaires universitaires), et la promouvoir dans le monde (coproductions, subventions, festivals). Tôkyô en a même fait un outil diplomatique sous le nom de *manga gaikô* (diplomatie du manga). Son promoteur, le ministre des Affaires étrangères Tarô Asô (2003-2007), nommait des *kyara* comme ambassadeurs honoraires et envoyait de jeunes « ambassadrices *kawaii* » à la mode *otaku* [2] servir d'ornements aux réceptions des ambassades nippones. Les camions du contingent japonais déployé en Irak ont même été décorés à l'effigie de Captain Tsubasa, un footballeur de manga célèbre au Moyen-Orient. M. Asô a été depuis chef du gouvernement, et il était Vice-premier ministre en 2014.

Si l'on peut rester sceptique devant cette stratégie, on doit constater qu'aujourd'hui les puissances d'Asie s'affrontent sévèrement sur le terrain de la culture populaire. La Corée du Sud a organisé sa production sur un mode quasi-militaire, qui permet à ses séries télévisées et aux jeunes chanteurs de K-Pop produits à la chaîne de supplanter les *drama* et les *aidoru* [3] japonais sur le marché asiatique. Quant à la Chine, en attendant des chanteurs et des séries télévisées exportables, elle produit déjà à la chaîne des centres culturels baptisés Instituts Confucius (environ 500 ont été créés entre 2004 et 2014).

L'incertitude pèse sur la nature du « pouvoir » de la culture populaire, voire sur sa réalité : si l'image du Japon a changé depuis vingt ans, c'est peut-être simplement parce que la Chine l'a remplacé en Occident dans le rôle du « vilain ». Une chose pourtant est sûre : dans notre société d'information et de communication instantanées et quasi-gratuites, la culture d'un pays peut impacter très rapidement non seulement les élites, comme autrefois, mais l'ensemble des populations urbaines de la planète, à commencer par les classes moyennes et les jeunes. Ce phénomène inédit dans l'histoire constitue une donnée géopolitique nouvelle. Le

1. *Dragon Ball*, *Akira* et *Naruto* sont des mangas et des films ou séries animés. Les Pokémon, une franchise comprenant jeu vidéo, cartes à collectionner, manga et animations. Hayao Miyazaki un animateur légendaire (*Le Voyage de Chihiro*), Takeshi Kitano un cinéaste (*Hanabi*), Haruki Murakami un écrivain (*I-Q 89*), Takeshi Murakami un artiste contemporain exposé au château de Versailles en 2010, Hello Kitty une petite mascotte, et la Japan Expo un salon de la culture populaire japonaise contemporaine. Le *cosplay* est l'activité qui consiste à se travestir en héros de manga ou de jeu vidéo.

2. *Kyara* (de l'anglais character) : personnage de manga. *Kawaii* : super-mignon (ne). *Otaku* : fan des univers du manga et des jeux vidéo.

3. *Drama* : séries télévisées *live*. *Aidoru* (idole) : jeunes chanteuses jetables.

Japon semble l'avoir assimilée plus rapidement que d'autres pays, et il dispose des ressources créatives, technologiques et financières pour en tirer profit.

III. Un *hard power* sous contrainte

L'article 9 de sa Constitution, où le Japon s'engage « à ne jamais entretenir de potentiel de guerre », fait de lui une exception en matière de géopolitique – encore que la Constitution italienne comporte une clause assez semblable. Cela n'empêche pourtant pas ses Forces d'Autodéfense (*Jieitai*) d'être aujourd'hui comparables aux armées française, britannique ou allemande. L'emploi des FAD reste soumis à des contraintes étroites, mais le PLD travaille depuis trois décennies à les desserrer, et il a procédé en juillet 2014 à une « réinterprétation officielle » de l'article 9 qui l'a vidé en partie de sa substance.

L'Article 9 de la Constitution japonaise

Chapitre II. Renonciation à la guerre
Art. 9.
9-1. « Aspirant sincèrement à une paix internationale fondée sur la justice et l'ordre, le peuple japonais renonce à jamais à la guerre en tant que droit souverain de la nation, ainsi qu'à la menace, ou à l'usage de la force comme moyen de règlement des conflits internationaux.
9-2. Pour atteindre le but fixé au paragraphe précédent, il ne sera jamais maintenu de forces terrestres, navales et aériennes, ou autre potentiel de guerre. Le droit de belligérance de l'État ne sera pas reconnu. »

Les deux passages soulignés ne figuraient pas dans la première version du texte rédigée par les Americains. Ils ont été rajoutés lors des débats à la Diète japonaise. Il en résulte que la renonciation à l'usage de la force n'est pas absolue, et donc que l'engagement à ne pas maintenir de forces armées ne l'est pas non plus. Le Japon peut légalement en posséder dans d'autres buts que « régler les conflits internationaux » – et notamment pour assurer son autodéfense, ce qui constitue un droit imprescriptible reconnu à tous les pays tant par la Charte de l'ONU que par le droit international.

Les débats en cours sur l'article 9 depuis les années 1980 portent sur trois interprétations de la notion d'autodéfense.
L'autodéfense collective permettrait au Japon de participer à la défense de pays avec lesquels il aurait des traités en ce sens, voire simplement de « pays amis », s'ils sont victimes d'une agression « qui mettrait en danger la sécurité du Japon » au point d'en « menacer l'existence », ou de contribuer à des actions menées par une communauté de nations avec l'approbation de l'ONU afin de faire face à une menace qui les vise collectivement. Cette réinterprétation de l'article 9 a été officiellement adoptée par le gouvernement de Shinzô Abe en 2014.
L'autodéfense préventive permettrait aux forces japonaises de procéder à des frappes en premier sur des bases adverses prêtes à faire feu sur l'archipel. Elle est discutée, mais non adoptée.
Dans une économie mondialisée, *la défense des lignes de communication* vitales pour l'archipel est aussi présentée par certains comme relevant « naturellement » de l'autodéfense.

Du samouraï aux *Jieitai* : un rapport difficile aux gens de guerre

▶ La tradition guerrière qu'on prête aux Japonais est très ambiguë

Qu'on l'appelle *bushi* ou samouraï, le guerrier japonais traditionnel constitue un défi à la raison moderne, car pour lui la manière (de mourir) est plus importante que le résultat (la victoire). Le *Hagakure*, bible du *bushidô*[1], enseigne qu'il n'existe qu'une seule façon de se venger digne de lui : se ruer dans le premier élan de sa rage, fût-ce à un contre dix, et périr s'il le faut, plutôt que de préparer rationnellement son coup – ce pourquoi les célèbres 47 Rônins eux-mêmes ont été critiqués par les puristes. La sentence capitale de l'ouvrage proclame : « La voie du guerrier, c'est la mort ». Le samouraï vit pour être tué, ou se tuer ; la victoire, toujours éphémère, est secondaire. La survivance de cet esprit prémoderne chez les cadres de l'armée de terre nippone a beaucoup contribué aux aberrations qui ont conduit des centaines de milliers de leurs hommes à une mort inutile dans des charges-suicide désespérées, et leur pays à la défaite. D'un point de vue géopolitique, « l'esprit samouraï » a ainsi beaucoup nui au Japon moderne. Et c'est à la marine, arme technique et moderne qui ne le partageait pas, que les forces impériales ont dû leurs plus incontestables victoires (Tsushima et Pearl Harbour).

À l'époque d'Edo, loin d'être admiré, le *bushi* était haï par la population à la mesure de la crainte qu'il inspirait, et sa condition assez souvent misérable ne faisait pas rêver. Avoir réussi à propager « l'esprit samouraï » à tout le pays, sous forme de zèle sacrificiel à la guerre ou au travail, est l'une des plus remarquables réussites du régime de Meiji dans son entreprise de construction nationale. La reconversion du guerrier emblématique en héros sans peur et sans reproche, ni irrationnel, ni suicidaire, est un bel apport des séries télévisées à la mythologie du « corps national » [voir chapitre 3, I, 1]. Mais la réalité est que les Japonais n'ont jamais aimé la guerre d'amour et qu'après 1945, l'armée leur est devenue pour longtemps odieuse.

▶ L'armée, mise au ban de la nation, a été repêchée grâce à la guerre de Corée

Dès le lendemain de la défaite, l'armée fut désignée aux Japonais comme bouc émissaire, en la personne des généraux de l'armée de terre, qui ont fourni sept des huit pendus du procès de Tôkyô. Cela permit aux autres élites de se dédouaner et aux Américains de protéger Hirohito, qu'ils jugeaient indispensable pour maintenir la population dans la soumission. Les Japonais se laissèrent d'autant plus volontiers convaincre que militaires et policiers avaient rudoyé la population tout au long des années 1930, emmené plus de 2 millions de conscrits se faire tuer, et fait vivre l'enfer à 7 millions d'autres.

L'immense majorité applaudit donc quand l'article 9 de la Constitution de 1947, rédigée par les Américains, supprima les forces armées. La paternité de cette mesure est attribuée au général MacArthur, commandant des forces d'occupation. Mais il ne s'opposa pas au tour de passe-passe des parlementaires nippons qui ouvrit une brèche dans le texte lors du débat à la Diète. Dans le contexte créé par la guerre de Corée, il ne fallut que trois ans pour reconstituer une police nationale de réserve de 75 000 hommes, puis en faire une Force de

---

1. La voie (*dô*) du guerrier. Compilé au début du XVIIIe siècle, ce sont le régime de Meiji et le régime militariste qui lui ont donné une large diffusion.

sécurité dotée d'une marine et d'une aviation, et encadrée par des officiers venus de l'ex-armée impériale, qui devint en 1954 les FAD, dotées de 180 000 hommes. Les Américains auraient voulu beaucoup plus ; mais les dirigeants japonais arguèrent, avec prudence et une certaine ironie, que la nation était massivement attachée à la clause pacifiste.

▶ **Les FAD restent prisonnières d'une quadruple contrainte : l'opinion, les jeux politiques, la Constitution et la tutelle américaine**

L'attachement de l'opinion à l'article 9 était d'autant plus grand que la classe politique unanime glorifiait un « Japon épris de paix » (*heiwa wo ai suru Nihon*), revenu à jamais de ses errements militaristes. Le PLD comptait autant de « colombes » que de « faucons » et, l'eût-il voulu, il ne pouvait pas réviser la Constitution faute d'une majorité suffisante. Il prit donc le parti très pragmatique de flatter le tropisme pacifiste de l'opinion quand le besoin s'en faisait sentir. Cela le mena à ajouter à l'article 9 quatre contraintes volontaires très lourdes : la non-exportation de matériels militaires (1967), la non-utilisation de l'espace à des fins militaires (1969), les trois principes non-nucléaires[1] (1971) et la limitation de son budget de défense à 1 % du PIB (1976) – sous formes de simples déclarations de principes plutôt que de lois.

Le Traité de sécurité avec les États-Unis (1951) permettait aux dirigeants nippons de surenchérir de pacifisme sans risque, et de limiter strictement la mission des FAD (et les coûts afférents) à la défense des frontières au sens le plus étroit. Les forces japonaises étaient formatées presque uniquement pour repousser un débarquement soviétique à Hokkaido. Interdites de sortie du territoire national, elles ne devaient donc disposer d'aucune capacité de projection : ni missiles, ni bombardiers, ni avions et navires gros porteurs, ni ravitailleurs en vol, ni porte-avions. Les FAD avaient de gros muscles (un millier de chars lourds, plus de trois cents avions de combat), mais pas de jambes, ni même d'yeux, car elles se reposaient sur leur allié américain pour le renseignement. Le traité de sécurité était ainsi par lui-même un obstacle majeur à la reconstitution d'une forte capacité militaire japonaise. Les pays d'Asie – y compris la Chine communiste – l'avaient bien compris, et y voyaient le « bouchon » (*cap on the bottle*) qui empêchait le mauvais génie du militarisme nippon de sortir de la bouteille où on l'avait enfermé après 1945.

Le retour progressif du Japon vers le *hard power*

▶ **Depuis les années 1980, le Japon accroît continûment sa capacité militaire dans un monde devenu plus dangereux**

La volonté de lever les contraintes pesant sur les FAD a été stimulée par trois éléments. Dans les années 1980, le *Japan bashing* a mis en lumière le fait que l'Archipel dépendait pour sa sécurité d'un pays où il n'était pas aimé. Dans les années 1990, la fin de la Guerre Froide a fait naître le spectre d'un rapprochement entre Washington et Pékin aux dépens de Tôkyô, et la première guerre du Golfe (1990-91) a mis en lumière l'isolement du Japon pacifiste dans un monde où la fin du système des blocs – au contraire de ce qu'on avait un moment voulu espérer – donnait libre cours à la multiplication des conflits armés. Depuis le début du

1. Ne pas fabriquer d'armes nucléaires, ne pas en acquérir et ne pas en laisser entrer sur le territoire national.

siècle, la Corée du Nord est devenue un foyer d'instabilité de plus en plus menaçant, la Russie remet en état sa flotte d'Extrême-Orient, et la Chine multiplie les épreuves de force sur le théâtre maritime. Dans le même temps, l'effondrement de la gauche japonaise et l'inquiétude croissante de l'opinion ont créé les conditions politiques sinon d'une révision, du moins d'une « réinterprétation » de la Constitution.

Les FAD ont aussi beaucoup gagné en popularité. Des mangas et des films sont produits à leur gloire, elles peuvent poser des affiches dans le métro pour recruter sans que personne n'y trouve à redire, et les badauds contemplent placidement les batteries de missiles anti-missile Patriot disposées dans le quartier des ministères à chaque gesticulation balistique de Pyongyang. La catastrophe du 11 mars a aussi permis aux FAD de démontrer dans les opérations de secours une efficacité qui a encore accru leur cote dans l'opinion.

L'encadré ci-après retrace la transformation des FAD depuis Yasuhiro Nakasone, premier « faucon » avéré à diriger le gouvernement depuis les années 1950. Aujourd'hui, les contraintes volontaires sur la non-utilisation de l'espace et la non-exportation de matériels militaires ont été supprimées ; la limitation du budget de défense ou la possession de l'arme nucléaire ne sont plus des sujets tabous. L'article 9 est interprété d'une manière de plus en plus large. Les FAD ont été successivement autorisées à opérer hors de l'Archipel pour des missions onusiennes de maintien de la paix, pour apporter un soutien logistique aux forces américaines en cas de « crise régionale menaçant la sécurité du Japon », ainsi qu'à des opérations anti-terroristes menées par des coalitions internationales même sans autorisation de l'ONU, et pour des opérations internationales contre la piraterie au nom de « l'autodéfense » des communications vitales pour l'Archipel. En 2014, un grand pas a été franchi en accordant au Japon le droit à l'« autodéfense collective », en attendant peut-être celui à l'« autodéfense préventive ».

L'envoi des FAD hors de l'archipel reste soumis en principe à des limitations drastiques. Au plan politique, la Diète doit l'approuver dans les 20 jours, et ne le fait que pour des durées limitées. Au plan technique, ces missions ne doivent jamais constituer « un usage de la force », ni même « une menace d'en user » ; les armes légères des FAD ne doivent donc leur servir qu'à se protéger d'une menace imminente, et le soutien logistique apporté à des forces alliées doit être « sans relation avec des opérations de combat ». Mais ces contraintes sont soit irréalistes[1], soit de plus en plus souples : les bâtiments japonais opérant depuis 2009 contre les pirates somaliens [voir chapitre 9, I, 3] ont reçu le droit d'ouvrir le feu « pour l'accomplissement de leur mission ».

▸ Nouvelles priorités stratégiques, nouveaux armements, nouveaux partenaires

Les menaces qui pèsent sur le Japon sont aujourd'hui clairement identifiées. La perspective d'une attaque sur l'archipel lui-même a disparu, sauf sous forme d'un missile errant venu de Corée du Nord ou d'un assaut balistique lancé par la Chine : le système de défense antimissile de théâtre en projet avec les États-Unis étant très loin d'être opérationnel, et peu fiable face à une attaque massive sur un pays aussi vulnérable et proche des bases de lancement chinoises que le Japon, celui-ci compte essentiellement sur la dissuasion américaine

1. Cas d'école : le carburant livré par la flotte japonaise aux forces de la coalition en Afghanistan entre 2001 et 2007 était censé ne jamais être utilisé pour des missions de combat – Tôkyô se contentant de l'affirmation qu'il en était bien ainsi.

pour s'en protéger. Le principal danger immédiat est un coup de force contre l'un des îlots disputés avec la Chine ou dans les zones maritimes contestées : Tôkyô entend être en mesure d'y faire face par lui-même, et donne la priorité au renforcement de sa marine. À plus long terme, la volonté non dissimulée de la Chine d'établir sa suprématie sur les mers asiatiques fait peser une menace globale sur les lignes de communication vitales pour l'Archipel. Au pire, la stratégie chinoise pourrait déboucher sur un affrontement de type A2/AD (*Anti-Access/Area Denial*) visant à interdire à la VIIe flotte américaine l'accès au théâtre maritime tout le long de la côte chinoise jusqu'au-delà du Japon. Dans un affrontement de ce type, les forces chinoises compenseraient leur infériorité sur mer en combinant des frappes balistiques terre-mer, air-mer et mer-mer, un rempart de mines et de sous-marins, et l'usage d'armes antisatellites et de cyber-attaques pour aveugler l'adversaire et perturber sa chaîne de commandement.

Dans la perspective de ces possibles conflits, le Japon a conclu des accords de sécurité avec les pays qui partagent ses inquiétudes (Vietnam, Inde, Australie), et espère à terme rallier l'ASEAN dans son ensemble. Nous y reviendrons au chapitre 9. Ses forces armées se sont dotées d'une capacité maritime et aérienne de projection à distance, y compris des porte-hélicoptères qui ont presque tout de porte-avions ; il n'y manque plus qu'une flotte de missiles. Elles ont aussi beaucoup accru leur mobilité, sacrifiant des centaines de chars lourds au profit d'hélicoptères de combat, de blindés légers et d'hydroglisseurs de débarquement, et des milliers de biffins pour des commandos de type *US Marines*. Nonobstant sa Constitution, l'Archipel possède aujourd'hui l'une des armées les plus puissantes de la planète.

La transformation des forces armées japonaises et de leurs missions

1982 Le « faucon » Yasuhiro Nakasone devient Premier ministre.

1983 Assouplissement du principe de non-exportation de matériel militaire au profit de la coopération avec les États-Unis pour la défense antimissile de théâtre.

1985 Le budget de Défense dépasse la limite de 1 % du PIB (de 0,1 %).
Accord avec Washington pour la production de missiles Patriot au Japon.

1986 Création d'un Conseil de sécurité interministériel. Il ne sera jamais opérationnel.

1987 Le Japon ambitionne de développer un avion de combat, mais doit se résoudre à coopérer avec les États-Unis pour produire le (très médiocre) Mitsubishi F2.

1988 Accord avec Washington pour adapter le système d'armes Aegis aux destroyers lourds japonais.

1991 Contribution de 10 milliards de dollars à la guerre du Golfe et envoi de navires de déminage après la fin du conflit.

1992 Loi autorisant les FAD à participer aux opérations de maintien de la paix de l'ONU.

1996 Extension du traité de sécurité aux crises « à proximité du Japon ».

1998 Un missile nord-coréen survole l'archipel.

1999	Les FAD ouvrent le feu pour la première fois (sur un bâtiment nord-coréen).
2000	Le Japon propose un accord régional pour combattre la piraterie en Asie.
2001	Loi autorisant les FAD à soutenir « sans lien avec des opérations de combat » des coalitions internationales. Débats sur la notion « d'autodéfense collective ». La marine nippone ravitaille en carburant les forces de la coalition en Afghanistan.
2003	Loi sur les mesures d'exception, pour faciliter le déploiement et l'action des FAD dans l'archipel en cas de péril national.
2004	La RPC est qualifiée de « danger » par le livre blanc de la Défense. Six cents hommes des FAD en « mission humanitaire » en Irak (jusqu'en 2006).
2005	Nouveau Programme de Défense à cinq ans : priorité à la mobilité des forces.
2006	Mise en œuvre de l'accord sur la lutte contre la piraterie en Asie (ReCAAP).
2007	L'agence de Défense devient un ministère.
2008	Loi-cadre sur l'espace autorisant les satellites d'observation militaires.
2009	Une frégate japonaise participe à la lutte contre la piraterie au large de l'Afrique. Nouveau programme de Défense à cinq ans : priorité à la marine. Entrée en service du premier DDH (destroyer « porte-hélicoptères ») Fin de la mission de ravitaillement des forces de la coalition en Afghanistan.
2010	Examen de la question de « l'autodéfense préventive » au sein du PLD.
2011	Première base militaire à l'étranger depuis 1945 (surveillance aérienne, Djibouti). Décision d'acquérir le F-35 américain, y compris sa version VTOL (pour la marine). Les États-Unis annoncent le « basculement » de leurs forces vers l'Asie.
2012	Le budget de Défense du Japon devient le 4e du monde. Intégration des états-majors opérationnels japonais (Air et Mer) à ceux du commandement américain pour le Pacifique.
2013	Création d'un Conseil national de sécurité calqué sur celui des États-Unis, et qui centralise le renseignement. Une loi organise la répression de la divulgation des « secrets d'État ».
2013	Renforcement du déploiement des FAD dans la zone des îlots Senkaku.
2014	Réinterprétation officielle de l'article 9 : adoption du principe de « l'autodéfense collective ». Abandon du principe de non-exportation d'armements. Premier contrat pour des équipements divers avec le Qatar, la Grande-Bretagne, l'Inde et les États-Unis ; démarchage des pays de l'ASEAN et de l'Australie.

L'armée japonaise aujourd'hui

Les FAD sont l'une des premières armées du monde mais le Japon préserve encore son aura pacifiste

En termes de dépenses militaires globales[1], les États-Unis sont hors-concours avec 682 milliards de dollars. En 2012, le Japon se classait au cinquième rang mondial avec 59,3 milliards, quasiment à égalité avec le Royaume Uni (4e) et la France (6e). Il avait augmenté ses dépenses de 28 % depuis 2008, dépassant ainsi la France et l'Allemagne qui diminuaient les leurs[2]. Mais il avait perdu beaucoup de terrain sur la Chine, qui avait doublé les siennes à 166 milliards de dollars, et sur la Russie (91 milliards). Mais le budget militaire nippon n'est pas dépensé très efficacement, car il est grevé par de lourdes dépenses de personnel (salaires, retraites) et par le coût très élevé des armements achetés dans l'Archipel.

En termes d'effectifs, les forces actives du Japon (242 500 hommes) sont inférieures à celles de la France (469 000), égales à celles de l'Allemagne et supérieures à celles du Royaume-Uni, mais incommensurables à celles de la Chine (2,2 millions) et des États-Unis (1,58 million). Les FAD ont longtemps eu des difficultés à recruter en raison de leur faible prestige, mais leur popularité croissante et la crise ont amélioré la situation.

Il faut toutefois souligner que le pourcentage des effectifs militaires au Japon par rapport à la population active (1,8 %) est l'un des plus faibles du monde, tout comme celui de ses dépenses militaires par rapport à son PIB (officiellement 1 %). C'est l'une des raisons qui le font figurer, sur les indicateurs qui mesurent le caractère « pacifique » des pays de la planète, devant des pays généralement considérés comme épris de paix (Suède, Danemark) ou neutres (Autriche, Suisse). Il est 3e sur le *Global Peace Index* du SIPRI et 117e des 138 pays classés sur l'index de militarisation du BICC[3].

La balance des forces avec la Chine pourrait ne pas évoluer à terme en faveur du Japon

Compte tenu de la position archipélagique du Japon, et si l'on considère que la dissuasion américaine neutralise la supériorité chinoise en matière nucléaire, la balance des forces entre le Japon et son principal adversaire se joue sur mer et dans les airs.

En 2012, l'armée de l'air japonaise alignait 260 avions de combat multi-rôles, plus 80 en voie d'obsolescence. Son principal appareil est le F-15 américain, qui date des années 1980. Le plus récent est le très médiocre F-2 en service depuis 2000, dont le remplacement par le F-35 américain est déjà programmé mais soumis à de nombreux aléas. À titre de comparaison, la France aligne pour sa part 226 appareils de combat, dont la majorité est de la génération F-15 mais dont les récents Rafale sont très supérieurs au F-2. La Chine dispose déjà de 440 appareils de la génération Rafale, en sus d'un millier d'autres plus ou moins

1. La comparaison des dépenses militaires est grevée de lourdes incertitudes, car certaines d'entre elles (pensions de retraites, R&D à usage militaire) sont comptabilisées ou non selon les pays. Les chiffres retenus ici sont ceux du *Stockholm International Peace Research Institute* (SIPRI). Ils sont toujours supérieurs aux budgets officiels (d'environ 15 % dans le cas du Japon).

2. En 2013, les dépenses militaires du Japon exprimées en dollars ont brusquement diminué de 10,7 milliards, ce qui l'a ramené au 8e rang mondial. La seule raison est la très forte dépréciation de la devise japonaise. En yen, le budget de défense a augmenté.

3. *Bonn International Center for Conversion*. Le classement se fait en ordre décroissant, les trois pays les plus « militarisé » du monde étant Israël, Singapour et la Syrie.

obsolètes. À partir d'aéroports situés en RPC, ils peuvent opérer depuis la mer du Japon jusqu'à celle de Chine du Sud, alors que les avions japonais décollant de l'archipel doivent se ravitailler en vol pour opérer au-dessus de cette dernière. Toutefois, les appareils de combat américains stationnés à Okinawa (130) et embarqués sur les porte-avions la VIIe Flotte (215) contrebalancent cette supériorité aérienne théorique de la Chine sur le Japon.

Les forces navales sont vitales pour l'Archipel. Elles alignent en surface 83 bâtiments de combat totalisant quelque 350 000 tonnes (France : 170 000), auxquels s'ajoutent plus de 450 garde-côtes, dont les plus gros fort bien armés, qui dépendent du ministère des Transports. Les fleurons de la marine japonaise sont ses six destroyers lourds équipés du système Aegis de défense anti-aérienne et anti-missile, ses quatre « destroyers porte-hélicoptères » (DDH) et ses trois bâtiments de transport de la classe Osumi. Les premiers peuvent détecter et traiter simultanément plus de 200 cibles à 200 miles de distance. Le plus récent DDH, bien qu'il ne soit officiellement qu'un porte-hélicoptères, est tout à fait comparable aux porte-avions britanniques, espagnol, italien et australien conçus pour déployer des STOVL[1], dont le Japon pourrait disposer dans quelques années avec la version navale du F-35. Les Osumi sont des bâtiments de transport et de débarquement de 14 000 tonnes en charge. L'ensemble peut former plusieurs *task forces* capables de faire face à des coups de main sur les îlots contestés au Japon, et d'y mettre à terre des commandos et du matériel lourd pour déloger un ennemi déjà débarqué. L'Archipel abrite en outre 11 puissants bâtiments de combat de la VIIe Flotte, pour plus de 200 000 tonnes.

La Chine n'a plus de tradition navale de haute mer depuis le XVe siècle. Elle dispose sur le papier de 500 bâtiments de combat. La plupart sont de très petit tonnage, mais elle possède aussi un porte-avions et ambitionne d'en ajouter trois. Elle aligne 17 destroyers lance-missiles, dont les quatre plus puissants (classe Sovremenny) peuvent rivaliser avec les Aegis japonais. Elle mise beaucoup sur les sous-marins d'attaque, peu coûteux et faciles à mettre en œuvre : elle en aligne une quarantaine, dont bientôt six à propulsion nucléaire, face à seulement 16 sous-marins nippons (10 en France). Sa capacité à mener des débarquements, forgée pour un éventuel assaut sur Taiwan, est considérable. Surtout, comme nous l'avons vu, la géographie peut permettre à la Chine de mener une bataille A2/AD sur le théâtre maritime à partir de sa façade continentale. Combiné au développement rapide de sa marine de haute mer et de son aéronavale, cet avantage stratégique permet à Pékin d'espérer pouvoir un jour effacer celui dont disposent aujourd'hui le Japon et les éléments de la VIIe Flotte qui y sont stationnés.

En dernier ressort, les matériels comptent toutefois moins que la capacité à les mettre en œuvre : entraînement des hommes, efficacité des communications et du commandement. Sur ce point, l'extrême professionnalisme des FAD donne sans doute une certaine supériorité au Japon, face à une armée chinoise pléthorique, dont beaucoup de cadres semblent plus préoccupés de faire des affaires que de se préparer au combat, et dont certains sont corrompus. Mais à terme, un facteur pourrait faire pencher la balance des forces en faveur de la Chine : à la différence de Tôkyô, Pékin peut développer et mettre massivement en

1. Avions à décollage très court (*short take-off*) et atterrissage vertical (*vertical landing*).

service de nouveaux matériels sans être contraint par les considérations politiques et budgétaires, ni par les diktats d'un allié trop puissant.

Nous reviendrons dans les deux derniers chapitres de cet ouvrage sur la relation qui unit l'Archipel aux États-Unis, dont le traité de sécurité est la pierre angulaire. Elle ne suffit plus aujourd'hui pour permettre au Japon de faire l'impasse sur le *hard power*, mais elle ne facilite pas son redéploiement dans ce domaine. Elle lui offre une dépendance trop confortable pour qu'il songe à s'en affranchir, mais qu'il paye de l'asservissement de sa capacité de défense à celle de son protecteur, de l'incapacité à se doter d'une doctrine propre en la matière, et – en dépit d'un nationalisme épidermique – d'une déperdition de la volonté de se battre, si l'on en croit les sondages selon lesquels 11 % seulement des jeunes Japonais seraient disposés à mourir pour leur pays, contre 71 % des jeunes Chinois (et même 33 % des jeunes Français) [1].

1. Sondage de la Fondation pour l'innovation politique (www.fondapol.org/etude/reynie-2011-la-jeunesse-du-monde-enquete-planetaire/).

7 Des faiblesses mortelles ?

Le Japon peut-il rester compétitif ?

Que l'on puisse aujourd'hui poser la question de la compétitivité du Japon montre à quel point la perception que nous en avons a changé. Il n'y a guère que vingt ans, l'Occident et l'Asie cherchaient dans le « modèle japonais » les recettes de la croissance que le premier avait perdue et dont la deuxième rêvait. Les Japan bashers *des années 1980 lui reprochaient, entre autres, d'être « trop productif » pour que l'économie planétaire puisse s'en accommoder. Désormais, les* Japan passers *le voient comme un pays enfoncé dans un marasme fatal. Pourtant, il occupe toujours une place de choix (9e) dans le* Global Competitiveness Index *(GCI) du* World Economic Forum, *qui fait autorité en matière de compétitivité internationale. Il est encore mieux placé quand on prend en compte la soutenabilité de sa compétitivité au regard des facteurs environnementaux (7e) et sociaux (6e).*

Malgré ce rang toujours flatteur, la compétitivité du Japon apparaît très menacée à moyen terme, en raison de la gravité extrême des deux problèmes majeurs que sont sa dette publique et son affaissement démographique, qui devrait devenir un véritable collapsus d'ici trois décennies – autant dire demain sur l'horizon géopolitique. En outre – comme nous l'avons vu – la cohésion sociale, qui constitue un critère essentiel de la soutenabilité de la compétitivité japonaise, pourrait se défaire sous l'effet du changement de modèle économique.

I. Les facteurs de la compétitivité du Japon

Des facteurs traditionnels, des progrès, des questions

Les principaux éléments utilisés par le *World Economic Forum* pour estimer la compétitivité du Japon sont rassemblés dans les trois tableaux ci-après. Nous avons déjà évoqué nombre d'entre eux. Le volume du marché intérieur et des exportations de l'Archipel, au 4e rang mondial (France : 5e). La qualité de ses infrastructures. L'importance attachée à la R&D. La bonne formation sur le tas de sa main-d'œuvre et son excellent état sanitaire. L'efficacité de l'utilisation de l'énergie par ses entreprises pour la « soutenabilité écologique ». La cohésion de sa société pour la « soutenabilité sociale ».

Le *World Economic Forum* salue aussi la sécurité qu'offrirait l'environnement des affaires au Japon : protection de la propriété intellectuelle et des droits des actionnaires, transparence des décisions, efficacité des conseils d'administration et des audits. Si cela est vrai, la preuve est faite que les réformes des deux dernières décennies dans ce domaine ont porté leurs fruits. En effet, jusqu'aux années 1990, l'environnement des affaires dans l'Archipel était plutôt caractérisé par une gouvernance opaque des entreprises sous la houlette bienveillante de conseils d'administration passifs recrutés en interne, par l'impuissance des actionnaires, la spoliation des inventeurs [voir chapitre 5, III, 3], et parfois le copiage des technologies occidentales. La justice nippone, jugée aujourd'hui indépendante et efficace dans le GCI, était sous-dimensionnée, d'un accès difficile et coûteux, d'une lenteur décourageante et d'une impartialité douteuse à l'égard des entreprises étrangères comme de ceux qui osaient attaquer l'administration. Des progrès ont été réalisés depuis, mais un suivi même superficiel de l'actualité montre qu'il en reste à faire.

Une évolution inverse – vers le moins bon – s'observe pour la qualité des relations sociales au travail. Le Japon doit un flatteur 9e rang (France : 135e sur 148 pays inclus dans le GCI) à la collaboration entre patronat et syndicats pour accroître la productivité [voir chapitre 3, II, 1]. Cette collaboration a culminé en 1990, quand les syndicats liés au parti socialiste ont rejoint leurs rivaux modérés au sein de la méga-centrale Rengô. Mais celle-ci n'a pas pu protéger les salariés contre la crise, en sorte que le taux de syndicalisation a chuté de 30 % en 1980 à moins de 18 % en 2012. Les syndicats ne jouent donc plus aussi bien leur rôle au niveau des ateliers pour stimuler la productivité.

La compétitivité comparée du Japon

	Allemagne	États-Unis	Japon	France	Corée du Sud	Chine
Classement mondial	4	5	**9***	23	25	29
Institutions	15	35	**17**	31	74	47
Infrastructures	3	15	**9**	4	11	48
Environnement macroéconomique	27	117	**127**	73	9	10
Santé Éducation	21	34	**10**	24	18	40
Éducation supérieure Formation	23	7	**21**	24	19	70
Efficacité du marché des biens	21	7	**16**	45	33	61
Efficacité du marché du travail	41	4	**23**	71	78	34
Développement du marché financier	29	10	**23**	33	81	54
Niveau technologique	14	15	**5**	19	22	85
Taille du marché intérieur+ export	5	1	**4**	8	12	2
Business sophistication	3	6	**1**	21	24	45
Capacité d'innovation	4	7	**5**	19	22	30

* Le Japon est classé 7e quand la « soutenabilité environnementale » est prise en compte et 6e avec la « soutenabilité sociale ».

Source : World Economic Forum, *Global Competitiveness Index 2012-2013.*

La compétitivité du Japon : forces et faiblesses

EXCELLENCE
BUSINESS SOPHISTICATION – Qualité du monde de production (1). Place des entreprises dans la chaîne de la valeur ajoutée (2). Qualité (2) et quantité (1) de la sous-traitance. Développement des clusters (7). Contrôle de la distribution internationale (2) et intensité du marketing (9).
INNOVATION – Dépense de R&D (2). Nombre de brevets/hab. (4). Nombre de chercheurs et d'ingénieurs (4). Capacité d'innovation (6). Qualité des centres de recherche (9)
TAILLE DU MARCHÉ – Volume du PIB et taille du marché intérieur (4). Taille du marché extérieur (8).
MARCHÉ DES BIENS – Intensité de la concurrence (1) et faiblesse des abus de position dominante (3). Sophistication de la distribution (1). Sophistication des consommateurs (1).
POINTS FORTS
INFRASTRUCTURES – Rail (1), routes (12), transport aérien (4), téléphonie, Internet (2). *Point faible* : Electricité (34).
MARCHÉ DU TRAVAIL – Coût du travail/productivité (13). Coopération entre l'entreprise et ses salariés (9). Efficacité de la formation sur le tas (4). Faible coût des licenciements (9).
TECHNOLOGIE – Disponibilité des technologies de pointe (14) et capacité des entreprises à les mettre en œuvre (6). *Point faible* : Transferts de technologie (55).
PEUT MIEUX FAIRE
MARCHÉ FINANCIER – *Satisfaisant* : Importance du capital disponible (16). Densité des services financiers et sécurité des transactions. *Points faibles* : Relative difficulté d'accès aux prêts (33). Manque de capital-risque (39).
INSTITUTIONS – *Satisfaisant* : Faible corruption (14). Indépendance de la justice, efficacité de la police. Ethique des entreprises (11) et efficacité des conseils d'administration (19). Protection des investisseurs (19). *Points faibles* : Gaspillage dans les dépenses publiques (52). Poids du crime organisé (62).
ÉDUCATION – *Points forts* : Taux de scolarisation à tous niveaux. Abondance de l'offre de formation. *Points faibles* : Qualité générale de l'enseignement (50) et des écoles de management (86).
FAIBLESSES MAJEURES
ENVIRONNEMENT MACROÉCONOMIQUE – Dette publique (148 et dernier) et déficit budgétaire (144). Conjoncture déflationniste (60).
RÉGLEMENTATION – Poids des règlementations sur l'activité des entreprises (81) et pour en créer (92).
FISCALITÉ – Taux d'imposition sur les profits des entreprises et les échanges (114).
MARCHÉ DU TRAVAIL – Lourdeur des pratiques pour embaucher et licencier(134). Faible emploi des femmes (90).
FERMETURE – Difficulté à attirer les talents (80). Protectionnisme (111), faiblesse des importations (17,8 % PIB / 145) et des exportations (15,7 % / 140) en pourcentage du PIB.

(9) Classement sur 148 pays.

Source : World Economic Forum, *Global Competitiveness Index 2012-2013.*

L'excellence du mode de production et de distribution

Le GCI classe le Japon premier du monde pour la *business sophistication* (France : 21e). Ce critère prend en considération deux éléments. D'une part le degré de développement et de complexité des entreprises et du réseau de leurs sous-traitants, tant pour la production que pour le marketing. D'autre part leur expérience et leur connaissance du marché, combinées à leur avance technologique, qui leur permet d'occuper les activités et les secteurs offrant la plus forte valeur ajoutée, et de se créer des niches innovantes très profitables. Depuis les années 1950, les entreprises japonaises ont montré leur capacité à mettre sur le marché planétaire des produits qui captaient rapidement une large clientèle par leur nouveauté (du poste de radio à transistor au Walkman), par leur rapport qualité-prix et la qualité de leur service après-vente (automobiles, motos, appareils de photo), par leur avance technologique (véhicules hybrides) ou par leur côté attractif au-delà les cultures (Hello Kitty). Même un peu distancé dans le numérique et les NTICs, le Japon se classe au 5e rang mondial pour la capacité de ses entreprises à innover et à intégrer les nouvelles technologies (France : 19e).

En matière de consommation, le Japon arrive en tête du GCI pour le soin que ses entreprises apportent à satisfaire leur clientèle (France : 53e) et pour le niveau d'exigence de celle-ci. En matière de distribution, il combine le dynamisme créé par un très fort niveau de compétition locale (1er) avec la solidité de l'implantation de ses entreprises sur leurs marchés (5e), la qualité et l'intensité de leur marketing (9e) et celle de leur distribution internationale (2e).

Cette excellence à produire, à distribuer et à vendre permet aux entreprises japonaises de se positionner au mieux tout au long de la chaîne de la valeur ajoutée (2e après l'Allemagne ; France : 5e), et leur confère un avantage comparatif important par rapport à tous les autres pays (2e d'un cheveu derrière la Suisse ; France : 15e). Par contre, les services hors distribution et marketing apparaissent globalement sous-performants, à considérer notamment le déficit du Japon dans les échanges dans ce domaine.

Un secteur peu compétitif : les services

	Balance des paiements pour les services							
	Général	Transport	Tourisme	BTP	Finance	Information	Royalties Brevets	Autres
Japon	–	–	–	+	+	–	+	–
États-Unis	+	–	+	+	+	+	–	+
France	+	–	+	+	+	–	+	+
Chine	–	–	–	+	+	+	–	+

– : balance negative / + : balance positive

Source : JETRO (*Japanese Trade Organization*), 2012.

La meilleure place dans le « circuit de production asiatique »

L'Asie est devenue le centre de gravité économique de la planète : en 2011, elle représentait 27 % du PIB mondial calculé aux taux de change courant, et 34 % en parité de pouvoir d'achat (ppp), contre 25,5 % et 30,5 % (ppp) pour l'Union européenne, et 21,5 % pour les États-Unis. Elle est aussi le principal pôle de croissance mondial : depuis le tournant du siècle, la taille de son économie (ppp) a triplé, alors que celle de l'UE n'a augmenté que de 70 % et l'économie américaine de moitié. La région est très avancée dans la mise en place d'une zone de libre-échange : il en existe une entre les pays de l'ASEAN (1995, 2010) [1], et celle-ci a conclu des accords du même type avec la Chine, la Corée du Sud et le Japon, dont l'exécution par étapes se poursuit (celle avec le Japon étant la moins avancée). Ces trois pays veulent en principe compléter cette architecture en créant aussi une zone de libre-échange entre eux ; mais les très fortes tensions entre les deux premiers et le Japon y font obstacle.

Même si les flux financiers abolissent l'espace et si le coût du transport maritime est minime, le Japon tire un important avantage comparatif face à l'Occident du seul fait d'être situé dans cet environnement régional très dynamique. Cela lui permet notamment de profiter au mieux du partage du travail permis par la liberté croissante des échanges, qui aboutit à la mise en place d'un véritable « circuit intégré de production » en Asie, selon l'expression de Claude Meyer [2]. Le Japon est bien mieux placé pour en tirer tout le profit que ses trois compétiteurs régionaux, à commencer par la Chine, en raison de l'avantage qu'il possède sur eux en matière de « sophistication ». Cela lui permet d'occuper une place de choix sur la célèbre *smiling curve* de la valeur ajoutée, dont il occupe les deux très profitables extrémités : conception, développement et design dans l'Archipel, où sont aussi fabriquées les pièces les plus sophistiquées ; fabrication de pièces détachées moins élaborées et pré-assemblage de certains éléments dans les usines japonaises en Asie du Sud-Est ; fabrication des pièces les plus simples et assemblage final dans « l'atelier du monde » chinois ; exportation, commercialisation et service après-vente aux mains des entreprises nippones.

Celles-ci comptent bien maintenir cet avantage comparatif aussi longtemps qu'elles auront une meilleure image, un meilleur marketing et de meilleurs réseaux commerciaux que leurs concurrentes chinoises, et surtout une avance technologique de quelques années. Mais la RPC effectue un effort colossal en matière de R&D, au plan budgétaire mais aussi en envoyant des dizaines de milliers d'étudiants dans les meilleures universités américaines, où les étudiants japonais se font dans le même temps plus rares, et la *business sophistication* des entreprises chinoises progresse d'année en année. Les entreprises nippones devront de plus en plus se cramponner pour rester perchées sur les deux sommets de la « courbe du sourire ».

1. La mise en place effective d'une zone de libre-échange se fait progressivement après la signature de l'accord. La première date est celle de la signature de l'accord, la deuxième celle de sa mise en œuvre plus ou moins complète.

2. *Chine ou Japon, quel leader pour l'Asie ?*, Paris, Presses de Sciences Po, 2010.

La « courbe du sourire », atout du Japon

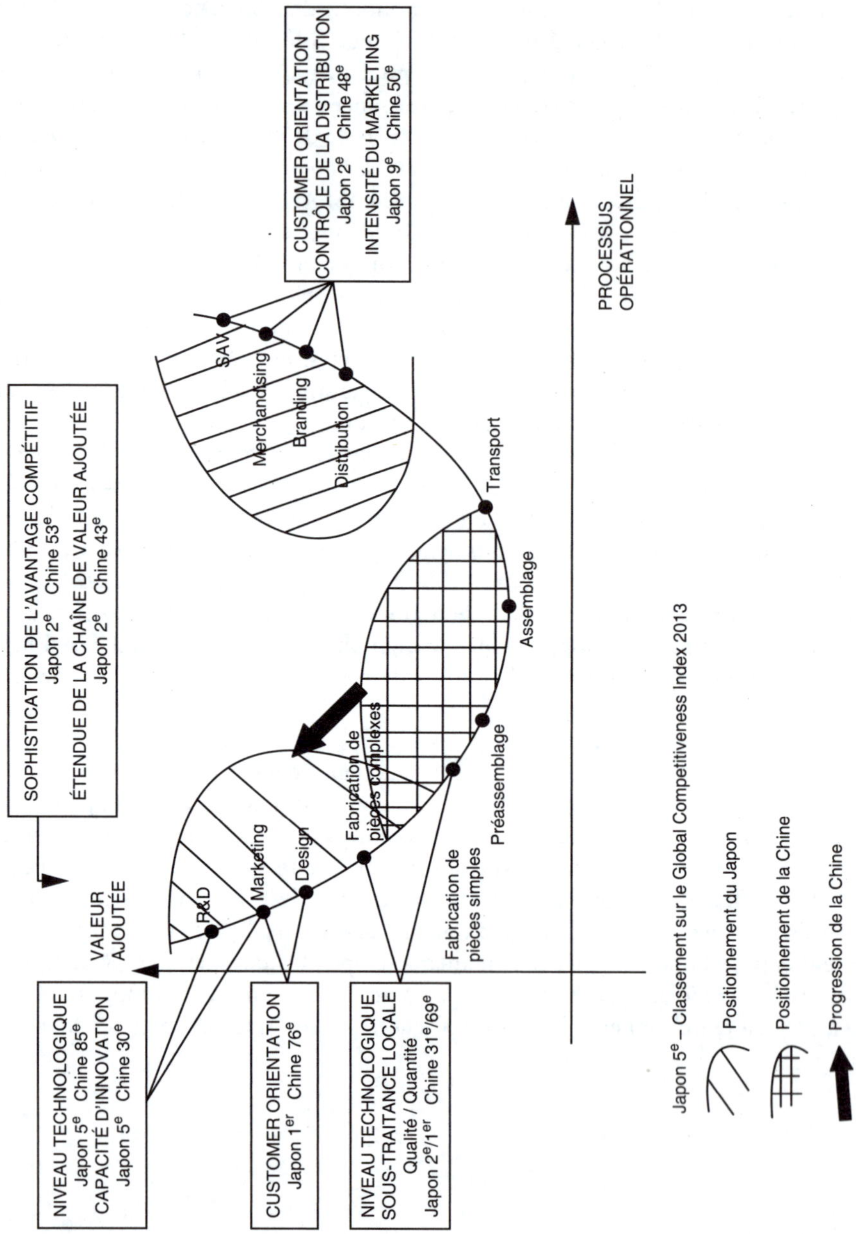

De nombreuses possibilités pour accroître la compétitivité

▶ « Développer pleinement le potentiel de chacun » : *self made men* et système éducatif

Chacun des deux rebonds du Japon après ses « grandes défaites » a vu prospérer les *self-made-men*. Le fondateur de Mitsubishi venait d'une famille de samouraïs ruraux déclassée. Ceux de Matsushita (Panasonic) et de Honda sont des ingénieurs partis de presque rien en 1945. L'espèce a disparu à mesure que le modèle économique d'après-guerre généralisait la concurrence limitée au profit des acteurs en place et que la *kanri shakai* balisait étroitement les parcours sociaux [voir chapitre 3, II, 2]. La crise et les mutations technologiques ont fait reparaître les nouveaux entrepreneurs dynamiques et innovants, essentiellement dans la distribution, Internet, la téléphonie et certaines activités financières. Ils ont nom Tadashi Yanai (Uniqlo, le seul japonais parmi les 100 plus grandes fortunes du monde en 2013), Masayoshi Son (Softbank, dont le père immigré coréen était marchand des quatre saisons) Hiroshi Mikitani (Rakuten) ou Takafumi Horie (Livedoor, aujourd'hui déchu). Le discours officiel fait d'eux les héros d'un Japon nouveau où chacun doit « développer pleinement tout son potentiel personnel ». Mais le dynamisme des créateurs d'entreprises innovantes est encore bridé par la lourdeur des procédures nécessaires pour créer une entreprise (91e ; France : 27e) et par la difficulté de trouver des financements bancaires ou fournis par du capital-risque (23e ; France : 33e)

Un autre obstacle est le système éducatif, dont nous avons évoqué certaines faiblesses au chapitre 5. Plutôt que le potentiel personnel et la créativité, il tend encore à privilégier l'accumulation passive des connaissances nécessaires pour remplir les cases des QCM, et l'*ijime* menace en permanence les personnalités trop originales et audacieuses [voir chapitre 3, IV, 3]. Pour la qualité d'ensemble de son système scolaire, le GCI ne classe donc le Japon que 50e (France : 37e), et à un très mauvais 86e rang pour celle de ses écoles de management (France : 5e).

▶ Améliorer la productivité d'ensemble du travail est très possible, mais risqué au plan social

On sera peut-être surpris d'apprendre qu'en matière de productivité d'ensemble du travail, le Japon se classe bon dernier du G7 quelle que soit la manière dont on la mesure. Par travailleur, son score est de 89 contre 109 pour la moyenne du G7 et 134 pour les États-Unis, premiers (2010). Par heure travaillée, de 83 contre 106 pour le G7 et 129 pour la France, première. En valeur, le travailleur nippon moyen ne produit que 19 $ par heure contre 25 $ pour le Français, premier (2013).

Cette très médiocre productivité d'ensemble provient de la présence, à côté de secteurs exportateurs tout aussi performants que leurs concurrents occidentaux, d'une masse de secteurs très sous-productifs que nous avons évoqués aux chapitres 3 et 4 : l'agriculture, la quasi-totalité des services, les travaux publics, la petite distribution, et toutes les entreprises qui ne travaillent que pour un marché intérieur encore bien protégé. Livrer ces secteurs à la concurrence et les restructurer améliorerait statistiquement la productivité d'ensemble du Japon, et donc, en principe, sa compétitivité. Mais en même temps, celle-ci risquerait fort d'être détériorée par la dégradation de la cohésion sociale, ainsi que par le versement de prestations sociales (même minimes) aux millions de personnes privées d'emploi, qui accroîtraient le déficit public déjà écrasant.

Déréglementer et réduire la fiscalité est prescrit, mais également risqué

Trois faiblesses majeures du Japon aux yeux du *World Economic Forum* sont la lourdeur de la fiscalité sur les entreprises (114e ; France : 134e), celle de la réglementation (81e ; France : 130e), et la difficulté à embaucher et à licencier (134e ; France : 144e). C'est oublier qu'une multiplicité de mécanismes (provisions, abattements, dégrèvements) rend le taux maximum de taxation des profits des entreprises aussi théorique au Japon qu'ailleurs. Et déplorer la rigidité du marché du travail peut sembler étrange quand presque 40 % de la main-d'œuvre travaille en intérim ou en CDD, et que le coût moyen d'un licenciement pour l'employeur nippon n'est que de 4 semaines du salaire, ce qui met le Japon au 9e rang mondial (France : 12 semaines, 54e).

Néanmoins, du point de vue néolibéral qui est celui du *World Economic Forum* et dont les plaintes du Keidanren nippon se font régulièrement l'écho, il y a là trois obstacles de principe à la compétitivité. Le PLD a promis de les lever. Mais, comme pour l'amélioration de la productivité, ce que le Japon pourrait gagner en diminuant la fiscalité sur les entreprises et en flexibilisant encore davantage son marché du travail, il pourrait le reperdre en accroissement du déficit public et en diminution de sa cohésion sociale. Or ce sont là deux des menaces qui pèsent le plus sur la compétitivité de l'Archipel – et sur tout son avenir.

II. Trois menaces majeures pour l'avenir

Une dette publique dont le remboursement semble impossible

Un monstre créé par le clientélisme et la facilité politique

Début 2014, le *World Economic Forum* estimait la dette brute de l'État et des collectivités locales japonaises à 240 % du PIB [1], ce qui place l'Archipel bon dernier des 148 pays inclus dans le GCI. Elle pèse sur la compétitivité en stérilisant une épargne captée par des emprunts d'État à peine rémunérés, en poussant la fiscalité à la hausse et en minant le moral des acteurs économiques. Le PLD a commencé à nourrir ce monstre dans les années 1970, en inondant ses clientèles de subventions et de travaux publics afin de préserver son pouvoir. À partir de 1990, sa gestion démagogique de la crise à coups de plans de relance et de baisses d'impôts a précipité les finances publiques dans le gouffre. Depuis 2009, les recettes fiscales couvrent moins de la moitié des dépenses publiques. L'État emprunte chaque année entre 17 et 20 % du PIB. La dette publique en pourcentage du PIB croît dans une proportion moindre, car l'État rembourse chaque année des emprunts précédents qui viennent à échéance. Mais entre ces remboursements et le paiement des intérêts, l'État japonais consacre désormais environ 25 % de ses dépenses (environ 10 % du PIB) au service de sa dette.

Jusqu'ici, il a emprunté à des taux souvent inférieurs à 1 % sur le marché intérieur, où les investisseurs institutionnels n'ont rien à lui refuser et les banques pas grand-chose. Mais quand l'épargne nationale ne suffira plus, les marchés internationaux pourraient lui faire payer le double voire davantage. Pour y échapper, l'État japonais émet de plus en plus d'emprunts

1. Sa dette nette (déduction faite des avoirs de l'État, qui peuvent théoriquement être réalisés pour rembourser) était estimée par le ministère japonais des Finances à « seulement » 135 %.

« super-longs » à 20 ou 40 ans, à des taux toujours aussi bas, et pour les absorber, il a forcé la Banque du Japon à s'engager dans une politique de doublement de la base monétaire[1] (2013). Dans l'économie contemporaine, 40 ans équivalent à une éternité. On approche donc du système de la « dette perpétuelle » inventé par l'État anglais du XVIe siècle, dont le capital n'était pas remboursable mais le paiement des intérêts garanti *ad infinitum* à un taux fixe.

▶ La dette et l'inflation auront-elles un effet positif sur la compétitivité du Japon ?

Nul n'imaginant que l'État japonais puisse un jour rembourser 2,5 fois le PIB de l'Archipel, sa dette est *de facto* « perpétuelle ». Or c'est sur ce système révolutionnaire, comme l'ont montré Fernand Braudel et Paul Kennedy[2], que l'Angleterre a bâti sa domination mondiale, car il lui a permis de financer les deux siècles de guerres qui ont assis sa supériorité alors que la France – notamment – peinait à le faire. Sa dette ainsi structurée s'est avérée soutenable parce que l'inflation réduisait progressivement à rien la valeur des intérêts payés sur les emprunts les plus anciens, cependant que la base monétaire, qui croissait à chaque emprunt grâce à l'usage des billets de banque (autre innovation), nourrissait le commerce et la croissance. Cette activité économique accrue et ce gonflement de la base monétaire augmentaient les rentrées fiscales et entretenaient l'inflation indispensable à ce mode de gestion innovant du déficit public. C'est l'inflation qui a aussi permis aux belligérants de 1914-1918 de se débarrasser des dettes dont le conflit les avait accablées, en ruinant une génération entière d'épargnants. L'Amérique, qui emprunte à toute la planète, peut jouer son dollar à la baisse dans la mesure où elle est sûre que ses créanciers ne se déferont pas de ses Bons du Trésor au risque de déséquilibrer le centre économique du monde. Les États européens, pour leur part, se sont liés les mains par la monnaie unique et (pour l'heure) le dogme de « l'euro fort ».

Le Japon a conservé sa liberté en n'accordant à sa banque centrale qu'une indépendance de façade. En 2013, il a ainsi pu orchestrer une dépréciation du yen qui a atteint 20 % face au dollar et 30 % face à l'euro. Cette opération a revalorisé d'autant les énormes avoirs en dollars détenus par l'État et les investisseurs institutionnels japonais, ainsi que ceux des entreprises japonaises à l'étranger dans les deux devises [voir chapitre 6, I, 3]. En même temps, elle a coincé dans l'Archipel l'épargne des Japonais qui auraient pu vouloir chercher ailleurs une meilleure rémunération, et qui doivent donc continuer à se contenter d'un misérable 1 %, voire moins. Leur spoliation est comme programmée par l'objectif officiel d'une inflation annuelle de 2 %, que le gouvernement entend atteindre grâce au doublement de la base monétaire et au renchérissement des produits importés.

Le résultat de cette politique peut-il être aussi brillant pour le Japon du XXIe siècle que pour l'Angleterre du XVIe ? Il faudra pour cela que l'inflation-spoliation reste socialement supportable, mais aussi que la base monétaire si fortement étendue soit utilisée à redynamiser l'économie plutôt qu'à nourrir le deuxième monstre qu'est une population en voie de diminution et de vieillissement massif.

---

1. Ne pas confondre avec « masse monétaire » (voir p. 68, note 2).

2. Fernand Braudel, *Civilisation matérielle, économie et capitalisme, XVe-XVIIIe siècle*, t. 3 : *Le Temps du monde*, Paris, Armand Colin, 1986. Paul Kennedy, *Naissance et déclin des grandes puissances*, Paris, Payot, 2004.

Un collapsus démographique programmé

LA PYRAMIDE DES ÂGES DU JAPON COMPARÉE

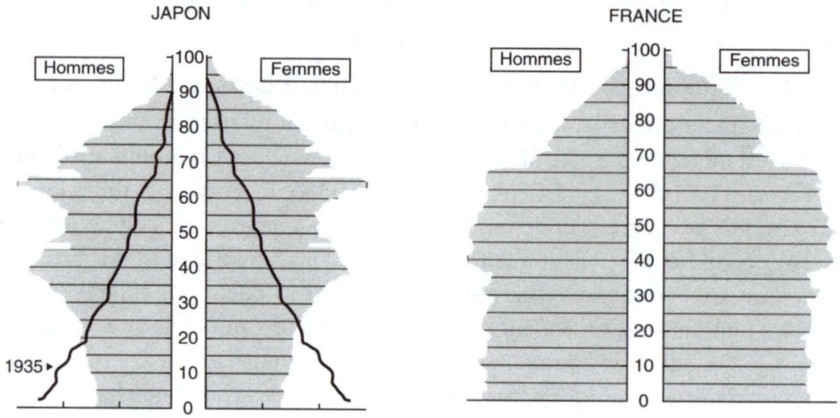

L'ÉVOLUTION DE LA PYRAMIDE DES ÂGES DU JAPON (1960-2060)

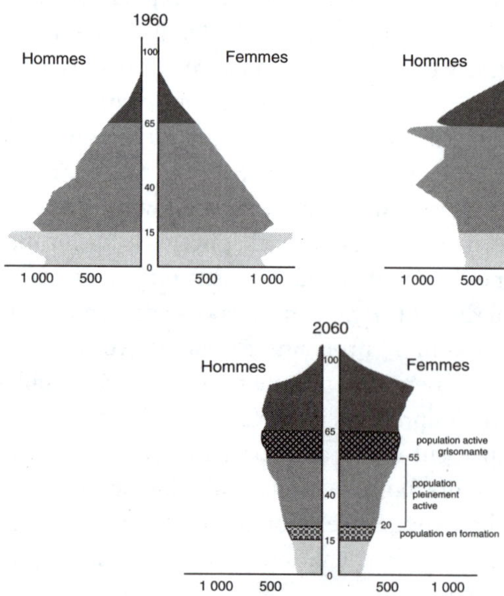

Source : pour 2060, hypothèses intermédiaires des projections démographiques pour le Japon (INPRSS, 2012).

Les hommes ont fait la force du Japon pendant plus d'un siècle après sa réouverture [voir chapitre 1, II, 2]. Aujourd'hui, selon les prévisions officielles dites « intermédiaires » (fondées sur un taux de fécondité moyen de 1,35), sa population, qui a culminé à 128 millions d'habitants en 2010, sera réduite à 87 millions en 2060 [1]. On peut s'étonner que le *World Economic Forum*, quand il estime la compétitivité du Japon, ne semble nullement prendre en compte ce collapsus démographique annoncé.

▶ La prospérité, Confucius et la crise expliquent l'effondrement de la natalité

Comme partout, la natalité a décliné au Japon avec l'accroissement du niveau de vie et de la mobilité sociale, le changement des valeurs et le retard de l'âge du mariage par les jeunes désireux d'en profiter. L'Archipel y ajoutait l'exiguïté et la cherté des logements, le coût très élevé de l'éducation et la faiblesse des aides aux familles. La liberté complète de l'avortement, bon marché et nullement stigmatisé, permet de bien contrôler les naissances. Le taux de fécondité est ainsi tombé sous le seuil de remplacement (2,1 enfants par femme) en 1975. Il a fait de même en France la même année, mais il est toujours resté supérieur à 1,6, puis est remonté autour du seuil de remplacement depuis 2006. Dans l'Archipel, il est tombé sous 1,5 en 1991, puis sous 1,3 en 2005 (1,4 en 2013).

La crise aggrave la situation. Au Japon, traditionnellement, un homme ne se marie pas avant d'avoir un emploi stable. De ce fait, plus de la moitié des moins de 30 ans ne sauraient l'envisager aujourd'hui. Or seulement 2 % des enfants naissent hors mariage (France : 52 %). En outre, les couples mariés hésitent, car ils ont de plus en plus souvent besoin de deux salaires. Or, comme la société tend encore à considérer que la fonction de la femme est celle définie par Confucius – « bonne épouse et mère avisée » (*ryôsai kenbo*) –, nombre d'entreprises continuent à pousser les nouvelles mamans vers la porte. Par la suite, l'éducation de l'enfant, outre son coût, exige de la mère une implication souvent peu compatible avec un emploi régulier. Dans ces conditions, nombre de couples attendent d'hypothétiques jours meilleurs, et les jeunes Japonais sont les moins décidés du monde à fonder un foyer (26 % contre 47 % en France) et à procréer (37 % contre 58 %) [2].

▶ L'entretien des seniors écrasera peu à peu une force de travail grisonnante

Alors que la natalité s'effondrait, la longévité n'a cessé de croître. Elle atteint désormais 84,2 ans pour les deux sexes confondus (France : 81,5) ; seul Monaco fait mieux ! Le Japon vieillit plus rapidement que n'importe quel pays dans l'histoire : il n'a fallu que 36 ans pour que la part des plus de 65 ans dans sa population passe de 7 à 20 % (1970-2006), contre plus d'un siècle et demi pour la France, qui n'y est pas encore (1864-2020). Au beau temps du « miracle » d'après-guerre, 30 % des Japonais avaient moins de 15 ans, 64 % étaient dans ce que les statistiques considèrent comme « l'âge actif » (15-64 ans), et seulement 6 % avaient plus de 60 ans. Quand la population a culminé en 2010, les proportions étaient de 13-64-23. En 2035, elles seront de 10-56,5-33,5. En 2060, elles pourraient être de 9-51-40 !

---

1. Pour l'ensemble des données et des sources : « Pour désamorcer la bombe à retardement de la démographie japonaise », Kenji Shimazaki, http://www.nippon.com/fr/in-depth/a01001/.

2. Sondage 2011. *La jeunesse du monde*. Voir p. 128, note 1.

Cette année-là, compte tenu de l'âge réel du début de la vie professionnelle, seulement 45 % des Japonais devraient être au travail pour pourvoir à l'entretien des autres. En outre, cette population active ne cessera elle-même de vieillir : en 2000, les 50-64 ans en représentaient 36 %, et ils seront 45 % dès 2035. Ces actifs seront donc moins productifs, moins créatifs, moins adaptables aux progrès de la technologie, et probablement moins motivés car écrasés d'impôts et de prélèvements sociaux pour entretenir chacun plus d'un actif. Cette perspective paraît si sombre pour la compétitivité du Japon que le Keidanren, qui y est intéressé au premier chef, préconise ouvertement que « l'aide à la fin de vie choisie » (suspension des soins et assistance au suicide) soit rendue aussi légale et facile d'accès qu'aujourd'hui l'avortement, qui devrait inversement être rendu moins simple.

▸ Quels sont les effets prévisibles du collapsus démographique ?

Cet effondrement semble augurer le pire pour l'économie et la compétitivité du Japon : baisse automatique de la croissance potentielle en même temps que celle de la population active, qui est l'un des éléments pris en compte pour la calculer ; diminution de l'épargne et de la consommation, donc de l'investissement ; pénurie et renchérissement d'une main-d'œuvre dont la qualité diminuera avec l'âge. Les dépenses de santé et de retraite, qui absorbaient 42 % des dépenses de l'État hors service de la dette en 2014, iront en augmentant sans cesse, réduisant d'autant les moyens de l'action publique dans les autres domaines.

Ces dépenses seront sanctuarisées par le poids politique des plus de 65 ans. Ceux-ci représentent déjà près de 30 % du corps électoral ; ils seront presque 40 % en 2035, et 46 % en 2060 – alors qu'au Japon, la participation électorale est minimale chez les jeunes et augmente avec l'âge. On peut attendre de ce corps électoral chenu une résistance croissante aux changements de toute nature, ainsi qu'un repli frileux sur soi accompagné d'un sentiment de déclin. Ce repli nourrira le nationalisme mais diminuera l'envie de risquer des affrontements – pour lesquels les forces armées pourraient d'ailleurs manquer de ressources financières et humaines. La frustration croîtra en conséquence.

Les fractures générationnelles pourraient se creuser. Les jeunes seraient démoralisés ou enragés de vivre dans un hospice géant dont les pensionnaires accapareront les ressources communes. La population au travail s'échinerait à entretenir les uns et les autres, avec pour seule perspective de vieillir en ayant toujours ses parents à charge, dont un ou deux millions seront centenaires, tout en doutant que ses propres enfants puissent (ou veuillent) en faire autant pour elle. Les plus décidés des jeunes et des actifs pourraient préférer l'expatriation, aggravant encore le collapsus démographique.

Le pire n'étant jamais sûr, certains envisagent des évolutions plus positives. Au plan économique et technologique, le développement de nouveaux secteurs dans lequel le Japon se retrouvera en pointe : medtronique[1], biotechnologies et génétique curatives et réparatrices ; domotique centrée sur l'adaptation de la maison et de la ville aux personnes âgées ; technologies permettant le maintien des seniors au travail ; etc. Le Japon acquerra ainsi une spécialisation dont beaucoup de grands pays, vieillissant à leur tour, auront besoin après lui. Les actifs, plus rares, jouiront de meilleures rémunérations et de perspectives professionnelles plus larges. La jeunesse sera choyée ; elle profitera d'une éducation meilleure et plus ouverte sur le monde,

---

1. Informatique et robotique appliquées au domaine de la santé.

grâce à la concurrence entre universités pour attirer une clientèle devenue plus rare, et qui devront s'ouvrir plus au monde pour pallier le manque d'étudiants et d'enseignants. Enfin, les seniors, qui détiennent l'essentiel du patrimoine, devraient avoir à cœur d'en transférer une partie vers leurs enfants et petits-enfants, ce qui renforcerait la solidarité intergénérationnelle.

▸ La relance de la natalité n'est pas vraiment à l'ordre du jour et produirait peu d'effet

Le premier remède semblerait devoir être une politique nataliste. Toutefois, les Japonais paraissent considérer la fertilité comme un phénomène naturel, auquel des mesures artificielles ne peuvent donc pas grand-chose. Les autorités multiplient celles qui ne coûtent rien. Elles encouragent les pères à prendre leur part du labeur que donnent les enfants ; mais moins de 5 % prennent les congés de paternité créés à cet effet. Elles invitent les entreprises à aménager le travail des jeunes mamans au lieu de les pousser dehors, mais sans prévoir aucune sanction. La promesse de crèches en nombre suffisant est rituellement réitérée d'année en année. Mais de moyens financiers, guère. Les allocations familiales ne dépassent pas 15 000 yens[1] par mois et par enfant jusqu'à 15 ans. Aucun abattement fiscal pour enfant à charge n'est accordé tant qu'elles sont versées ; il est ensuite de 710 000 yen[2] par an quel que soit le revenu, mais pour un parent à charge c'est plus d'un million. La sécurité sociale ne consacre que 7 % de son budget à la petite enfance. Elle ne prend pas en charge la grossesse et l'accouchement, au motif qu'il ne s'agit pas d'une pathologie, alors qu'accoucher à Tôkyô coûte un bon million de yens[3], soit quatre mois de salaire moyen. Avec la crise, l'obstacle financier est insurmontable pour les couples mal installés dans la vie.

Au demeurant, que l'État agisse ou pas, les jeux sont déjà faits pour longtemps, car le nombre de femmes en âge d'enfanter diminue d'année en année, à mesure qu'y arrivent des cohortes de plus en plus creuses. Même si la natalité commence à remonter – ce qui ne semble être ni pour demain, ni pour après-demain – il en sera inéluctablement ainsi pendant encore 30 ans (âge moyen du premier accouchement au Japon). En outre, le célibat progresse très rapidement : jusqu'aux années 1990, la quasi-totalité des Japonais se mariaient, mais un quart ou plus de ceux qui sont nés depuis pourraient ne pas le faire faute d'emploi stable, et donc ne feront pas d'enfants, ou très peu. Car au Japon, pas de mariage, pas d'enfant.

▸ Le rêve d'une immigration totalement choisie et contrôlée

L'immigration semble donc être la seule solution, d'autant plus que les populations immigrées sont traditionnellement prolifiques. La Corée, où le taux de fécondité a dégringolé jusqu'à 1,1, s'y est résolue : la population étrangère y est passée de 400 000 à 1,5 million depuis le tournant du siècle. Au Japon, l'ONU a estimé en 2009 que pour maintenir la population active à son niveau actuel d'ici 2050, il faudrait intégrer 600 000 nouveaux immigrants par an, ce qui porterait le pourcentage de la population étrangère à plus de 25 % – une perspective impensable. Les autorités japonaises entendent plutôt augmenter le nombre de femmes qui travaillent, laisser les seniors au labeur jusqu'après 65 ans et multiplier les robots. Elles ne

1. Soit 107 euros début 2014.
2. Soit 5 000 euros : 380 000 yens pour l'impôt sur le revenu et 330 000 pour la taxe d'habitation.
3. Plus de 7 000 euros.

chiffrent donc les besoins qu'à 90 000 immigrés par an. Mais même ce chiffre implique une rupture avec le principe d'immigration zéro qui a jusqu'ici tenu lieu de politique en la matière.

Nous avons vu que le Japon a été une terre d'immigration jusqu'aux VIes siècle de notre ère, et comment le mythe de la pureté ethnique s'y est ensuite imposé. Ce mythe n'a pourtant pas empêché les *zaibatsu* nippons d'importer dans l'Archipel un grand nombre de travailleurs coréens bon marché tout au long des années 1920-1930, avant même que le Japon instaure l'équivalent du service du travail obligatoire imposé en Europe par Hitler. La fermeture à l'immigration date de 1951, quand la guerre en Corée a fait craindre un afflux de réfugiés qui rejoindraient leurs compatriotes déjà sur place, auxquels les autorités d'occupation avaient accordé le droit de résidence permanent pour eux et leurs descendants. Mais cette fermeture a bientôt eu aussi pour objectif inavoué de maintenir une tension du marché du travail qui servait la stratégie politique du PLD. Les plaintes répétées du patronat se sont vu opposer le dogme de la « nation qui tire sa force de sa pureté ethnique », faisant de l'immigration un véritable tabou politique. Jusqu'aux années 1990, outre les cadres expatriés, les étrangers n'étaient autorisés à travailler dans l'archipel qu'à des emplois que des Japonais étaient censés ne pas pouvoir occuper (essentiellement enseignants, cuisiniers, boulangers et prêtres, pour les Français, ou femmes de ménage et « artistes » pour les Philippines). La seule communauté de quelque importance était celle que formaient environ un million de Coréens, dont le Japon ne pouvait pas se débarrasser comme il l'aurait souhaité.

La porte s'est pourtant entrouverte à partir des années 1980, parce que « l'internationalisation » était un mot d'ordre officiel [voir chapitre 6, II, 2] et que les jeunes Japonais n'acceptaient plus les emplois dits « 3K » (*kitanai, kitsui, kiken* : sales, pénibles et dangereux). Depuis 1990, tous les descendants de Japonais (*nikkeijin*) dans le monde ont le droit de venir résider en permanence pour travailler dans l'Archipel, ce qui a permis aux usines et aux chantiers nippons d'embaucher quelque 300 000 Brésiliens sans porter atteinte au mythe national de la pureté ethnique. Depuis 1993, au nom de l'aide au développement, les entreprises japonaises d'une soixantaine de secteurs d'activité peuvent aussi « former » des « stagiaires » venus d'Asie (surtout Chine, Indonésie, Vietnam, Philippines et Thaïlande) pour trois années au plus. Nombre d'entre eux se retrouvent aux travaux 3K ou aux caisses des supérettes, et ceux qui n'y donnent pas toute satisfaction sont renvoyés chez eux au bout de la première année. Cette main-d'œuvre sous contrôle et bon marché est très prisée des entreprises, qui se disputent le contingent annuel réparti entre elles par le ministère du Travail. Les effectifs de ces « stagiaires » (environ 90 000 par an) correspondent aux besoins globaux estimés plus haut par les autorités. L'organisation des Jeux olympiques de 2020 sera l'occasion – sinon le prétexte – d'ouvrir plus largement la porte tout en conservant l'alibi de l'aide au développement : la durée des « stages de formation » devrait être portée à six ans, et les quotas revus à la hausse pour le secteur de la construction, qui serait demandeur de 100 000 à 200 000 travailleurs.

Certains flux d'immigration sont entièrement féminins. Celui des « artistes » philippines, importées par les yakuzas pour les bars à hôtesses, s'est réduit depuis que la crise frappe ces établissements. Il a été relayé par un flux massif dans le secteur des soins aux seniors, et par celui d'épouses recrutées par des agences spécialisées à destination des campagnes où les hommes n'en trouvent plus. La population philippine dans l'Archipel a ainsi quadruplé depuis 1990. En 2011, elle atteignait 209 000 personnes soit 10 % des résidents étrangers, à égalité avec les Brésiliens, après les Chinois (32 %, 674 000) et les Coréens

(26 %, 545 000). Le nombre de ces derniers se réduit régulièrement, car la naturalisation est de droit pour eux s'ils la demandent – autre disposition imposée sous l'occupation.

Malgré ces évolutions, l'ouverture reste timide. Depuis le tournant du siècle, le nombre de résidents étrangers dans l'Archipel n'est passé que de 1,7 à 2,09 millions (+ 22 %), alors qu'il a triplé en Corée. En outre, il diminue depuis 2008, avec le retour de nombreux Brésiliens chez eux pour cause de crise, et la catastrophe de Fukushima a accéléré le mouvement. Les étrangers ne représentent que 1,6 % de la population (deux fois moins qu'en Corée) et seulement 6 % des mariages sont mixtes (10 % en Corée). Il faut y ajouter les clandestins, estimés dans les belles années 1980 à 400 000 personnes, mais dont la crise aurait réduit le nombre de plus de moitié. Un grand nombre sont des Chinois venus « étudier » dans un réseau d'écoles de langue très peu regardantes sur leur assiduité. En l'absence de toute possibilité de régularisation, ils se laissent très volontiers rapatrier aux frais du contribuable nippon une fois amassé un pécule, au rythme de quelque 25 000 par an – qui sont aussitôt remplacés.

Les autorités ont beau invoquer la trilogie « femmes, seniors, robots », elles sont néanmoins conscientes que l'Archipel a besoin de davantage de travailleurs étrangers, notamment des ingénieurs, des informaticiens et autres travailleurs qualifiés. Ni les *nikkeijin*, ni les « stagiaires en formation » ne peuvent répondre à ces besoins. Depuis 2000, la politique officielle est de recenser ces besoins spécifiques et d'y répondre au coup par coup « sans affecter la vie sociale des citoyens japonais ». L'idée est de n'admettre que les travailleurs dont l'Archipel a besoin en nombre et en qualité, en les sélectionnant au départ, en limitant strictement la durée de leur séjour et sans qu'ils puissent être accompagnés d'une éventuelle famille. La solution parfaite semble celle de contrats bilatéraux passés avec certains pays fournisseurs, dont le prototype a été la négociation pour recruter 6 000 infirmières, commencée avec les Philippines et finalement conclue avec l'Indonésie (2007). Mais ce rêve d'une immigration entièrement sélectionnée, contractuelle et temporaire, se heurte cependant à la faiblesse des rémunérations et des perspectives professionnelles offertes à ces travailleurs qualifiés que l'on prétend attirer, ainsi qu'à l'impossibilité d'empêcher que certains n'acquièrent droit de cité en épousant un(e) Japonais(e).

Cohésion ébranlée, jeunesse démoralisée, élites sclérosées

▶ La jeunesse est au cœur du problème de la cohésion sociale

Nous avons déjà vu quelle ressource constituent pour leur pays les Japonais et leur manière de « faire société », et comment elle est aujourd'hui menacée [voir chapitre 3, II, 3 et IV, 3]. Il suffit ici de constater que tous les éléments que le *World Economic Forum* considère comme essentiels à la « soutenabilité sociale » de la compétitivité d'un pays étaient présents au plus haut point dans le Japon des années 1970 à 1990 : bon état sanitaire et système de santé performant, sécurité au sens le plus large, absence de chômage et stabilité de l'emploi, faiblesse des inégalités, mobilité sociale, bonne intégration de la jeunesse. Hormis la qualité du système de soins, tous ces éléments sont en voie de disparition plus ou moins rapide sous l'effet de la crise et de l'affaissement démographique, y compris le bon état sanitaire en raison du vieillissement.

Divers facteurs diminuent l'impact de cette dégradation, notamment au plan politique. Certains sont positifs : la force du sentiment identitaire, la densité des réseaux d'appartenance et de services, le faible niveau de la délinquance. D'autres le sont moins, comme le conformisme et le manque de confiance en soi, si largement répandus. Car si ces traits épargnent la contestation active aux élites et au système politique, ils font aujourd'hui douter que la puissance du Japon puisse être soutenue dans l'avenir par cette « génération perdue » que semble être sa jeunesse.

À en croire le sondage comparatif évoqué plus haut[1], les jeunes Japonais seraient non seulement peu désireux de se reproduire et encore moins de se battre pour leur pays, mais aussi les plus pessimistes, les plus découragés et les moins bien intégrés du monde, et en voie de désertion sociale. Aucun sondage n'est parole d'Evangile, surtout s'il entend comme celui-ci procéder à des comparaisons entre des échantillons appartenant à des cultures et à des sociétés très différentes. Néanmoins, quoi que disent par ailleurs les indicateurs sophistiqués du GCI, le tableau ci-contre invite à se demander si la jeunesse dont dépend l'avenir du Japon pourra maintenir dans l'avenir la compétitivité de sa patrie, notamment face à celle des pays émergents d'Asie.

Une jeunesse démoralisée ?

Frustrés « Êtes-vous satisfaits de... ? »			
	Votre vie dans l'ensemble ?	La situation générale dans votre pays ?	L'époque où vous vivez ?
Moyenne	*77*	*36*	*59*
Chine	71	61	54
Inde	79	47	84
Japon	45*	20*	33*
France	83	25	47

Pessimistes « Êtes-vous d'accord avec les affirmations suivantes ? »			
	Mon avenir est prometteur	L'avenir de mon pays est prometteur	Je suis certain d'avoir un bon travail dans l'avenir
Moyenne	*70*	*44*	*70*
Chine	73	82	85
Inde	90	83	92
Japon	43*	24*	32*
France	63	17	49

1. Voir p. 128, note 1.

Peu confiants en eux-mêmes « Êtes-vous d'accord avec les affirmations suivantes ? »		
	Je peux décider moi-même de ma vie	On peut changer les choses en agissant
Moyenne	*79*	*80*
Chine	85	84
Inde	90	86
Japon	46*	70*
France	72	

Mal intégrés socialement « Êtes-vous d'accord avec les affirmations suivantes ? »			
	Je sens que j'appartiens à la société dans laquelle je vis	Je suis prêt à payer pour les retraites de mes aînés	C'est important pour moi de contribuer au bonheur des autres
Moyenne	*73*	*50*	*86*
Chine	79	77	79
Inde	89	85	89
Japon	64	35*	66*
France	56	50	86

Assez peu patriotes « Êtes-vous d'accord avec les affirmations suivantes ? »			
	Ma nationalité est importante pour mon identité	Ma langue est importante pour mon identité	Je suis prêt à me battre et à mourir pour mon pays
Moyenne	*70*	*76*	*43*
Chine	73	79	71
Inde	93	85	76
Japon	54	63	11*
France	63	76	33

Les chiffres accompagnés d'un astérisque indiquent que les jeunes Japonais se classent derniers ou avant-derniers pour cette réponse (sur 25 pays).

Source : *2011, la jeunesse du monde*, sondage réalisé par la Fondation pour l'innovation politique auprès de 25 000 jeunes de 16 à 29 ans dans 25 pays. Téléchargeable sur http://fondapol.org/etude/2011-la-jeunesse_du monde/

▸ La sclérose et le tropisme passéiste des élites pourraient compromettre un nouveau rebond

Il est aussi permis de se demander si les élites, dont la vision, le leadership et les mots d'ordre sont indispensables à un nouveau rebond du Japon, seront à la hauteur de leur tâche. Celles de l'ère Meiji et d'après Hiroshima ont su tirer un trait sur le passé et donner à la nation l'image d'un nouvel avenir et des moyens d'y parvenir. Elles l'ont fait en s'inspirant du modèle des grandes puissances du moment, mais en insistant aussi sur ce que le Japon devait à son histoire et ce qu'il pouvait en tirer pour son avenir. Bien que divisées par de féroces rivalités personnelles et soumises à une contestation parfois acharnée, ces élites ont su fournir à la nation les figures d'autorité (réelle ou symbolique) auxquelles se raccrocher, à défaut de toujours d'y fier.

Il n'en est plus ainsi. Le Japon n'a plus ni modèle, ni horizon d'attente, ni mot d'ordre national mobilisateur. Ses élites administratives sont sclérosées par leur mode de recrutement [voir chapitre 8, I, 1]. Ses élites économiques aussi, par trop longtemps de concurrence limitée et manque de sang neuf – car si les *self-made-men* ont reparu, mieux vaut pour eux adopter un profil traditionnel, modeste et laborieux. Ceux qui s'affichent par trop américanisés ou qui prennent sur les enjeux nationaux des positions qui déplaisent aux autorités, comme Masayoshi Son sur l'énergie nucléaire, voient au mieux leur voix étouffée, ou peuvent même finir en prison, comme Takafumi Horie, mis à l'ombre pendant deux ans et demi pour une manipulation boursière d'usage courant.

Les élites politiques, dégradées par l'hérédité [voir chapitre 5, I, 2], sont en outre confrontées à l'instabilité et à des médias destructeurs, non pas du système mais des hommes, pour complaire à une opinion qui ne fait plus confiance à ces derniers. Depuis un quart de siècle, un grand nombre d'étoiles ont filé dans le ciel politique nippon, et toutes s'y sont consumées – y compris Junichirô Koizumi, la plus brillante et la plus populaire, dont la tentative de retour en 2014 (lui aussi sur le problème nucléaire) a été un échec cuisant. Dans ce contexte, l'initiative prise dès 1979 par le grand *self-made-man* Konosuke Matsushita en créant un institut dédié à « combattre la médiocrité et la vanité des leaders par une stratégie à long terme », apparaît prémonitoire. Parmi les 248 anciens du *Matsushita Seikei Juku*[1], environ 80 occupaient des positions souvent importantes dans la vie politique en 2011. Mais il n'est pas sûr que ces hirondelles suffisent à faire le printemps.

Le plus significatif de cette dégradation est peut-être l'incapacité des élites à relier désormais la nation japonaise de manière positive à son passé. Elles l'en dégoûteraient plutôt, en se polarisant de manière obsessionnelle sur l'aigre polémique autour des « problèmes historiques » avec la Chine et la Corée [voir chapitre 8, II, 2]. Il peut être contre-productif de faire une question essentielle pour la fierté nationale du refus de reconnaître, entre autres et contre toute vraisemblance, que l'armée impériale a eu si peu que ce soit à voir avec l'envoi de dizaines de milliers de femmes asiatiques dans ses bordels de campagne, ou de prétendre refuser à la Corée le droit d'ériger un mémorial à la gloire du résistant qui abattit le résident-général (gouverneur) japonais en 1909, au risque de se voir rappeler qu'un général

1. En anglais : *Matsushita Institute of Government and Management.*

nippon était à la tête du commando qui assassina la reine de Corée en 1895 dans des circonstances particulièrement ignobles.

Les dirigeants qui nourrissent sans fin ces polémiques douteuses risquent fort de diviser la nation, et la lassent de son histoire jusqu'au dégoût. Ils encombrent l'agenda aux dépens des problèmes économiques et sociaux pressants, empêcheraient toute détente avec ses plus proches voisins à supposer que ceux-ci la désirent, lui aliènent une partie de l'opinion internationale et indisposent jusqu'à son protecteur américain. D'un point de vue géopolitique, cette vision négative et crispée du passé cause au Japon des dommages internes et diplomatiques que ne compensera peut-être pas ce que ces dirigeants espèrent en tirer en termes de « fierté nationale ».

Malgré sa crise, le Japon a su préserver une très forte compétitivité économique, mais celle-ci peut sembler très menacée à terme. Cela risque de lui être d'autant plus dommageable qu'il se trouve aujourd'hui dans un environnement régional beaucoup plus compétitif et moins sûr qu'auparavant. Bien des pays qui ont moins d'atouts que lui et peu ou prou les mêmes problèmes sont d'une certaine façon protégés par leur appartenance à une communauté régionale, même si elle limite leurs options. Le Japon, lui, devra assumer seul son destin.

8 La sécurité, le rang, les passions

Les relations géopolitiques du Japon

Les choix géopolitiques du Japon moderne sont intimement liés aux traumatismes de sa réouverture forcée, puis de sa défaite. Par deux fois, il s'est trouvé menacé de tomber sous la coupe de beaucoup plus fort que lui : d'abord les grandes puissances blanches, puis le communisme à ses portes en URSS, en Chine et en Corée. Il y a répondu par deux stratégies radicalement différentes : proactive et hardie après 1853, en se lançant à corps perdu dans la modernisation pour entrer dans le Club des Grands ; apparemment craintive et passive après 1945, en s'en remettant aux États-Unis. Mais ces stratégies si opposées lui ont été dictées par un seul et même principe : un réalisme sans faille ni états d'âme face à des contraintes insurmontables. Complètement isolé en 1853, il n'avait pas d'autre choix que la maxime suprême du réalisme : « If you can't beat them join them ». *Désarmé en 1945, il ne pouvait que se jeter dans les bras de son puissant vainqueur.*

Quelque forme qu'il ait prise, ce réalisme a toujours été guidé par le même objectif primordial : assurer à tout prix la sécurité de l'archipel pour préserver l'existence de la nation et, au-delà, son « esprit » (wakon)*. Cette notion peut sembler trop peu rationnelle pour s'accommoder du réalisme, mais la force du Japon a été de voir dans son* wakon *quelque chose d'aussi adaptable que résilient, capable de se plier sans se renier aux stratégies les plus opposées. Ainsi, l'extrême préjugé irrationnel nourrit un réalisme extrême, qui réduit les relations géopolitiques du Japon à un exercice très simple dans son principe. Il peut toutefois s'avérer très compliqué dans son exécution, compte tenu de la multiplicité des acteurs qui font la géopolitique du Japon et des passions qu'elle suscite dans une opinion divisée.*

I. Qui fait la politique extérieure du Japon ?

À cette question, on serait tenté de répondre : « Personne ! ». Dans les années 1930, le Japon a été peu à peu entraîné dans un engrenage fatal dont on n'exagérerait guère en disant qu'il a été déclenché par des sous-officiers inspirés par des idéologues de seconde zone, sauf à croire, comme Bergamini, à une conspiration au plus haut niveau autour de Hiro-Hito[1]. À cette époque, « faire la géopolitique du Japon » eût signifié arrêter cet engrenage ; mais nul ne l'a pu ou ne l'a voulu, alors même qu'une bonne partie des élites voyait le danger.

Depuis 1945, la politique extérieure de Tôkyô n'est pas toujours très lisible. De multiples acteurs interviennent dans sa formulation, leurs positionnements sont parfois des trompe-l'œil, des discours idéalistes masquent le réalisme, et le Japon « réagit » à des contraintes extérieures diverses beaucoup plus qu'il « n'agit » en poursuivant un quelconque grand dessein.

1. David Bergamini, *La Conspiration de Hiro-Hito*, Paris, Fayard, 1973.

Professionnels *vs kuromaku*[1]

▶ Le ministère des Affaires étrangères est sous-dimensionné, américano-centré, et a peu de prise sur les choses

Est-ce le signe d'un relatif désintérêt pour les « affaires étrangères » ? Le ministère chargé de ces questions (*Gaimushô*) apparaît sous dimensionné par comparaison avec celui d'une puissance comme la France, qui entend être active dans les affaires du monde. En 2013, il n'employait que 10 800 personnes (14 800 en France). Son budget équivalait à 4,7 milliards d'euros (5,03)[2], et il n'entretenait que 135 ambassades (166), 61 consulats (98) et 8 représentations permanentes à l'étranger (26).

Une autre faiblesse du *Gaimushô* est son mode de recrutement, commun à toute la haute fonction publique nippone. Les aspirants diplomates passent un concours généraliste, commun à tous les ministères, après quatre années d'université, dont à peine trois de « vraies études » [voir chapitre 5, III, 2]. Ils ont donc en début de carrière un niveau équivalent à notre licence, et aucune formation spécialisée. La haute fonction publique offre toujours moins de places qu'il n'y a d'admis au concours[3], et chaque ministère fait son choix parmi ces derniers à l'issue d'entretiens d'embauche. Les Finances et le METI s'adjugent les meilleurs, les autres – *Gaimushô* compris – prennent les restes. Cette procédure laisse une grande place aux relations et privilégie les jeunes semblables aux aînés qui les interviewent. La carrière se fait ensuite à l'ancienneté suivant le « principe ni-3E » : ne pas commettre d'erreur, ne pas se faire d'ennemis, et ne pas briller d'un éclat susceptible d'indisposer ses supérieurs[4]. Il en résulte que les diplomates nippons se sentent souvent plus à l'aise dans leurs bureaux de Tôkyô qu'à l'étranger. En outre, le ministre des Affaires étrangères n'y reste généralement qu'un an et ne dispose pas d'un cabinet à sa main (dans notre Ve République, certains ont duré jusqu'à 6 ans, et ils sont secondés par un nombreux cabinet de leur choix). Il semble donc mal armé pour formuler et mettre en œuvre une vision géopolitique d'ampleur.

Du moins le *Gaimushô* a-t-il une doctrine : la primauté absolue de la relation avec les États-Unis. Sous l'Occupation, l'anglais était impératif pour travailler au ministère, alors que seuls le parlaient des Japonais qui avaient une relation particulière avec les États-Unis ou la Grande-Bretagne. L'auto-recrutement a ensuite perpétué ce tropisme pro-américain des diplomates nippons – qui a frôlé la trahison quand le *Gaimushô* a tout fait pour saboter la normalisation des relations avec l'URSS voulue par le Premier ministre Hatoyama (1954-56), allant jusqu'à informer Washington des secrets de la négociation. En 2009, le PDJ, s'est heurté à la même mauvaise volonté dans ses velléités de « rééquilibrer » les relations avec Washington. Par contre, sur la Chine, la religion du *Gaimushô* a toujours été moins fixée, dans la mesure où celle du PLD lui-même ne l'était pas, et où des personnalités très fortes ont toujours œuvré pour rapprocher Tôkyô et Pékin – la diplomatie ne faisant que suivre.

---

1. Les « couvertures noires ». Nom donné aux marionnettistes cagoulés et entièrement vêtus de noir qui manipulent les grandes poupées du théâtre *bunraku*.

2. Rappelons la relativité de ces comparaisons : au taux de change de 2012, la même somme équivalait à 6,2 milliards d'euros.

3. On peut donc réussir le concours et ne pas être recruté, quel que soit son classement. Ce système permet d'éliminer les personnalités que les bureaucrates recruteurs jugent mal formatées.

4. Voir J.-M. Bouissou, *Quand les sumos apprennent à danser. Le nouveau modèle japonais*, Paris, Fayard, 2003, chap. 3.

L'emprise des diplomates nippons sur le réel est limitée. Ils n'ont guère de ressources à distribuer. Le pactole de l'aide au développement est étroitement contrôlé par les Finances, et il a toujours été âprement disputé aux diplomates par le METI, et même par l'Agriculture, qui entendent en faire profiter leurs clientèles respectives. En l'absence de service de renseignement extérieur, le *Gaimushô* a toujours été tributaire de sources plus ou moins fiables, notamment les grandes compagnies de commerce (*sôgô shôsha*), les journalistes spécialisés et les contacts personnels à l'étranger. Les diplomates ne peuvent guère non plus compter sur les think tanks : le Japon n'en classe que deux parmi les 100 premiers du monde[1] (États-Unis exclus). C'est bien moins que la Grande-Bretagne (17) et l'Allemagne (9), mais aussi moins que l'Inde, l'Afrique du Sud, la Corée et même le Kenya. Consolation ? La France ne fait pas mieux.

Les tentatives pour redynamiser l'outil diplomatique ont eu peu de succès. Le Premier ministre Koizumi (2001-2006), doté d'une vision géopolitique forte, a traumatisé le *Gaimushô* en nommant successivement deux femmes aux Affaires étrangères et en prenant lui-même brièvement le poste. Quelques ambassadeurs ont été choisis hors du sérail, comme Uichiro Niwa, ancien président de la grande *sôgô shôsha* Itochu, nommé à Pékin en 2010. Il en a résulté chaque fois une crise dont le ministère est sorti plutôt vainqueur[2].

▶ Des intermédiaires officieux ont capté certains domaines de la politique extérieure aux dépens des diplomates

L'intervention d'intermédiaires non officiels dans la politique étrangère des États se rencontre un peu partout, à commencer par notre Françafrique. Au Japon, leur rôle a été renforcé par plusieurs facteurs. Les ponts ayant été officiellement coupés avec la RPC jusqu'en 1972, on ne pouvait discuter avec elle qu'en coulisses, comme encore aujourd'hui avec la Corée du Nord. L'épisode des négociations de 1956-1957 avec l'URSS a conduit le gouvernement à se méfier du *Gaimushô*, dont les lourdeurs caractéristiques de la bureaucratie nippone font aussi problème quand les réactions doivent être rapides. La sensibilité extrême de l'opinion sur certains sujets peut imposer la discrétion. Enfin, de manière générale, les élites nippones ont longtemps fait grand usage de *kuromaku* – intermédiaires souvent en odeur de maffia qui opèrent à l'interface entre le monde des affaires, les milieux politiques et les yakuzas.

Dans les relations avec la Chine, un rôle a très tôt été dévolu aux *sôgô shôsha* et à certains dirigeants du Parti socialiste japonais, qui avaient, pour des raisons différentes, leurs entrées dans les cercles du pouvoir à Pékin. Depuis la disparition du PSJ, le relais a été pris par le Kômeitô, le parti bouddhiste allié au PLD, dont Pékin apprécie le tropisme pacifique. Au PLD, les leaders issus du clan de l'ancien Premier ministre Kakuei Tanaka, qui a reconnu la RPC en 1972, jouent pour cette raison un rôle particulier auprès de Pékin, tout comme dans les relations avec la Corée du Nord. Ces dernières ont longtemps été le fief réservé du père spirituel de Tanaka, Shin Kanemaru (1914-1996) : quand un scandale retentissant mit un terme à sa carrière, on trouva dans son bureau du Parlement des lingots d'or dont l'absence de poinçon d'origine dénonçait la provenance nord-coréenne. Et quand le PDJ a accédé au

---

1. L'*Institute for International Policy Studies* (créé par l'ancien Premier ministre Nakasone, boîte à idées des néo-nationalistes) et le *Japan Institute of International Affairs*, qui dépend du *Gaimushô*.

2. Mme Makiko Tanaka, nommée par Koizumi, entra en conflit ouvert avec son administration et fut démise de ses fonctions. M. Niwa le fut pour avoir désapprouvé, dans le *Financial Times*, le rachat des îlots Senkaku par le Japon.

pouvoir en 2009, c'est le fils spirituel de Tanaka, Ichirô Ozawa, secrétaire-général du parti, qui organisa de sa propre initiative le spectaculaire déplacement à Pékin de plus de 140 députés démocrates fraîchement élus.

Tanaka ayant aussi été l'artisan du ralliement de Tôkyô à la cause arabe en 1973, un grand rôle a été joué ensuite dans la politique moyen-orientale du Japon par un autre de ses proches. Les affaires touchant l'Extrême-Orient russe ont longtemps été le fief de Muneo Suzuki, un député indéboulonnable de Hokkaido qui n'hésitait pas à injurier, voire à frapper les fonctionnaires du *Gaimushô* qui n'entraient pas dans ses vues. Les généraux de la junte birmane, dont certains avaient été formés au Japon, ont toujours pu compter à Tôkyô sur un réseau de relations solide. Sans oublier le très puissant et très contesté Ryôichi Sasakawa (1899-1995), figure de proue de l'ultra-nationalisme nippon des années 1930, trafiquant et maître-espion pour l'armée japonaise en Chine, emprisonné pour crime de guerre, remis en selle par la CIA, *kuromaku* de l'unification des conservateurs au sein du PLD en 1955, influent de Pyongyang jusqu'en l'Asie du Sud-Est ; il rêva du Prix Nobel de la paix et fonda la Nippon Foundation, qui œuvre aujourd'hui avec de gros moyens à étendre l'influence japonaise dans les milieux intellectuels de la planète.

L'ère des très grands *kuromaku* a pris fin au milieu des années 1990 avec la disparition de Kanemaru et de Sasakawa. Au demeurant, si puissants qu'aient été certains d'entre eux, les intermédiaires de tout poil n'ont servi pour l'essentiel que d'instruments à ceux qui ont permis au Japon d'après-guerre de suivre une ligne géopolitique claire pendant un demi-siècle : les Premiers ministres.

Le rôle central des chefs de gouvernement

► Les Premiers ministres ont joué un rôle décisif dans les choix géopolitiques du Japon d'après-guerre, selon une ligne bien définie

Le chef du gouvernement japonais ne jouit d'aucun « domaine réservé » en matière de politique extérieure. Il peut engager les forces armées, mais doit obtenir dans les vingt jours l'accord de la Diète, farouchement sourcilleuse sur le sujet. Sa durée de vie est souvent brève. Néanmoins, depuis 1945, toutes les grandes inflexions de la géopolitique de l'Archipel peuvent être attribuées à l'un ou l'autre des Premiers ministres, dont deux ont même laissé leur nom à des « doctrines ». Le PLD, globalement d'accord sur l'importance suprême de la relation avec les États-Unis, a toujours été divisé sur la plupart des autres questions géopolitiques, à commencer par les relations avec la Chine ; cela laisse une marge de manœuvre à un leader doté d'un projet géopolitique fort. En outre, les parlementaires s'intéressent très peu à ce sujet qui, au Japon comme ailleurs, ne rapporte guère de voix. Par conséquent, un Premier ministre qui ambitionne de « faire quelque chose » du temps pendant lequel il est au pouvoir privilégie la politique extérieure.

Shigeru Yoshida (1946-47, 1948-54), en gardant une porte entrouverte vers la RPC après avoir dû reconnaitre Taiwan sous la pression de Washington, a laissé son nom à une doctrine : le Japon doit payer ce qu'il faut pour s'assurer la protection américaine, mais sans jamais perdre de vue ses intérêts nationaux ni insulter l'avenir. Ichirô Hatoyama (1954-56) a défié Washington pour normaliser les relations avec l'URSS, ce qui permit au Japon d'entrer à l'ONU en levant le veto soviétique. Nobusuke Kishi (1957-60) a renégocié le traité de

Sécurité en termes beaucoup plus favorables pour la souveraineté du Japon [voir chapitre 9, II, 2]. La grande œuvre d'Eisaku Satô (1964-72) a été le retour d'Okinawa sous la souveraineté japonaise. Kakuei Tanaka (1972-74) a appliqué avec hardiesses la « doctrine Yoshida » : inquiet du rapprochement entre Washington et Pékin amorcé par le Président Richard Nixon – autre réaliste célèbre –, il a pris les États-Unis de vitesse en reconnaissant la RPC en 1972 ; l'année suivante, il a réagi au premier choc pétrolier en rompant aussitôt avec la politique pro-israélienne de Washington pour sécuriser l'approvisionnement pétrolier de l'Archipel. Toujours au grand déplaisir de Washington, Takeo Miki (1974-76) a érigé en principe la limitation du budget de défense à 1 % du PIB, et multiplié les ouvertures en direction de Hanoi avant même la fin de la guerre du Vietnam. Takeo Fukuda (1976-78) a inclus ce dernier parmi les bénéficiaires de l'aide au développement japonaise, dont il a fait l'outil principal du « Japon utile ». Yasuhiro Nakasone (1982-87), chef de file du néo-nationalisme nippon, a commencé à desserrer les contraintes pesant sur les FAD afin de positionner le Japon comme partenaire des États-Unis plutôt que comme simple protégé.

La géopolitique apparaît donc comme le terrain par excellence sur lequel le chef de l'exécutif japonais peut agir efficacement. Jusqu'en 1990, presque tous l'ont fait en poursuivant le même objectif : défendre les intérêts nationaux vitaux de leur pays face à son trop puissant protecteur, tout en veillant à préserver absolument l'indispensable traité de Sécurité.

▸ Depuis deux décennies, les Premiers ministres oscillent entre coups d'éclat et coups de tabac en matière de diplomatie

À partir de 1990, alors que l'effondrement du système des blocs et le retour de la puissance chinoise bouleversent la scène internationale et l'environnement régional de l'Archipel, la crise politique et économique accapare l'énergie des Premiers ministres nippons. La direction jusqu'alors très claire de la géopolitique du Japon semble se perdre, à mesure que le souci rationnel de l'intérêt national qui la guidait est contrarié par la montée d'un nationalisme à fleur de peau, et que l'instabilité gouvernementale s'installe.

Junichirô Koizumi (2001-2006) révolutionne l'art de mener la politique extérieure du Japon à sa manière populiste [voir chapitre 5, I, 4] : il « fait des coups » qui l'exposent personnellement, et lui profitent dans les médias et l'opinion. Il effectue ainsi deux déplacements-surprise à Pyongyang, en 2002 et 2004, pour négocier face-à-face avec Kim Jong-Il la libération de treize Japonais kidnappés par les Nord-coréens entre 1977 et 1983. Cinq seront rapatriés, mais le sort des autres n'a jamais été éclairci, et ce demi-succès masque mal le fait que Tôkyô pèse très peu dans la gestion globale du dossier nord-coréen, alors même que l'Archipel est à portée des missiles de Pyongyang.

Certains des successeurs de Koizumi ont tenté de l'imiter, à l'exemple de Yukio Hatoyama (2009-2010), premier des trois chefs de gouvernement PDJ qui se succéderont en trois ans. Pour se donner la stature de leader qui lui manque, il choisit le dossier du déplacement de la base militaire américaine de Futenma, à Okinawa – « l'aéroport le plus dangereux du monde », inséré en plein tissu urbain. Dénonçant à l'improviste un accord conclu par le PLD avec Washington pour procéder graduellement, il engagea une confrontation directe avec les États-Unis. N'est pas diplomate qui veut : entre méconnaissance du dossier, désaccords au sein du gouvernement, désarroi face au refus américain de négocier, absence de toute solution de repli, et rétention d'informations au *Gaimushô* et au ministère de la

Défense, Hatoyama dut capituler. Cette humiliation contribua beaucoup à l'échec du PDJ aux élections sénatoriales dix mois après son triomphe aux législatives. Ce sera le début de la fin pour les démocrates, qui iront de fiasco en fiasco en matière de politique extérieure avant de perdre le pouvoir en 2012. Kan Naoto (2010-2011) subira une humiliation quand il cédera à la pression de Pékin en relâchant un chalutier chinois arraisonné après avoir éperonné un garde-côtes nippon aux Senkaku, puis celle de voir le président sud-coréen visiter les îlots Takeshima et son homologue russe les Kouriles – ce qu'ils s'étaient toujours abstenus de faire. Akihiko Noda (2011-2012) se laissera forcer la main par Shintarô Ishihara, gouverneur de Tôkyô et champion du nationalisme nippon [voir chapitre 4, II, 2], en faisant précipitamment acheter les Senkaku par l'État, à la grande colère de la Chine, qui ne cesse depuis de violer les eaux territoriales et l'espace aérien délimités par le Japon autour des îlots.

Les nouveaux acteurs du débat géopolitique

▶ Les mouvements issus de la société civile jouent un rôle croissant, mais encore mineur

Le premier sujet géopolitique qui a mobilisé la société civile japonaise a été celui des armes atomiques. En 1954, la contamination d'un chalutier nippon par un essai nucléaire américain dans le Pacifique provoque une vague de panique et de colère dans tout l'Archipel. Ce mouvement spontané a été capté par la gauche, dont les querelles entre PSJ et PCJ l'ont affaibli. Progressivement, les anniversaires des 6 et 9 août[1] ont été récupérés par le discours officiel sur le « Japon épris de paix ». Néanmoins, le mouvement a été essentiel dans le processus qui a fait de la question nucléaire le tabou le plus solide touchant la politique de sécurité de l'Archipel.

Le mouvement contre les bases américaines n'est organisé de manière permanente qu'à Okinawa. Il rassemble surtout les propriétaires des terres où sont installées les bases. Presque tous refusent de signer les baux de location, laissant le gouverneur se substituer à eux sur ordre de Tôkyô. Ce mouvement symbolique n'est pas exempt de contradictions, car les bases font vivre une partie non négligeable de la population d'Okinawa.

Les années 1980 – celles du « Japon utile » [voir chapitre 6, II, 2] et de l'émergence des préoccupations écologiques – ont vu proliférer les NPO (*non-profit organization*) à sensibilité tiers-mondiste. La plupart sont issues d'initiatives individuelles, de jumelages ou de mouvements de consommateurs. Elles opèrent le plus souvent en Asie et à petite échelle, combattant ici la déforestation, creusant là des puits, organisant ailleurs des échanges équitables. Le choix de l'acronyme NPO plutôt que de NGO (ONG) manifeste le refus de ces mouvements de se placer dans une optique politique d'opposition aux autorités. Cela leur vaut la sympathie de l'opinion, donc celle des médias, et donc un certain degré d'influence. Il peut être risqué de se les mettre à dos, comme en témoigne la chute de Muneo Suzuki, le « boss » des relations avec la Russie en Extrême-Orient, lynché par les médias et lâché par le PLD pour avoir mis son veto à la participation d'une NPO qui lui déplaisait à une conférence au *Gaimushô*.

À l'inverse des petites NPO, les grandes ONG internationales sont perçues avec méfiance. Leur culture est étrangère aux Japonais, même militants, dans la mesure où elle postule l'universalité des valeurs censées fonder les « grandes causes ». Leur stratégie semble privilé-

1. 6 août : bombardement d'Hiroshima. 9 août : bombardement de Nagasaki.

gier la froide technique (financement, organisation) aux dépens de la chaleur des émotions chère à « l'âme japonaise », et la confrontation plutôt que la coopération. Enfin, leur origine souvent américaine, ou perçue comme telle, ne leur vaut pas la sympathie. Médecins Sans Frontières – française et « chaleureuse » – est l'une des rares grandes ONG admirée par les Japonais, jusqu'à avoir servi de modèle à une force rapide d'intervention humanitaire mise en place par Tôkyô. À l'opposé, Greenpeace est presque inaudible dans l'Archipel, où l'opinion y voit une maffia hypocrite qui s'en prend aux quelques baleiniers nippons survivants pour flatter à peu de frais les bailleurs de fonds occidentaux, en négligeant des combats autrement importants mais gênants pour les grandes entreprises américaines.

► L'implication des collectivités locales dans la géopolitique est un aspect de leur émancipation

Depuis trois décennies, les collectivités locales interviennent de façon croissante dans le champ géopolitique. Elles y sont entrées par trois biais. La gestion des communautés étrangères, qui leur est déléguée par l'administration centrale. La politique éducative, car les enseignants sont fonctionnaires locaux, et communes et *ken* disposent de commissions d'éducation dotées de pouvoirs réels. Enfin, la nécessité de combattre la crise à leur niveau en développant des politiques économiques locales. Plus prosaïquement, les actions vers l'étranger permettent aux élus et aux fonctionnaires locaux de voyager sans bourse délier. Enfin, depuis les années 1980, le devoir d'internationalisation fait partie du « politiquement correct » à l'usage des responsables nippons petits et grands, comme l'atteste de nombre des jumelages : plus de 1650, soit autant que de communes et de *ken*, contre seulement un pour six communes en France.

Les collectivités locales se targuent de rapprocher les peuples en faisant mieux que le gouvernement pour intégrer les étrangers : elles ont créé pour eux des services municipaux dédiés et des conseils représentatifs, elles en recrutent parfois comme fonctionnaires alors que la fonction publique nationale leur est fermée, et certaines leur donnent le droit de vote dans les référendums locaux au grand mécontentement du gouvernement. Elles entendent aussi rapprocher les peuples par le biais des jumelages au niveau des écoles et des lycées – occasion très attendue de faire un peu de tourisme pour les enseignants et les élèves, et de procurer en retour des clients à l'hôtellerie locale. Certaines grandes villes se positionnent comme hubs régionaux – à la fois carrefours de communications et centres de rayonnement – à grand renfort de *bijion*[1], d'infrastructures nouvelles, de missions économiques et de foires, de festivals cinématographiques ou artistiques, de jumelages et d'aide au développement de leurs villes partenaires. Deux exemples de cet activisme géopolitique sont Fukuoka pour les relations avec la Chine, Taiwan et l'Asie du Sud, et Niigata pour la Corée, et accessoirement la Russie.

Ces multiples initiatives créent un écheveau d'intérêts petits et grands qui joue un rôle géopolitique difficile à mesurer, mais bien réel. Pékin l'a bien compris. Lors de la crise de 2010 provoquée par la capture d'un chalutier chinois aux Senkaku, parmi les mesures de rétorsion prises par la RCP, l'interruption de tous les échanges liés aux jumelages a provoqué dans tout le Japon une levée de boucliers locaux contre le gouvernement. Tôkyô est venu à

1. « Visions » : plans d'action à 10 ou 15 ans richement illustrés de graphiques, croquis, schémas, etc. dont raffolent les organisations japonaises.

résipiscence d'autant plus vite que Pékin menaçait aussi le troisième des nouveaux acteurs qui s'invitent aujourd'hui dans le champ géopolitique : les milieux d'affaires – visés par une vague de manifestations et des menaces de boycott contre les entreprises japonaises en Chine.

▶ **Le patronat est très sensible aux aléas que la géopolitique peut infliger aux affaires**

Le grand patronat (*zaikai*) jouit d'une influence considérable dans les jeux de pouvoirs au Japon. En matière de politique extérieure, le pro-américanisme du PLD lui convenait au mieux, dans la mesure où les États-Unis ont été le premier partenaire commercial de l'Archipel de 1945 à 2006. Le Keidanren acceptait sans broncher les concessions commerciales parfois exorbitantes faites à Washington – autolimitation de nombreuses exportations et même la garantie d'une part du marché japonais des composants électroniques accordée aux fabricants américains en 1986 – que les entreprises nippones savaient d'ailleurs tourner. Ces dernières ont aussi beaucoup apprécié la politique du « Japon utile », car elles bénéficient largement des crédits d'aide au développement – celle-ci étant en grande partie attribuée sur la base de demandes locales que les *sôgô shôsha* « aident » les pays demandeurs à concevoir, en promettant de faire aboutir le dossier à Tôkyô.

L'univers géopolitique du *zaikai* était donc quiet jusqu'au grand retour de la Chine. Celle-ci est une menace politique et militaire pour le Japon, mais aussi dorénavant son premier partenaire commercial. Dans cette conjoncture délicate, la priorité du *zaikai* est d'éviter toute confrontation avec Pékin ; il n'a jamais caché son inquiétude devant le défi à la Chine (et à la Corée) que constitue chacune des visites d'un chef de gouvernement nippon au sanctuaire Yasukuni. En deuxième lieu, le Keidanren entend pousser les feux de l'intégration économique régionale pour faire pièce à la Chine et, si possible, la socialiser. À cet effet, il prône la multiplication des accords de libre-échange, dont le TPP devrait être la pièce maîtresse [voir chapitre 9, III, 2].

Toutefois, le *zaikai* se heurte ici à tous les lobbies protectionnistes, mais aussi aux passions d'une opinion hyper-sensible sur tout ce qui touche les relations avec les trois plus importants partenaires économiques et politiques de l'Archipel – États-Unis, Chine et Corée. On peut penser que le Keidanren sacrifierait volontiers le nom de la Mer du Japon, voire les îlots Takeshima, à la signature de l'accord de libre-échange avec Séoul dont la négociation est embourbée depuis des années. Mais aucun de ses membres n'oserait le dire, par crainte d'une furieuse réaction de l'opinion et des médias qui mettrait ses affaires à mal.

II. Fondamentaux de la géopolitique du Japon

Les fondamentaux de la géopolitique extérieure du Japon sont simples. Il ne s'assigne aucune mission dans le monde, et poursuit deux objectifs minimaux : assurer sa sécurité et se faire reconnaître comme puissance. À première vue, rien de plus basique en fait de géopolitique, comme semble l'être le dessin dit « à la ligne claire[1] », en réalité fort difficile à exécuter.

1. Celui d'Hergé, le père de Tintin, dépourvu de tout procédé destiné à monter le relief et les ombres.

Une géopolitique de la ligne claire

▶ Par l'isolement, les armes ou l'économie, la sécurité a toujours été l'objectif primordial du Japon

Cela n'a rien d'original : c'est la quête de sécurité qui a poussé la France pendant des siècles à s'étendre vers ses frontières naturelles, la Grande-Bretagne à diviser les puissances continentales et l'espace allemand à s'unifier. Toutefois, le Japon a ceci de particulier que sa nature archipélagique lui a dicté des stratégies très différentes selon les époques. Forteresse fermée à l'époque d'Edo, sa stratégie s'est inversée avec l'arrivée des canonnières occidentales, qui lui commandait de prendre le contrôle de son environnement maritime. Mais après quelques décennies, la révolution industrielle et l'explosion démographique ont posé à l'Archipel un problème nouveau : celui de sa sécurité économique. Faute d'autre doctrine, il a suivi le modèle de l'époque – celui des puissances impérialistes qui s'étaient approprié ressources, marchés et espace vital par la force. Avec le résultat que l'on sait.

Après sa défaite, l'Archipel a adopté une stratégie inédite : s'en remettre à la puissance dominante pour sa sécurité militaire et se focaliser sur sa sécurité économique. À toute autre période de l'histoire et dans une autre configuration géostratégique que celle de l'Asie de la Guerre froide, une telle stratégie aurait abouti, sous une forme ou sous une autre, au pillage du « protégé » par le « protecteur ». Le Japon a pu réussir parce qu'il offrait aux États-Unis une formidable position stratégique. Porte-avions insubmersible et immense base logistique, il leur a permis de gagner en Corée, de tenir l'URSS en respect sur le théâtre d'Extrême-Orient, et de lancer les B52 sur le Vietnam, entre autres.

Le risque était néanmoins réel que les États-Unis abusent de leur position pour spolier le Japon par tous les moyens qu'offre le capitalisme moderne, lequel peut être en la matière plus redoutable que les hordes de Gengis Khan. Toutefois, pour que la base de guerre nipponne reste disponible et sûre, les États-Unis ont compris qu'il fallait que son appartenance au camp occidental soit cimentée par la prospérité. Ils y ont contribué plus que tout autre pays en leur qualité de premier partenaire commercial de l'Archipel jusqu'en 2006. Mais les dirigeants japonais ne se sont jamais fiés à la bienveillance américaine : ils ont sécurisé la prospérité de leur pays en l'érigeant en forteresse protectionniste et en défendant opiniâtrement ses intérêts économiques nationaux, de la Chine au Moyen-Orient, comme nous l'avons vu plus haut.

▶ Le Japon cherche moins la puissance pour agir dans le monde que le statut de puissance comme un instrument de sa sécurité

La première doctrine géopolitique que le Japon contemporain s'est forgée par lui-même a été celle de Yukichi Fukazawa : « quitter l'Asie » pour se faire admettre dans le Club des Grands. Cet objectif semble frappé au sceau de la rationalité réaliste moderne (*If you can't beat them…*) ; mais pour les Japonais, il renvoie plutôt à vingt-cinq siècles de culture confucéenne. Chez Confucius, tout est hiérarchie, depuis la cellule familiale jusqu'à ce qu'on n'appelait pas encore « la communauté des nations ». Ces hiérarchies sont naturelles. Elles constituent l'ordre même du monde, et les inférieurs se doivent donc de respecter les supérieurs sous peine qu'il ne s'effondre, ce dont tous les acteurs pâtiraient. Ainsi, aux yeux des Japonais, le simple fait de se voir reconnu un rang élevé confère « naturellement » et durablement la sécurité. Ce n'est pas pour rien que leur Constitution leur enjoint d'occuper la fameuse « place d'honneur dans la société internationale ».

Cette vision du monde se situe aux antipodes du réalisme, où ne compte que le rapport toujours changeant des forces. Elle n'a pas empêché la génération de Meiji, témoin en 1853 de la faiblesse de son pays face aux « bateaux noirs », d'avaler force couleuvres aux traités de Shimonoseki (1895) et de Portsmouth (1905), puis dans le cadre du Système de Washington [1]. Mais l'obsession hiérarchique a exacerbé la frustration nationaliste, qui a mené l'empire à la catastrophe. Car pour la génération post-Meiji, qui avait toujours connu le Japon victorieux, le refus des Coréens de se soumettre de bonne grâce au joug nippon et l'obstination des Chinois à lui résister après de multiples défaites étaient contraires à l'ordre même du monde : incompréhensible, odieux, dangereux, et quasi-sacrilège Tenter de subjuguer l'immense Chine était une tâche impossible du point de vue stratégique, mais c'était en quelque sorte une question de principe(s).

La pensée géopolitique nippone s'est modernisée, mais l'obsession du Japon pour son rang international est encore perceptible dans son appétence pour les grands événements planétaires tels que Jeux olympiques, expositions internationales, championnats et coupes du monde d'athlétisme, de football ou de rugby : il s'en est fait attribuer pas moins de 14 depuis 1945, y compris la Coupe du monde de rugby en 2019 et les JO de 2020 (contre seulement 7 à l'Allemagne et 5 en France et en Grande-Bretagne). Il en est de même pour sa revendication d'un siège permanent au Conseil de sécurité – alors que sans le droit de veto, que Tôkyô ne demande pas, ce poste l'exposerait sans guère accroître son poids dans les affaires du monde.

Une géopolitique des passions

Une géopolitique qui repose sur des fondamentaux si simples en apparence devrait faire consensus. Il n'en est pourtant rien. À l'inverse de la France, divisée sur les questions économiques et sociales mais assez largement rassemblée, jusqu'au début des années 2000, sur les fondamentaux de la géopolitique gaullienne, le Japon jouit d'un large consensus économique et social, mais il reste divisé et sujet à des accès de fièvre sur les choix géopolitiques. Il est travaillé par des pulsions contradictoires envers les États-Unis, la Chine et la Corée, qui sont les trois éléments essentiels de son équation sécuritaire, ses trois premiers partenaires commerciaux et ses plus proches voisins avec la Russie (l'Amérique étant pour sa part présente dans l'archipel même via ses bases militaires). Les Japonais, y compris nombre de leurs leaders, vouent à chacun de ces acteurs des sentiments complexes et passionnés, compliqués encore par la question taraudante des crimes de guerre, avec laquelle le Japon ne s'est jamais mis en règle.

▶ Le Japon et les États-Unis : entre amour et haine

Quand le général MacArthur, qui avait dirigé l'occupation de l'Archipel, fut rappelé à Washington en 1951, on dit que plus d'un million de Japonais l'acclamèrent tout au long de

1. À Shimonoseki, la pression des grandes puissances contraignit le Japon à abandonner la péninsule stratégique du Liaodong au profit de la Russie. À Portsmouth, il dut renoncer à demander à la Russie l'indemnité de guerre qu'il escomptait. Le Système de Washington (1922-1936) devait pérenniser la supériorité permanente des flottes occidentales sur la sienne.

son trajet jusqu'à l'aéroport. Il n'était personne au Japon qui ne dût quelque chose aux réformes imposées par les États-Unis. La population avait eu la merveilleuse surprise d'avoir été traitée avec bienveillance par le vainqueur, alors qu'elle attendait le meurtre, le viol et le pillage. À l'Amérique, le pays devait la démocratie, la gauche la possibilité même d'exister, les conservateurs d'avoir gardé le pouvoir, les ouvriers le droit de se syndiquer, les paysans la terre, et la jeunesse le souffle frais et excitant d'une nouvelle culture.

Mais depuis la signature du traité de Sécurité (1951), l'opinion est tiraillée entre le désir de conserver cette garantie confortable, partagée jusque chez les électeurs de gauche, et l'hostilité sous-jacente aux bases américaines, blessantes pour la fierté nationale et cause de nuisances multiples, et parfois de faits divers sordides. Il en résulte des poussées récurrentes d'antiaméricanisme. Elles ont culminé avec les violentes manifestations contre le renouvellement du traité en 1960, puis contre la guerre du Vietnam. Dans les années 1980, en réponse au *Japan bashing* [voir chapitre 2, I, 4], l'image d'une Amérique déclinante, arrogante et raciste faisait florès dans les médias. Diverses théories du complot ont ensuite attribué l'éclatement de la bulle financière et la crise japonaise aux manœuvres du capitalisme américain contre un modèle économique et social concurrent du sien. En 1996, le viol d'une collégienne d'Okinawa a entraîné une nouvelle vague nationale de manifestations devant les bases, et un référendum contre elles dans l'île. Et de 1999 à 2012, Tôkyô a élu et réélu deux fois comme gouverneur Shintarô Ishihara, le plus violent des contempteurs de l'Amérique.

Aujourd'hui, l'antiaméricanisme s'est fait discret à cause de l'appréhension grandissante des Japonais face à la Chine, et grâce au rôle que les forces américaines ont joué dans les secours après le 11 mars 2011. Néanmoins, la relation nippo-américaine est sans doute trop complexe et passionnelle en profondeur pour être jamais vraiment apaisée. Par deux fois (1853, 1945), les États-Unis ont contraint par la force le Japon à passer d'un âge à un autre ; ils l'ont mis sous tutelle et accablé de reproches pour ses pratiques économiques ; ils l'ont en partie dépossédé de lui-même en imprégnant sa culture de la leur. L'Amérique apparait ainsi comme le père redoutable – à la fois castrateur et fondateur – dont le Japon contemporain, entre haine et amour, ne parvient pas à s'émanciper.

▶ Le Japon face à la Chine : fascination, anxiété et jalousie

La relation avec la Chine n'est pas moins schizophrénique. Le Pays du Milieu (*Chûgoku*) a été le centre de l'univers dans lequel le Japon a pris conscience de lui-même, et sa matrice à l'époque de Heian. En se baptisant *Nihon*, c'est par rapport à elle qu'il a affirmé son identité, sans cesser pour autant de la désigner comme *Chûgoku*. Quand les Occidentaux ont asservi la Chine, le japonais a parfois emprunté *Shiina* à l'anglais, mais le terme traditionnel est resté usuel pour la désigner, y compris au plus fort de la tuerie sino-japonaise. Car même quand ils prenaient part à la curée impérialiste en Chine, les Japonais restaient incapables de se déprendre de tout ce qu'ils devaient au géant tutélaire. Pendant deux millénaires, hormis les tentatives d'invasion mongoles, le Japon avait été en sécurité dans le monde centré sur l'hégémon chinois. Sa chute avait laissé l'Archipel seul face à l'Occident, dans un monde plein de périls. Une partie des nationalistes nippons conservait d'ailleurs une place de choix pour la Chine dans l'Asie nouvelle dont ils rêvaient [voir chapitre 2, II, 4]. Ce n'est donc pas pour rien que, au moment même de la signature du Traité de sécurité, le premier défi de Tôkyô à Washington a été de reconnaître Taiwan sans fermer pour autant la porte à la RPC, avec laquelle des ponts discrets ont bientôt été jetés. Le maoïsme n'a pas eu moins de succès auprès des soixante-huitards nippons que chez leurs homologues français. Et depuis 1945, l'on ne désigne jamais la RPC autrement que sous le vocable éternel de *Chûgoku*.

Aujourd'hui, la Chine est en passe de réussir là où le Japon a échoué. Non seulement elle est devenue un géant économique, mais elle a accédé au statut dont le Japon a rêvé en vain : celui d'une puissance politique et militaire de plein exercice capable de tenir la dragée haute à l'Amérique, tant par son droit de veto à l'ONU que (tôt ou tard ?) au plan militaire. Il en résulte chez les Japonais un mélange de fascination et de jalousie, assorti d'une crainte bien réelle. Crainte de la vengeance d'une nation à laquelle leur pays a infligé une vingtaine de millions de morts en huit ans d'une tuerie dont les comptes n'ont pas été soldés [voir ci-après]. Crainte d'être dégradés dans la hiérarchie asiatique. Crainte d'une guerre dont les frictions entre garde-côtes autour des Senkaku donnent un petit avant-goût, et qui constitue la première hypothèse de travail pour l'état-major nippon. En 2013, plus de 90 % des Japonais avaient une impression défavorable de la Chine, mais en même temps, plus de 70 % pensaient que les relations des deux pays avaient une grande importance : une vision schizophrénique des choses propre à nourrir le stress.

▸ Les Corées sont au Japon ce que serait pour la France une Algérie dynamique, prospère et nucléaire

Avant que la Chine s'installe sur le podium des nations les moins aimées des Japonais, il était régulièrement occupé, aux côtés de l'URSS, par les deux représentants de la péninsule coréenne. La relation passionnelle entre l'Archipel et la Corée rappelle celle qui prévaut entre la France et l'Algérie. Du côté coréen, rancune pour une occupation coloniale brutale dont le passif n'a pas été apuré. Du côté japonais, un mépris raciste (les Coréens « puent l'ail ») et une méfiance entretenus par la présence d'un demi-million de Coréens, dont les pères ou grands-pères sont venus peiner dans l'Archipel quand la péninsule faisait partie de l'empire nippon, et auxquels les autorités d'Occupation ont accordé le droit de résidence permanent pour eux et leurs descendants, au grand dam des Japonais.

Mais la Corée serait une Algérie dont une moitié taillerait des croupières à Peugeot, Alstom et Areva, et dont l'autre menacerait à intervalles réguliers Paris d'une attaque nucléaire. On imagine les réactions dans notre Hexagone ! Celles des Japonais sont, à tout prendre, remarquablement mesurées… Les tensions sont aussi entretenues par les contentieux sur les îlots Takeshima et sur le nom de la Mer du Japon [voir chapitre 2, III, 2]. Dans ces conditions, bien que Tôkyô et Séoul se trouvent réunis sous le bouclier américain face à la double menace commune de la Chine et de la Corée du Nord, le partenariat entre eux peine à se concrétiser : les accords de sécurité et de libre-échange négociés depuis des années restaient encore dans les limbes en 2014.

▸ Depuis trois générations, la question des crimes de guerre japonais exacerbe les passions

Après trois générations, la question des crimes commis par les armées nippones en Chine et en Corée, avant et pendant la guerre de la Grande Asie orientale, continue à empoisonner les relations entre les trois pays. Parmi les raisons pour lesquelles Japonais et Chinois se détestaient cordialement en 2013, selon un sondage du grand quotidien *Mainichi*, si le contentieux des Senkaku venait en tête, la deuxième était « les critiques chinoises à propos des "problèmes liés à l'histoire" (*sic*) » pour 49 % des Japonais, et pour 64 % des Chinois « le refus des Japonais de s'excuser comme il faudrait pour "l'occupation du temps de guerre" (re-*sic*) et d'en tirer les leçons ».

Trois raisons expliquent la réticence têtue du Japon à reconnaître les atrocités perpétrées par les troupes impériales. La première est la volonté des Américains de dédouaner l'empereur Hirohito en arrêtant toutes les enquêtes qui pouvaient mener à lui. Puis, pour consolider le camp conservateur nippon, ils ont relâché la plupart des hommes politiques qu'ils avaient purgés, voire arrêtés pour crimes de guerre, et beaucoup sont devenus ensuite des ténors du PLD, et leurs fils et petits-fils après eux[1]. La deuxième raison est que les Japonais, à la différence des Allemands, n'avaient rien vu des atrocités qu'on leur a reprochées par la suite, ni rien entendu (on sait combien ceux qui ont été acteurs ou victimes d'atrocités de masse répugnent à en parler). Par contre, leur pays avait subi l'hécatombe nucléaire : ils se sentaient donc bien davantage victimes que bourreaux.

La troisième raison est que, dans la culture japonaise, un acte n'est bien ou mal qu'en fonction du jugement que la société porte sur lui. Pour les parents des 2 120 000 soldats morts à la guerre, ne jamais laisser les dirigeants la nation proclamer « mal » ce que leurs fils avaient fait était un devoir sacré envers leur mémoire. Mais c'était aussi une question existentielle pour eux-mêmes, car selon le bouddhisme, un enfant malfaisant (ou malformé) est la juste rétribution que ses parents reçoivent pour des fautes commises dans une vie antérieure : reconnus comme tels, les crimes des soldats de l'armée impériale auraient donc accusé toute la génération qui les avait mis au monde. La très puissante Association des familles des morts à la guerre (*Nihon Izokukai*), un pilier de l'électorat du PLD, a donc toujours veillé farouchement à ce qu'aucun dirigeant japonais ne reconnaisse le moindre « crime de guerre ».

Les officiels nippons ont donc toujours utilisé en guise d'excuses des formules moralement neutres, telles que « profonds regrets pour les relations passées douloureuses ». Dans les années 1990, l'affaiblissement du PLD a permis quelques déclarations moins alambiquées. La Corée du Sud a même obtenu de Tôkyô des excuses officielles écrites. Mais la montée des tensions avec la Chine a eu raison de ces velléités. Les visites ostentatoires de Junichirô Koizumi au sanctuaire Yasukuni entre 2001 et 2006 ont marqué au plus haut niveau le réveil d'une fierté nationale qui considère comme nuisible pour l'énergie du pays toute concession sur les fameux « problèmes liés à l'histoire ». Il s'en faut pourtant que les Japonais soient unanimes sur cette question. Le fait qu'aucun Premier ministre nippon ne soit retourné en grand arroi au Yasukuni après Koizumi montre que la prudence prévaut[2]. Et les velléités du PDJ pour rouvrir le dossier de certains des crimes les plus notoires, même non suivies d'effet, ont rappelé que toute une partie des Japonais a toujours souhaité que la lumière soit faite pour débrider enfin la plaie.

---

1. C'est notamment le cas de Shinzô Abe, Premier ministre depuis 2012, dont le grand-père était Nobusuke Kishi, emprisonné comme criminel de guerre de classe A en 1946, jamais jugé, libéré en 1948, et Premier ministre en 1957-1960. Le frère de Kishi, Eisaku Satô, a lui aussi été Premier ministre (1964-1972).

2. Du moins jusqu'en décembre 2013, où Shinzô Abe l'a fait. Violemment dénoncé en Chine et en Corée, mais aussi critiqué à Washington, par l'Union européenne et par le secrétaire-général (coréen) de l'ONU, il reste à voir s'il réitérera.

Une division sans cesse réinventée

Entre passions et « ligne claire », la division a aussi été entretenue pour des raisons de politique intérieure. L'interaction de ces trois facteurs a structuré les trois courants de pensée qui ont dominé la géopolitique du Japon depuis la fin de la guerre

Pendant le demi-siècle qui a suivi 1945, trois écoles se sont affrontées. À gauche, les pacifistes-neutralistes prônaient un Japon désarmé et affranchi du traité de Sécurité. Bien qu'il se voulût neutre, ce courant professait un « anti-impérialisme » plus ou moins ouvertement anti-américain. Il affirmait la nécessité de mettre au clair les crimes de guerre, quoi qu'il pût en coûter, et dénonçait globalement le « système impérial » (*Tennôsei*) qui les avait rendus possibles. Le camp conservateur était dominé par l'école réaliste de Yoshida, qui faisait du traité de Sécurité le pilier irremplaçable de la sécurité de la nation. Ce courant majoritaire était flanqué, au sein même du PLD, par deux fractions. Sur sa gauche, une forte minorité à tropisme pacifiste, très attachée à l'article 9 et sensible à la question des crimes de guerre. Sur sa droite, un courant nationaliste pur et dur qui entendait refaire du Japon un « État normal », pleinement souverain en matière d'armement et de sécurité – ce qui impliquait de le libérer de la tutelle américaine –, et qui ne souffrait aucune remise en cause des actions commises par l'armée japonaise dans le passé.

Désarmée par la croissance de l'économie et du niveau de vie, et faute d'avoir su muer en parti de gouvernement comme les socialistes d'Europe occidentale, la gauche japonaise fit peu à peu de la posture pacifiste teintée d'antiaméricanisme le cœur de ce qui lui restait d'identité pour retenir son électorat, quitte à multiplier les contorsions sémantiques[1]. Chez les conservateurs, à mesure que le Japon retrouvait sa fierté et s'exaspérait des récriminations occidentales contre ses succès commerciaux, les colombes perdaient du terrain et les partisans du « Japon normal » en gagnaient. Le rapprochement progressif de ces derniers avec la majorité réaliste a finalement donné naissance à une très large majorité « néo-nationaliste réaliste », dont le credo est d'élever le Japon au rang de partenaire de plein exercice des États-Unis, y compris au plan militaire, pour faire face à la Chine. La quasi-disparition de la gauche parlementaire et son remplacement par le PDJ (1996), qui comptait nombre de transfuges du PLD, semblaient donc promettre enfin l'émergence d'une vision géopolitique ultra-dominante au sein de la classe politique, sinon dans la société.

C'était compter sans les passions que nous avons évoquées, qui sont l'un des fondamentaux de la géopolitique du Japon et que les frustrations liées à la crise n'ont fait qu'exacerber. Elles ont permis en 2012 l'émergence spectaculaire du Parti du Redressement (PR), expression politique de l'aile la plus dure du « Japon normal », aussi hostile à Washington qu'à Pékin et à Séoul. Un épisode atteste la force potentiellement explosive que conservent ces passions. Six mois après le succès spectaculaire du PR aux législatives de 2012, où il est devenu le deuxième parti du Japon en nombre de voix, et peu avant des sénatoriales où il comptait bien transformer l'essai, l'un de ses deux leaders évoqua à Okinawa les faits divers regrettables que « la vigueur naturelle de la jeunesse » (*sic*) provoque autour des bases américaines. D'un même mouvement, il conseilla aux *Marines* d'utiliser plutôt les services

1. Vers 1990, le PSJ considérait que les FAD n'étaient « pas constitutionnelles mais néanmoins légales », au sens où elles avaient été créées par une loi en bonne et due forme.

spécialisés payants et justifia l'existence des bordels militaires de l'armée impériale, où des dizaines de milliers de femmes raflées en Corée et dans les autres pays occupés ont été contraintes de servir au repos du guerrier nippon, parfois au prix de leur vie[1]. Faire preuve en une seule phrase d'insensibilité à l'égard de ces femmes et de compréhension pour les excès des *Marines*, c'était raviver à la fois la blessure des crimes de guerre et la passion antiaméricaine. L'effet fut dévastateur sur le PR, qui perdit la moitié de ses électeurs, et dont l'élan a été brisé net.

On l'aura compris : les relations géopolitiques du Japon lui sont dictées par des objectifs très simples, mais leur conduite est compliquée par trois facteurs principaux. Des moyens limités, à la mesure de l'intérêt relatif que le Japon a longtemps accordé à son action dans le monde. Des différences culturelles fondamentales avec l'Occident, qui mettent les Japonais mal à l'aise sur la scène internationale. Enfin, des passions vives – voire « à vif » – à l'égard de ses principaux partenaires.

1. Tôkyô a consenti en 1993 une déclaration ambiguë sur les « femmes de réconfort ». La position officielle n'en est pas moins que, sauf excès locaux isolés, la violence n'a pas été utilisée pour ce recrutement, qui est parfois même présenté comme « volontaire ». Les autorités niponnes invoquent un « manque de preuves », alors qu'elles gardent le contrôle des archives et réfutent systématiquement les témoignages des victimes sous prétexte de « partialité » ou de « subjectivité ». Certaines maladresses des défenseurs des « femmes de réconfort » ont aussi contribué à ce déni systématique.

9 Menaces, lignes de vie et puissance dominante

Le Japon dans le monde

Dire que « le Japon n'a pas d'autre horizon que lui-même » est simplificateur, mais contient une part de vérité. Comme nous l'avons vu au chapitre 2, ses horizons géopolitiques s'inscrivaient traditionnellement dans le temps plutôt que dans l'espace. Vu de l'Archipel, le monde ne recélait pas d'horizons au sens où ce mot désignait les espaces vers lesquels les conquistadores « partaient ivres d'un rêve héroïque et brutal »[1]*, ou, plus tard, les parties du globe que l'Occident et le bloc communiste ont chacun voulu modeler à leur image. Pour les Japonais, comme nous l'avons vu au chapitre 8, le monde est moins un territoire qu'un ordre et un jeu de relations, une structure hiérarchique plutôt que spatiale, qui doit, dans l'idéal, rester stable. Les périodes où ils ont joué « Les Conquérants » sont des exceptions dans leur histoire.*

Le Japon n'a pas de « pré carré » au sens où la Françafrique et le Maghreb le sont pour la France, ou le Commonwealth pour Londres. Ils n'ont pas de confettis d'empire comme nos DOM-TOM, Gibraltar et les Malouines pour la Grande-Bretagne, ou les enclaves espagnoles du Maroc. Aucune relation privilégiée ne l'attache à une communauté linguistique ou religieuse qu'il aurait vocation à préserver et protéger. Encore moins a-t-il de backyard *où il se croit tout permis pour défendre ses intérêts, comme les États-Unis ou la Russie.*

Le monde vu du Japon se compose de trois éléments : une puissance dominante ordonnatrice de la hiérarchie, les lignes de communication maritimes sans lesquelles il ne peut subsister, et des menaces qui se manifestent dans son environnement proche. Sa géopolitique consiste toute entière à trouver la bonne distance dans sa relation avec la première, à garder les secondes ouvertes (sauf à s'en passer comme à l'époque d'Edo), et à se protéger des troisièmes. Il y est parvenu tant que son monde s'est borné à l'Asie de l'Est stable autour de l'empire du Milieu. L'irruption de l'impérialisme occidental a désorganisé cet espace, privant le Japon de ses repères jusqu'à le jeter dans une guerre démesurée. La Guerre Froide lui a rendu un univers géopolitique à son gré : clairement hiérarchisé et stable. Mais aujourd'hui, la mondialisation et le bouleversement des rapports de forces planétaires replongent les Japonais dans le type d'environnement où ils sont le plus mal à l'aise : un monde de flux et de changements.

I. Les menaces

Dans l'histoire du Japon, les seules menaces qui ont compté étaient celles qui émanaient de son environnement le plus proche, ou qui en forçaient l'accès : l'empire chinois, puis les puissances impérialistes, puis le bloc communiste, aujourd'hui la RPC et la Corée du Nord.

1. José Marie de Heredia : « Les Conquérants ».

L'environnement de sécurité du Japon

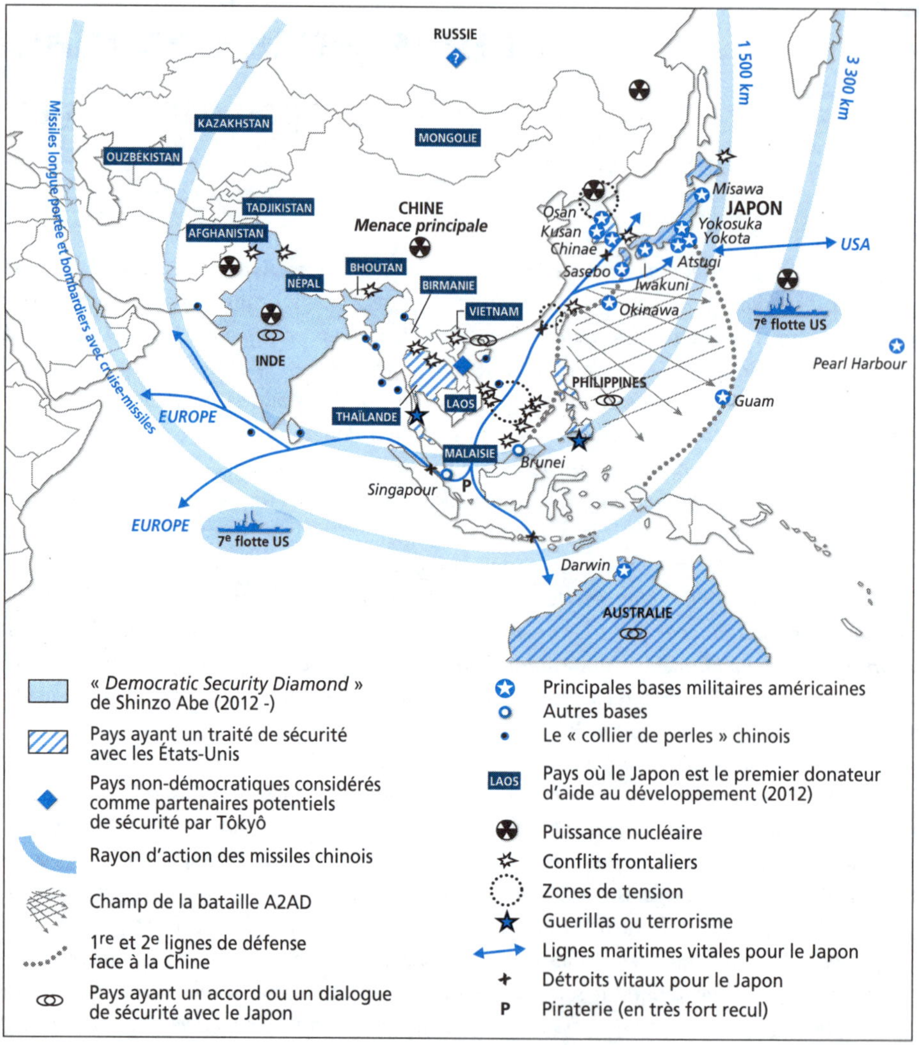

Situation archipélagique et modération de ses médias aidant, il se sent encore assez peu concerné par les « nouvelles menaces globales » qui nourrissent le stress de l'Occident depuis les années 1980 – « menace terroriste », « menace écologique », « menaces sanitaires », criminalité internationale – à moins qu'elles ne lui semblent émaner de ses deux voisins menaçants : la Chine et la Corée.

La Chine, redoutée et incontournable

La Chine constitue la menace majeure qui pèse aujourd'hui sur le Japon : menace économique, menace militaire et stratégique, et menace pour le rang qu'il occupe dans la hiérarchie mondiale et qu'il considère comme un élément constitutif de sa sécurité. De manière plus anecdotique, mais révélatrice, la Chine est aussi aux yeux des Japonais l'épicentre de nombre des « nouvelles menaces globales ».

▶ La stabilité de la Chine, à la fois menace et ressource, est vitale pour le Japon

Nous avons vu au chapitre 7 comment la croissance chinoise conditionne l'avenir économique du Japon, pour lequel elle est à la fois une menace et une ressource majeure. Il suffit ici d'ajouter un seul point : autant que de la croissance de la Chine, l'Archipel a un besoin vital de la stabilité de ce géant bien armé et si proche de lui, dont les dirigeants savent qu'un moyen éprouvé de remédier aux tensions et au mécontentement d'un milliard et demi de Chinois au nationalisme exacerbé est de les détourner vers l'ennemi héréditaire nippon. Cela peut advenir simplement si l'économie vient à trop décélérer. Si la RPC était frappée par un traumatisme majeur, à commencer par une humiliation infligée de l'extérieur – de quelque nature qu'elle soit – les conséquences seraient redoutables. Celles d'un conflit armé pourraient être cataclysmiques, et ceci à quelque échelle qu'il se déroule et quel qu'en soit le vainqueur.

▶ La place du Japon dans le monde pourrait se jouer sur un incident frontalier avec la RPC

Les îlots Senkaku/Diaoyutai [voir chapitre 2, III, 2] constituent depuis le début du siècle l'abcès de fixation des tensions entre le Japon et la Chine. La fièvre y règne depuis 2012. Sur mer, les frictions sont incessantes entre les garde-côtes nippons et des bâtiments chinois de toute nature. Dans les airs, la chasse japonaise a décollé plus de 450 fois en 2013 suite à des intrusions chinoises dans la zone d'identification aérienne[1] (ZAI) de l'Archipel. L'extension de la ZAI chinoise fin 2013, qui recoupe désormais celle du Japon, multiplie à l'infini les risques d'accrochages. Mais pour empêcher un incident fortuit de déraper, en 2014 il n'existait pas encore de « téléphone rouge » entre les dirigeants des deux pays.

Au Japon comme en Chine, on ne croit qu'aux rapports de forces en matière de relations internationales. Au plan militaire, ils sont aujourd'hui équilibrés, et chacun pense que le temps joue pour lui [voir chapitre 6, III, 3]. Les deux adversaires partagent la même culture stratégique, celle de Sun Tzu (544-496 av. J.-C.), qui enseigne à vaincre sans combat en manœuvrant pour amener l'ennemi dans une position intenable, et considère comme l'erreur suprême de livrer bataille à l'improviste sur un terrain que l'on n'a pas

1. Voir page 51, note 1.

choisi. Les dirigeants des deux pays se méfient donc au plus haut point d'un dérapage accidentel. Mais ils sont aussi confrontés au nationalisme à vif de leurs opinions publiques respectives, qui leur pardonneraient mal une reculade après que le premier coup de feu aurait été tiré ou le premier missile lancé.

Si l'on en vient là, c'est tout le rapport des forces en Asie qui sera en jeu. Si la Chine semble reculer, elle apparaîtra comme un tigre de papier, et ce pourrait être la fin de son ambition de s'ériger en puissance régionale dominante. Si le Japon doit céder parce que les États-Unis auront refusé de prendre le risque d'une extension du conflit, la relation nippo-américaine sera frappée au cœur, et décrédibilisée aux yeux de l'alliance stratégique que Tôkyô cherche à mettre en place en Asie pour contenir la Chine, comme nous le verrons ci-après. Au regard de l'importance de ces enjeux, les préceptes de Sun Tzu et l'incertitude sur la balance des forces n'empêcheront peut-être pas un incident fortuit de dégénérer en un conflit d'envergure.

▶ Les Japonais voient aussi la Chine comme l'épicentre de « nouvelles menaces »

Le Japon se soucie modérément des « nouvelles menaces » dont la liste ne cesse de s'allonger. Sa situation archipélagique, l'absence d'immigration en provenance des terres d'Islam et sa faible visibilité dans les affaires du monde lui ont épargné le terrorisme, dont il n'a connu qu'un unique épisode autochtone – l'attentat au gaz sarin perpétré par la secte Aum Shinrikyô dans le métro de Tôkyô en 1995 (13 morts, 5 500 personnes touchées). Il est trop habitué aux brutalités de la nature, et convaincu que l'on n'y peut rien, pour s'inquiéter du réchauffement climatique en sus des séismes et des tsunamis ; et si les océans viennent à monter, l'immense expertise locale en matière de travaux publics y pourvoira... Au demeurant, la Chine émet six fois plus de gaz à effets de serre que lui (mais pour dix fois plus d'habitants).

La pollution ? Les Japonais ont su la juguler chez eux, et ce qu'ils doivent en absorber aujourd'hui vient de Chine, porté par les vents dominants. Les risques sanitaires ? La Chine encore, vue comme le foyer où bouillotent en permanence les grippes aviaires et porcines, fussent-elles parties du Mexique. Les risques alimentaires ? La Chine toujours, dont les petits pâtés et autres produits frelatés font régulièrement les délices des médias nippons. La criminalité internationale ? Les yakuzas nippons sont une espèce endogène et peu ouverte en apparence aux coopérations internationales – et ils ont dénoncé à grands cris le durcissement de la législation sur la criminalité organisée en proclamant qu'affaiblir la maffia nationale ouvrirait la porte aux méchants gangs chinois. Inutile de souligner que charger ainsi le grand méchant voisin de tous les maux du monde ne contribue pas à diminuer la tension.

La Corée du Nord : un méchant si utile

▶ L'épouvantail nord-coréen a beaucoup servi au Japon pour renforcer son potentiel de défense contre la Chine

Depuis que la disparition de l'URSS (1989) a plongé la Corée du Nord dans la misère en la privant de l'aide économique soviétique, la dynastie Kim menace à intervalles réguliers de mettre le feu à la péninsule, et au-delà. Le Japon est visé en raison de la présence des bases américaines. Pyongyang poursuit un programme nucléaire (quatre essais depuis

2006) et le développement de missiles intercontinentaux, dont trois ont survolé le Japon en 1998, 2009 et 2012. Les experts jugent leur précision aléatoire, mais l'extrême concentration de la population de l'Archipel dans les trois pôles mégalopolitains le rend très vulnérable à une attaque balistique même primitive.

Cette menace a fourni aux dirigeants nippons le meilleur argument pour renforcer les FAD, tant qu'ils n'osaient pas désigner la Chine comme le véritable adversaire. C'est chose faite depuis 2004, quand le Livre blanc de la défense a qualifié la RPC de « menace potentielle », alors que la Corée du Nord n'était qu'une simple « préoccupation de sécurité ». De fait, les Japonais n'ont jamais manifesté de panique devant les gesticulations de Pyongyang. Tôkyô les prend pour ce qu'elles sont : un cas d'école de la stratégie dite « du fou au fort » (« retenez-moi où je fais un malheur ! »), qui ne vise qu'à obtenir une garantie de survie pour le régime et une aide humanitaire dont la caste militaire détourne l'essentiel à son profit. Pour les dirigeants nord-coréens, mettre si peu que ce soit leurs menaces à exécution signifierait leur fin sous les frappes américaines, et ils le savent.

La Corée du Nord est une nuisance internationale par son rôle dans la dissémination des technologies nucléaires et balistiques (Pakistan, Iran) et dans les trafics en tous genres. Mais ces activités concernent peu le Japon, voire y profitent à certains. Les yakuzas, qui recrutent beaucoup dans la communauté coréenne de l'Archipel, y étaient notoirement impliqués, ainsi que certains pêcheurs de la mer du Japon, et le sont peut-être encore. Des entreprises nippones aident aussi parfois le régime de Pyongyang à contourner les embargos qui le frappent. Et certains hommes politiques nippons de premier plan n'ont pas toujours craché sur l'or de contrebande nord-coréen [voir chapitre 8, I, 1].

▶ Le Japon a peu de prise sur un dossier qui comporte pour lui une menace géopolitique au Sud

La gestion du dossier nord-coréen est censée se faire dans le cadre d'un dialogue des six pays les plus concernés[1], qui se poursuit chaotiquement depuis 2003 au gré des claquages de porte de Pyongyang. En réalité, seuls trois acteurs ont prise sur les choses : la Corée du Sud, la Chine et les États-Unis. Ces derniers apportent la garantie que les menaces nord-coréennes resteront sans effet grave. Les deux autres ne veulent pas d'un effondrement du Nord qui précipiterait une réunification brusquée de la péninsule « à l'allemande ». Ce scénario accablerait le Sud sous un fardeau écrasant (25 millions de Nord-Coréens misérables), et amènerait les forces américaines sur une des frontières de la RPC. Pour Pékin et Séoul, l'idéal serait une modernisation économique du Nord sur le modèle chinois qui permettrait peut-être, dans un avenir lointain, d'envisager une réunification par étapes.

Sur fond de solide inimitié nippo-coréenne, le Japon peut craindre la formation d'une Corée de 75 millions d'habitants, redynamisée par une nouvelle population prolifique et affamée de croissance alors que la sienne serait en plein déclin, dotée d'une main-d'œuvre à bon marché et d'une capacité nucléaire militaire. Sans compter qu'elle serait sans doute redevable à la Chine d'avoir beaucoup contribué à la transformation du Nord par son modèle et ses capitaux. Une Corée ainsi renforcée et dynamisée serait pour l'Archipel un très redoutable concurrent, voire une nouvelle « préoccupation de sécurité ». Le *statu quo*

1. Les deux Corées, la RPC, les États-Unis, la Russie et le Japon.

fait peut-être mieux l'affaire des Japonais. Ils ne sauraient le laisser entendre, mais Séoul n'est pas dupe.

Dans le jeu géostratégique en Asie du Nord, la Corée du Sud se trouve coincée entre le marteau chinois et l'enclume nippone. La RPC est pour elle un concurrent économique et une menace stratégique, mais c'est aussi son premier partenaire économique et le seul acteur qui puisse avoir un minimum d'influence sur Pyongyang. Les deux pays partagent en outre la même animosité envers le Japon, nourrie par l'histoire et les litiges frontaliers. Il s'ensuit que Séoul et Tôkyô ont beau être des voisins très proches et les deux principaux piliers du dispositif militaire américain en Asie, ils n'ont ni accord de sécurité, ni accord de libre-échange, et leurs relations sont chroniquement tendues. Comme Tôkyô, Séoul renforce sa marine : que son fleuron soit baptisé Tokdo (le nom coréen des îlots Takeshima) dit assez que ce n'est pas *a priori* pour coopérer avec le Japon. En outre – et paradoxalement – le basculement stratégique des États-Unis vers l'Asie, dont il sera question plus loin, ne contribue nullement à rapprocher ses deux alliés, bien au contraire : convaincu que l'implication américaine dans la sécurité régionale (et donc la sienne) est plus solide que jamais, chacun des deux pays peut donner libre cours à ses frustrations nationalistes.

Menaces sur les artères vitales et retour vers le *hard power*

Peu de pays sont aussi dépendants de leurs communications maritimes que le Japon, et aussi peu capables de se soutenir ne serait-ce que quelques semaines sur leurs ressources propres, voire simplement de nourrir leur population. Or ces voies maritimes sont soumises à une double menace – l'une bien réelle, l'autre bien utile.

▸ Les ambitions maritimes chinoises, et comment y faire face

Pékin ne dissimule pas sa volonté de se doter d'une marine de haute mer afin de ne plus laisser la VIIe Flotte américaine seule maîtresse des mers d'Asie orientale. Cela pourrait permettre à la RPC de mettre la main sur les îles des mers de Chine et de Chine du Sud, qu'elle revendique dans leur quasi-totalité. Ainsi positionnée, et avec l'aide de son aviation basée à terre et de sa force balistique terre-mer, la marine chinoise pourrait couper à son gré les artères vitales du Japon, dont 90 % des importations d'hydrocarbures transitent par les détroits malais. Au-delà de ces derniers, la RPC ambitionne de mettre en place une série de bases d'observation et de communications jusqu'au détroit d'Ormuz, voire au-delà (Soudan, Kenya). Les « perles » de ce « collier » seraient autant de points d'appui pour la marine chinoise tout au long de la plus importante des voies de communication maritimes de l'Archipel, et de l'Asie tout entière.

Le Japon peut compter sur les États-Unis pour ne pas se laisser dépouiller de leur suprématie maritime. Cela ne l'empêche pas de se doter de puissants moyens pour faire face à la marine chinoise, y compris sans l'aide américaine pour la défense de ses frontières maritimes contestées [voir chapitre 6, III, 4]. Tôkyô y travaille aussi diplomatiquement en se rapprochant des pays d'Asie du Sud-Est et de l'Inde, qui sont menacés comme lui par les ambitions de Pékin sur les mers, comme nous le verrons ci-après.

▶ La piraterie, un motif en or pour étendre la notion d'« autodéfense »

La deuxième menace sur les lignes de vie du Japon est la piraterie, qui a fait un retour remarqué dans les mers du globe depuis une décennie. Le commerce japonais est surtout concerné par celle qui sévit dans les détroits malais et en mer de Chine du Sud (114 cas en 2013), et secondairement autour de la Corne de l'Afrique (59 cas en 2012). Quel que soit le nombre de cas signalés[1], la piraterie ne représente même pas une piqûre d'épingle sur les artères vitales du Japon. Mais cette menace très médiatisée lui a permis de procéder à une extension majeure de la notion d'« autodéfense » en s'intégrant dans un rôle combattant à des opérations internationales. Dès le tournant du XXIe siècle, Tôkyô a pris l'initiative d'un accord de coopération contre la piraterie dans les mers asiatiques (ReCAAP[2]), qui regroupe depuis 2006 la RPC, la Corée du Sud, l'ASEAN, l'Inde, le Sri Lanka, le Bangladesh et divers États européens. Les dirigeants nippons ont contourné le problème constitutionnel en n'y engageant que des garde-côtes, qui ne font pas partie des FAD. Mais depuis 2009, deux frégates des FAD participent au dispositif international au large de la Somalie. Elles peuvent faire feu non plus seulement pour se défendre, comme il est de règle pour tous les éléments des FAD engagés dans les opérations de maintien de la paix de l'ONU, mais plus largement « dans l'accomplissement de leur mission ». En 2011, au titre du même dispositif anti-piraterie, le Japon a positionné des moyens aériens à Djibouti, créant ainsi *de facto* sa première base militaire à l'étranger.

Ainsi, l'autodéfense permise au Japon par l'interprétation de sa Constitution englobe désormais la protection de ses voies de communication sur toutes les mers du globe. Ajoutée à celles que nous avons signalées plus haut [voir chapitre 6, III, 2] – autodéfense collective, autodéfense préventive voire option nucléaire défensive – et au reprofilage des FAD, cette extension est en passe de refaire du Japon, un pas après l'autre, une puissance militaire « normale ». On peut y voir un triple usage. Sur le théâtre asiatique d'abord, pour défendre les frontières maritimes. À l'échelle mondiale, pour participer à des opérations de police internationale afin d'obtenir la « place honorable » à laquelle Tôkyô aspire. Enfin, et peut-être surtout, pour monter en grade dans le cadre de la relation primordiale qui lie l'Archipel aux États-Unis.

II. La relation nippo-américaine, pilier de « l'ordre japonais du monde »

La relation entre le Japon et les États-Unis a été souvent qualifiée de « relation bilatérale la plus importante du monde ». En effet, elle a peut-être contribué plus qu'aucune autre à assurer l'ordre planétaire, d'abord en fournissant aux États-Unis la base militaire qui leur a permis de contenir le communisme en Asie, puis, dans les années 1980, en finançant leurs déficits avec les excédents de la balance des paiements japonaise.

1. Les statistiques varient beaucoup selon les sources. Beaucoup des cas déclarés ne sont que des tentatives qui ont échoué, et la plupart concernent de petits bâtiments.

2. *Regional Cooperation Agreement on Combating Piracy and Armed Robbery against Ships in Asia.*

Trouver la juste distance avec le centre du monde

▶ Cette question a été essentielle pour la géopolitique japonaise jusqu'à aujourd'hui

La relation avec la puissance ordonnatrice du monde a toujours été au centre de la géopolitique du Japon. Jadis l'empire du Milieu, aujourd'hui les États-Unis, cette puissance est par nature à la fois protectrice et menaçante. Clé de voûte de la stabilité du monde, elle est aussi toujours tentée d'abuser de la force qui lui permet de jouer ce rôle. D'où la complexité des sentiments des Japonais à l'égard des deux géants [voir chapitre 8, II, 2].

Dans le monde sino-centré, dont il ne rêvait pas de devenir lui-même le centre, le jeu du Japon était simple : manifester la déférence due à qui occupe le sommet de la hiérarchie, tout en veillant à ce que ce géant ne portât pas atteinte à ses intérêts vitaux. Quand la Chine traversait une période de troubles, l'Archipel se repliait sur lui-même en interrompant les relations le temps que le centre du monde retrouve l'équilibre, puis les reprenait. Et quand la puissance chinoise, « dévoyée » par une dynastie mongole, est sortie de son rôle en tentant de le subjuguer, le Japon s'est battu avec toute l'énergie que lui inspirait cette atteinte sacrilège à l'ordre du monde.

Les choses se sont compliquées quand l'arrivée des Occidentaux au XVIe siècle a montré que ce dernier ne se réduisait pas à l'espace sino-centré si bien ordonné. Le Japon a été tenté de s'aventurer dans ce monde qui s'ouvrait, avant de choisir la fermeture [voir chapitre 2, III, 1]. Après sa réouverture forcée, jeté dans un univers dont le centre avait disparu et où il n'avait plus de repères, il s'y est perdu. L'occupation américaine et la Guerre froide l'ont soulagé, d'une certaine façon, en lui offrant à nouveau un monde parfaitement lisible dans lequel la puissance dominante s'imposait à lui – l'occupant et le réformant, puis le protégeant. Son problème géostratégique était redevenu simple. Il ne s'agissait plus que de trouver vis-à-vis des États-Unis la « juste distance » : celle qui lui permettrait de protéger au mieux ses intérêts nationaux dans le cadre d'une relation d'inégalité, à laquelle il pouvait d'autant moins se soustraire que l'architecture même du monde libre (et donc l'ordre du monde entier) en dépendait plus que d'aucune autre relation bilatérale alors existante.

▶ La relation d'inégalité avec les États-Unis menace la souveraineté, les intérêts et le modèle japonais

Le Japon a tiré un immense profit de sa relation avec les États-Unis. Ils lui ont assuré une sécurité parfaite alors que la guerre faisait rage sur le théâtre asiatique, et ils ont beaucoup contribué au « miracle japonais » en leur qualité de premier partenaire commercial de l'Archipel jusqu'en 2006. Pour autant, cette relation inégale impliquait pour ce dernier de lourds sacrifices, à commencer par celui de sa souveraineté. Le Traité de Sécurité (1951) autorisait les forces américaines basées dans l'archipel à y intervenir en cas de « troubles graves » ; il n'avait pas de limite dans le temps et Tôkyô ne pouvait pas le dénoncer. Ces clauses léonines ont été supprimées en 1960, en sorte que le Japon peut en principe fermer les bases américaines avec un préavis d'un an. Mais il reste sous une contrainte politique très forte. Il accorde aux bases une large extraterritorialité et paye pour leur entretien[1]. Il a abdiqué sa souveraineté en laissant les Américains les utiliser à leur guise, y

---

1. Environ 3 milliards de dollars par an dans les années 1990, environ 2 milliards aujourd'hui.

compris pour les bombardements qui ont fait quelque 200 000 victimes civiles au Vietnam (1965-1968, 1972), ou encore en acceptant les yeux fermés l'assurance que son protecteur n'introduit jamais d'armes nucléaires sur son sol ni dans ses eaux territoriales. L'alternance politique au profit du PDJ (2009-2012), qui entendait établir une « relation d'égal à égal » avec les États-Unis, a été l'occasion pour eux de rappeler qui commande : sur le dossier de la base de Futenma, ils ont infligé au gouvernement démocrate une perte de face qui a compromis en quelques mois une expérience politique que les Japonais avaient longtemps espérée, mais que Washington voyait d'un mauvais œil [voir chapitre 8, I, 2].

La relation d'inégalité pèse également sur la diplomatie et l'économie du Japon. Au plan diplomatique, il a su desserrer la contrainte dans ses relations avec l'URSS et la Chine, ainsi qu'au Moyen-Orient [voir chapitre 8, I, 2]. Mais il s'est trouvé empêché d'épanouir sa relation avec l'Asie, comme nous le verrons ci-après. Au Moyen-Orient, après la première Guerre du Golfe, il a dû abandonner les positions qu'il avait acquises en Irak et en Iran – les deux principaux producteurs qui n'étaient pas dominés par les compagnies pétrolières américaines. Au plan économique, les relations nippo-américaines ont connu des tensions croissantes dès la fin des années 1960. Le Japon s'est vu contraint à des concessions parfois exorbitantes, jusqu'à discuter des fondamentaux même de son modèle sous la menace de sanctions [voir chapitre 6, I]. Il a résisté, rebâti sous d'autres formes les défenses protectionnistes qu'on l'obligeait à démanteler, et trouvé des parades en délocalisant certaines productions aux États-Unis et en Europe. Mais il a aussi payé, en acceptant de s'ouvrir à la mondialisation financière pour recycler les excédents de sa balance des paiements dans les bons du Trésor américains et sur les marchés internationaux, alors qu'il y était fort mal préparé. En 1990, cet engagement a été le facteur déclenchant de la crise dont il peine encore à sortir. Aujourd'hui, c'est autour du projet de Partenariat TransPacifique (TPP) que se cristallise la confrontation entre ce qui reste du modèle japonais et le modèle néolibéral anglo-saxon, comme nous le verrons ci-après.

▶ La dépendance militaire du Japon envers les États-Unis comporte quatre aspects

C'est pour assurer sa sécurité que le Japon se soumet à la relation d'inégalité avec les États-Unis. Ce marché allait de soi tant que la Guerre froide a duré : la protection américaine dissuadait absolument les deux puissances communistes de s'en prendre à l'Archipel. Ce dernier n'avait rien à y perdre et tout à y gagner. Mais aujourd'hui, la principale menace pour le Japon est celle des contentieux sur ses frontières maritimes et, au-delà, l'ambition chinoise d'établir sa supériorité stratégique régionale. Dans la mesure où il ne peut pas être certain que les États-Unis interviendront automatiquement en cas d'une confrontation entre lui et la Chine, le Japon entend pouvoir s'assurer par lui-même un certain niveau de sécurité. Il lui faut donc les armements adéquats, dont les États-Unis sont son principal fournisseur, et entendent bien le rester.

Il en résulte pour le Japon une quadruple forme de dépendance militaire. En premier lieu, les États-Unis refusent d'exporter leurs matériels les plus performants (cas de l'avion furtif F-22 Raptor). En deuxième lieu, les Japonais n'ont pas accès à toutes les technologies de certains des armements américains qui équipent leurs forces ; ils ne peuvent donc pas les entretenir ni les réparer eux-mêmes (cas du système Aegis – voir chapitre 6, III, 3). En troisième lieu, les systèmes d'armes vendus par les États-Unis dépendent de plus en plus, pour leur utilisation, de données transmises par des moyens de repérage et de communication opérés depuis les bases ou le territoire des États-Unis (cas de l'Aegis et de l'avion de combat F-35). Parfois même, le commandement américain a seul « le doigt sur la gâchette » (cas du système de défense antibalistique de théâtre). Enfin, Washington veille à empêcher le Japon de développer de manière indépendante des armements essentiels, comme on l'a vu dans les années 1980 quand ce dernier a voulu se doter par lui-même d'un avion de combat de la génération Rafale : alors que les Japonais avaient monté un projet associant Mitsubishi au français Dassault (entre autres), les États-Unis les ont contraints à l'abandonner pour coopérer avec General Dynamics à une simple modification de son F-16, en travaillant sur une base américaine et sous les ordres d'un colonel de l'US Air Force. Il en a résulté un appareil très médiocre, hors de prix et déjà en voie d'obsolescence (Mitsubishi F-2).

Au niveau plus général, la question est de savoir si Tôkyô peut compter sur une intervention américaine dans tous les cas de figure d'une confrontation avec la Chine. Rien n'est moins sûr, car la belle simplicité de la relation bilatérale a été remplacée par la complexité menaçante d'une relation triangulaire.

Le dilemme d'une relation devenue triangulaire

▸ Un ménage à trois est moins simple qu'à deux

Dans l'ordre mondial en cours de réaménagement, les États-Unis ont en Chine des intérêts considérables, ce qui n'était pas le cas avec le bloc communiste pendant la guerre froide. La RPC est l'un des piliers de l'économie planétaire – et donc de l'économie américaine ou européenne. Elle possède une force de frappe financière considérable et achète autant, sinon plus, de Bons du Trésor américains que le Japon. À l'ONU, où elle ne s'oppose presque jamais de front à Washington pour tout ce qui ne touche pas au théâtre asiatique, son comportement modéré est précieux à la diplomatie américaine aux prises avec la « guerre contre le terrorisme », le bourbier moyen-oriental, et désormais avec le problème ukrainien et ses suites.

Il s'ensuit que les États-Unis seront – à tout le moins – très réticents à s'engager dans un conflit avec la RPC pour un motif qui ne mettrait pas directement en jeu leurs intérêts essentiels, à commencer par un incident frontalier mal géré par les Japonais. Mais d'un autre côté, une confrontation sino-américaine peut sembler inévitable à terme, du seul fait que l'émergence de la puissance chinoise remet en cause le leadership mondial de l'Amérique. Quelle qu'en soit l'issue, une telle confrontation serait cataclysmique pour l'Archipel, placé en première ligne tant militairement qu'économiquement, alors qu'il n'a pour sa part aucun leadership à perdre. Le Japon n'est donc pas certain d'être soutenu par les États-Unis dans un conflit mettant en cause ses intérêts, mais trop certain de pâtir durement d'un conflit mené pour la défense des intérêts américains.

En outre, Tôkyô peut craindre que les deux géants s'entendent un jour à ses dépens. Il n'est pas inconcevable que les États-Unis – constatant que la puissance chinoise est soutenable (au contraire de celle de l'ex-URSS) et raisonnable (elle n'aspire à aucune sorte de révolution planétaire) – en viennent tôt ou tard à penser qu'une manière de partage de l'influence avec la RPC servirait mieux leurs intérêts qu'un conflit. Dans ce cas, contraindre Tôkyô à reculer sur les contentieux frontaliers serait un prix que Washington pourrait peut-être accepter de payer. Le Japon se trouve ainsi pris dans le dilemme classique du partenaire le plus faible au sein d'une relation triangulaire : « *Abandonment or entrapment* ». D'un côté il risque d'être abandonné par les États-Unis dans une confrontation indispensable à la défense de ses intérêts et de son précieux rang dans la hiérarchie internationale ; de l'autre, il peut se trouver entraîné dans un conflit désastreux pour lui à seule fin de conserver à l'Amérique sa suprématie mondiale.

▶ Le choix du Japon : un « shérif adjoint » au service du « basculement » américain vers l'Asie

Pour le partenaire le plus faible d'une relation triangulaire, il existe trois stratégies possibles : changer de camp, coller d'encore plus près à son partenaire traditionnel pour éviter d'être sacrifié, ou desserrer la contrainte en se rapprochant d'acteurs extérieurs au triangle qui ont des intérêts communs avec lui.

Changer de camp, ou du moins utiliser la Chine comme contrepoids à la trop grande puissance américaine, a été un moment envisagé par certains dirigeants conservateurs les plus nationalistes en réponse au *Japan bashing* des années 1980. Mais l'exacerbation des litiges frontaliers et le retournement de l'opinion japonaise contre la Chine interdisent désormais cette option. Depuis le début du siècle, la stratégie des dirigeants nippons est donc de ne pas laisser « même l'épaisseur d'une feuille de papier à cigarette » entre le Japon et son protecteur, selon l'expression du Premier ministre Koizumi (2001-2006). Le modèle est la Grande-Bretagne. Le Japon croit y voir tout ce qu'il rêve lui-même d'être : un allié fidèle de Washington dans la police du monde, influent au sein de sa communauté régionale, détenteur du droit de veto à l'ONU, intraitable sur ses frontières quitte à brusquer l'Espagne à Gibraltar et à se battre aux Malouines (1982) et – pour toutes ces raisons – un partenaire qui serait capable de se faire respecter et écouter à Washington.

Accéder à ce statut est l'ambition qui sous-tend la normalisation en cours de la posture militaire du Japon. Celle-ci devrait lui permettre de soutenir activement les forces américaines sur le théâtre asiatique, vers lequel elles sont en train d'opérer un « basculement » (*rebalancing*) – ou du moins l'étaient avant que l'affirmation des ambitions russes en Europe de l'Est ne ramène leur attention sur ce front. Les FAD peuvent les aider à surveiller ce théâtre (drones à long rayon d'action basés dans l'archipel) et à faire la police des mers (accord ReCAAP). Elles peuvent leur apporter un soutien logistique « sans rapport avec des opérations de combat » en cas de crise régionale (*guidelines* de 1996 pour l'application du Traité de sécurité), aider à la défense antimissile avancée du territoire américain (radars géants ANTP-Y2 à Hokkaido), voire contribuer à des frappes préventives sur les bases de lancement nord-coréennes ou chinoises au nom de l'autodéfense « collective » et « préventive » [voir chapitre 6, III, 2]. Si l'on y ajoute l'intégration récente des états-majors opérationnels de la marine et de l'armée de l'air japonaises avec ceux du commandement américain pour le Pacifique, et l'interopérabilité croissante des FAD avec les forces américaines, le Japon est clairement en train de se positionner comme un véritable « shérif adjoint » de Washington sur le théâtre asiatique.

Tôkyô espère s'assurer ainsi du soutien indéfectible des États-Unis dans ses litiges frontaliers avec la Chine, et donc la dissuader de tenter un coup de force. Mais ce positionnement accroît aussi le risque que le Japon soit entraîné dans un conflit sino-américain. Il importe donc que Tôkyô travaille aussi à se rapprocher de tous les acteurs régionaux qui partagent avec lui la crainte d'une Chine devenue puissance prédatrice, d'un côté, et de l'autre la réticence à l'affronter pour préserver la suprématie planétaire des États-Unis. Il en résulte que la diplomatie japonaise est de plus en plus active en direction de l'Asie, mais aussi de l'Inde, de la Russie et du Pacifique-Sud.

III. L'Asie-Pacifique et le nouveau « Grand Jeu »

Le Japon : pays asiatique ou d'Asie-Pacifique ?

▸ Le Japon ne s'est pas senti « asiatique » jusqu'à une période récente

Le Japon ne se sent pas « asiatique » – ou du moins il ne s'est pas senti tel jusqu'à une période très récente. L'entrelacs des relations entre États et nations qui a construit l'Europe au long des siècles (diplomatie et traités, commerce soutenu, alliances matrimoniales tous azimuts et langue commune au sein des élites, religion et courants de pensée, voyages et migrations) a été beaucoup moins dense en Asie. La centralité écrasante de la Chine interdisait aux autres acteurs de songer à se rapprocher ou à s'organiser entre eux, puis la prédation impérialiste les a écartelés. La question régionale ne s'est posée au Japon qu'à l'occasion de son aventure expansionniste. Elle a donné naissance à l'idée assez vague d'un cousinage culturel par opposition à l'Occident, et à celle d'un intérêt économique et géostratégique commun symbolisé par la sphère de coprospérité asiatique [voir chapitre 2, II, 4].

Le résultat a dégoûté les Japonais de l'Asie. Fracturée par la guerre froide, rongée par le communisme, les guérillas et la pauvreté, elle n'était plus qu'une menace à leurs yeux. Dans les années 1970, ils n'en connaissaient plus guère que la Corée et les Philippines, lieux de tourisme sexuel. En Asie du Sud-Est, les mêmes blessures qu'en Chine et en Corée nourrissaient (quoi qu'à un degré moindre) l'hostilité envers un pays perçu comme une marionnette et une base de guerre des États-Unis. La création de l'ASEAN (1967) a été aussitôt suivie d'accrochages diplomatiques avec Tôkyô. En 1972, la première tournée régionale d'un chef de gouvernement nippon (Kakuei Tanaka, qui venait de renouer avec la RPC) a provoqué partout de très violentes manifestations antijaponaises.

▸ Le retour du Japon en Asie doit quelque chose au *Japan bashing*

Le Japon est rentré en Asie après que la débâcle vietnamienne y a démonétisé les États-Unis et qu'il s'est positionné lui-même comme « puissance utile » dans les années 1980 [voir chapitre 6, II, 2]. La manne de l'aide au développement a dissipé les rancunes historiques. Encouragée par l'essor des « Quatre Dragons » (Corée du Sud, Taiwan, Singapour, Hongkong) toute la région s'est mise à rêver de croissance. À la fin de la décennie, certains pays de l'ASEAN – au premier rang desquels Singapour, la Malaisie et l'Indonésie – ont commencé à vanter un « modèle asiatique de développement » opposé au néolibéralisme anglo-saxon qui triomphait alors avec Margaret Thatcher et Ronald Reagan. Ils mettaient aussi en exergue des « valeurs asiatiques », présentées comme l'antidote aux maux dont était censé souffrir l'Occident (individualisme sans frein, immoralité, « droits de l'hommisme », « fausse démocratie » dévoyée par des médias et des lobbies tout-puissants, etc.). Les zélateurs de cette conscience asiatique naissante érigeaient le Japon en modèle, au moment même où celui-ci était vilipendé par les *Japan bashers* occidentaux. Rien d'étonnant si les Japonais, tout en gardant prudemment leurs distances avec l'antiaméricanisme des « asianistes », se sont alors engoués pour l'Asie. Ils le sont restés, notamment parce qu'elle offre à leur pays ses meilleures ressources pour relever sa puissance ébranlée par sa longue crise et rester compétitif grâce au « système de production régional intégré » [voir chapitre 7, I, 3].

Pour autant, Tôkyô ne cherche pas à se poser en leader d'une possible intégration régionale, qui se heurte au demeurant à de multiples obstacles.

▸ Le Japon préfère l'horizon Asie-Pacifique à une improbable intégration régionale

L'Asie est bien plus disparate que l'Europe. La diversité des cultures et des peuples, celle des régimes politiques, la différence abyssale des niveaux de développement, les blessures de guerres encore récentes[1] et les conflits frontaliers omniprésents, sont autant d'obstacles à un processus d'intégration, quel qu'il soit. Au lieu du couple moteur qu'ont su former la France et l'Allemagne, les deux acteurs régionaux dominants sont des rivaux acharnés. Ce qui existe aujourd'hui d'intégration a été réalisé sans esprit de système, au coup par coup, à l'initiative des petits acteurs rassemblés depuis bientôt un demi-siècle dans l'ASEAN. Il en résulte une multiplicité de forums, de commissions, de programmes et de dossiers plus ou moins gérés en commun, et de zones de libre-échange que leur enchevêtrement inextricable fait surnommer « le plat de spaghettis ». Mais à la différence de notre Europe, il n'existe aucune instance supranationale à laquelle des États-membres consentiraient des abandons de leur souveraineté, et qui leur imposerait ses décisions.

La Chine et les États-Unis ont accueilli ce processus avec la même méfiance hostile, car tout géant préfère traiter de manière bilatérale avec des acteurs dont la dispersion assure sa suprématie. Pour sa part, le Japon se sent plus à l'aise dans l'espace Asie-Pacifique qu'en Asie, pour deux raisons. La première est que Tôkyô espère s'y poser en pont entre les deux rives et les deux civilisations. La seconde est que, dans cet espace, il ne se trouve pas enfermé avec le tigre chinois dans la cage asiatique. C'est pourquoi il a toujours veillé à introduire dans celle-ci le lion américain. Dès les années 1960, il a poussé à la création des divers organismes transpacifiques qui ont abouti en 1989 à celle de l'APEC[2], et il fait des pieds et des mains pour que tout forum régional asiatique fasse aussi une place aux États-Unis. Ce faisant, le Japon a toujours pu compter sur l'appui de l'Australie, avec laquelle il a souvent pris conjointement l'initiative des diverses avancées dans la mise en place d'institutions et de réseaux transpacifiques.

---

1. Malaisie-Indonésie (1963-66), Malaisie-Singapour (1965), Vietnam-Cambodge (1978-89), Chine-Vietnam (1979), contentieux et accrochages frontaliers entre la Thaïlande et ses trois voisins, etc.

2. *Asia-Pacific Economic Coopération.*

L'environnement institutionnel régional du Japon

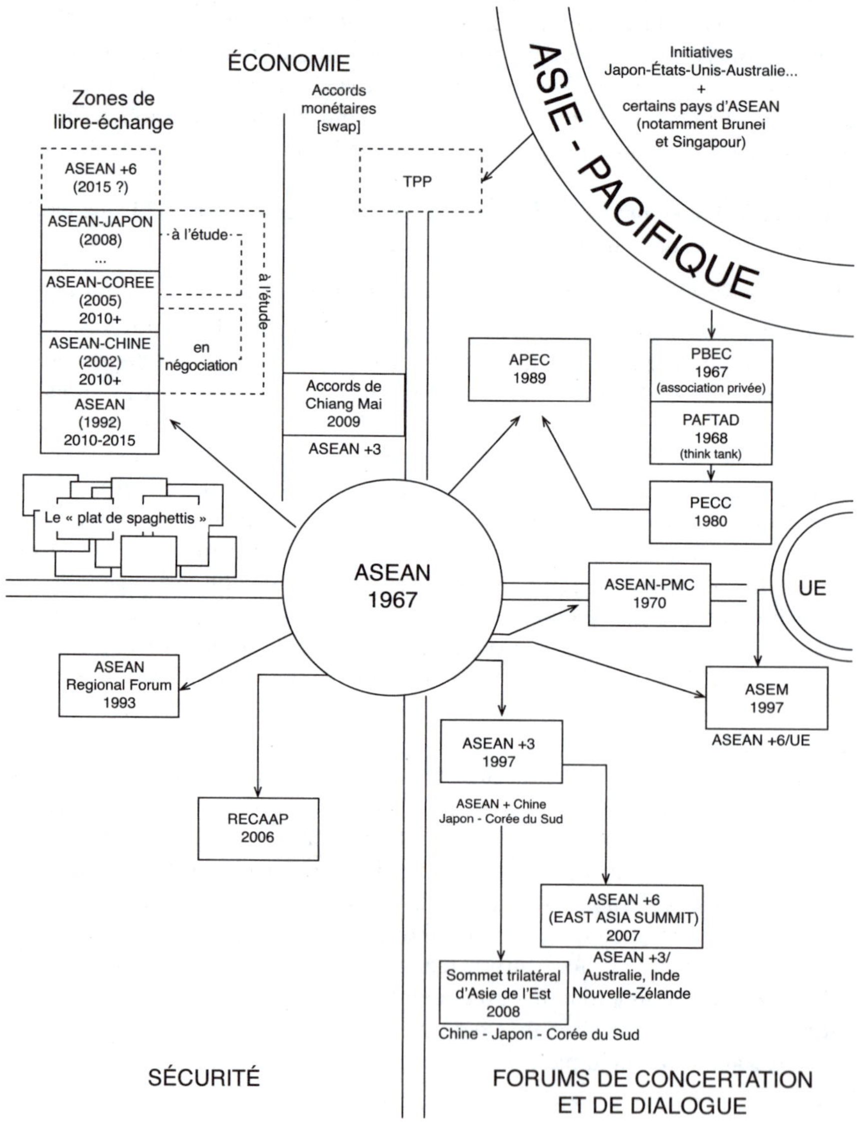

Pour ne pas indisposer Washington, les dirigeants japonais (hormis les plus nationalistes) se sont aussi bien gardés de faire écho aux zélateurs des « valeurs asiatiques ». En 1993, lors de la conférence régionale sur les droits de l'homme où les pays asiatiques préparaient celle que l'ONU allait réunir à l'été, Tôkyô a été le seul pays à voter contre la résolution finale qui affirmait la relativité de ces droits en fonction des situations locales. Lors de la grande crise financière asiatique de 1997, le Japon a aussi refusé de répondre aux appels pour créer un Fonds monétaire asiatique, grâce auquel les pays les plus touchés[1] espéraient échapper aux réformes néolibérales exigées par le FMI en échange de son assistance – ce que Washington aurait considéré comme un véritable *casus belli*.

Toutefois, le Japon est de plus en plus conscient que l'Asie lui offre deux ressources précieuses. Au plan économique, c'est le « circuit régional intégré de production », dans lequel il joue un rôle essentiel et qui peut être décisif pour le tirer de sa longue crise [voir chapitre 7, I, 4]. Au plan diplomatique et géostratégique, l'Asie peut lui offrir ces partenaires extérieurs qui constituent la troisième stratégie possible pour échapper au dilemme de la relation triangulaire.

Un « Grand Jeu » pour desserrer la contrainte triangulaire ?

« Le Grand Jeu » désigne la partie d'échecs diplomatico-militaire à laquelle la Grande-Bretagne et la Russie se sont livrées en Asie au XIXe siècle, et dans laquelle la première a joué un coup décisif en 1904 en poussant le Japon contre son adversaire. Les États-Unis et la Chine sont aujourd'hui engagés dans une partie du même ordre, et le Japon y constitue encore une pièce de première importance. Le basculement stratégique des États-Unis vers le théâtre asiatique est le dernier coup de Washington ; le suivant doit être la conclusion du TPP. Le premier risque de provoquer à terme un affrontement sino-américain très dangereux pour l'Archipel ; le second peut détruire ce qui reste de son « modèle », brutaliser encore une société qui l'a déjà beaucoup été, et menace nombre d'intérêts liés au PLD. Dans cette conjoncture, il est essentiel pour le Japon de n'être pas un simple pion, mais un joueur à part entière : ce n'est pas pour rien que le Premier ministre Shinzô Abe (depuis 2012), dans sa première année au pouvoir, a consacré ses premiers déplacements officiels à l'Asie, faisant passer Hanoi, Bangkok et Djakarta avant Washington.

Le premier coup du Japon sur l'échiquier consiste rassembler tous ceux que la Chine inquiète au sein de configurations stratégiques diverses dont les noms – « *Arc of Freedom and Prosperity* », « *Democratic Security Diamond* » – sont conçus (en anglais dans le texte) pour séduire les médias nippons et internationaux. Les partenaires potentiels incluent la plupart des pays de l'ASEAN, l'Australie, mais aussi l'éléphant indien et l'ours russe, que Tôkyô serait bien aise d'introduire eux aussi dans la cage asiatique. L'atout du Japon pour ce coup est que nombre de ces pays ont des relations difficiles avec les États-Unis et/ou avec le modèle économique néolibéral qu'ils promeuvent. Tôkyô peut donc renforcer sa position aux yeux de son allié américain en faisant pour lui œuvre utile, mais aussi d'une pierre deux coups en renforçant de manière autonome sa propre position diplomatique et stratégique dans la région. Il avance ses pions sous forme d'accords de sécurité bilatéraux plus ou moins

1. Thaïlande, Malaisie, Indonésie et Corée du Sud.

approfondis (Australie, Inde, Vietnam), de sommets bilatéraux réguliers entre ministres de la Défense (Inde, Russie [1]), de petites manœuvres navales communes et d'aide au développement. Pour cette dernière, il est significatif que le Japon soit le premier donateur avec la quasi-totalité des pays qui ont des frontières communes avec la Chine, et qu'il soigne particulièrement ceux qui sont pour l'heure dans l'orbite de Pékin (Birmanie, Cambodge, Laos).

Le Japon joue son deuxième coup dans les négociations du TPP, où il pèse beaucoup plus lourd que n'importe quel autre joueur à l'exception des États-Unis. Il peut y gagner beaucoup sur deux plans. En termes d'influence régionale, s'il se pose avec succès comme la voix de l'Asie face aux excès du néolibéralisme. En terme de dynamisme propre, si ses dirigeants en profitent pour imposer dans l'Archipel les réformes encore nécessaires afin de relancer durablement son économie. Le coup est toutefois difficile à jouer, car Tôkyô doit céder assez pour ne pas faire capoter la négociation – ce qui le brouillerait avec Washington –, mais pas trop sous peine de susciter une opposition insurmontable tant dans l'Archipel que dans certains pays de la région.

IV. Les acteurs secondaires pour le Japon

À quoi peut bien servir l'Europe ?

L'Europe, à l'exception de la Russie, ne pèse quasiment d'aucun poids dans le jeu diplomatico-stratégique sur le théâtre asiatique, même si quelques-uns de ses membres sont partie prenante de l'accord ReCAAP contre la piraterie, si la Grande-Bretagne a un vieil accord de défense avec la Malaisie et Singapour (*Five Power Arrangement*, 1971), et si la France est présente dans le Pacifique sud. Et les négociations pour un accord de libre-échange entre l'UE et le Japon commencées en 2013 ne suscitent aucun intérêt médiatique dans l'Archipel, alors que celles du TPP font les gros titres.

Au plan économique, les deux graphiques ci-après donnent une bonne idée de « qui compte pour le Japon ». L'Union européenne prise en bloc constitue le troisième partenaire commercial du Japon – mais elle ne représente même pas 20 % de ses échanges avec l'Asie, à peine la moitié de son commerce avec la Chine, et un quart de moins que son commerce avec les États-Unis. Elle compte davantage au plan des investissements, pour lesquels le Japon évite clairement de mettre tous ses œufs dans le même panier ; mais quand la tension avec la Chine l'amène à s'en dégager au moins un peu, comme en 2013, c'est vers les États-Unis qu'il se tourne plutôt qu'un continent qui évoque pour lui le passé plutôt que l'avenir.

▸ L'Europe et ses tribus vues du Japon

Depuis que le Japon connaît l'Europe, il l'a toujours vu se déchirer. Au XVIe siècle c'était entre Portugais, Espagnols, Anglais et Hollandais. Après son retour dans le monde en 1853, il n'a fait qu'assister au long déclin historique, du Vieux Continent, et depuis 1945, il ne compte que sur les États-Unis. Sceptique devant le modèle d'intégration de notre Union, il s'est obstiné aussi longtemps qu'il l'a pu à garder ses relations avec les pays qui la com-

1. Du moins était-ce prévu avant la crise ukrainienne de 2014.

posent dans des cadres bilatéraux. Il y était d'autant plus porté que les Japonais – diplomates compris - font très fortement la différence entre les divers acteurs du Vieux Continent. Ils se sentent de fortes affinités avec la Grande-Bretagne et l'Allemagne. Avec la première, en souvenir de ce qu'elle a fait jadis pour eux en étant la première puissance à renoncer au traité inégal qu'elle lui avait imposé et en lui donnant les moyens financiers et technologiques de vaincre la Russie en 1905 ; et aujourd'hui pour sa qualité de meilleur allié des États-Unis, pour le cousinage qu'on éprouve entre monarchies, et parce que sa langue est celle du monde. Avec l'Allemagne, ils ont le souvenir de s'être battus contre les mêmes adversaires (quoique nullement « ensemble ») et une sincère admiration pour une nation de producteurs laborieux et disciplinés qui leur paraît ce qu'il y a de plus proche d'eux en Occident. L'Italie aussi leur est sympathique, nonobstant son désordre chronique (ou peut-être à cause de lui), pour ce qu'ils y voient de très vieille et grande civilisation, de fantaisie, de charme et de créativité dans des domaines comme le design ou la mode ; elle a aussi donné au monde la pizza, dont les Japonais sont friands...

Avec la France, la relation des Japonais est complexe. Au sein de l'UE, ils y ont toujours vu leur pire adversaire dans les négociations commerciales – le champion du protectionnisme qui leur a livré la « bataille de Poitiers » [voir chapitre 2, I, 4] et qui a longtemps limité à 3 % la part de leurs constructeurs sur son marché automobile. Le reste est un tissu de contradictions. Vue du Japon, la France a inventé la liberté mais vit dans le désordre de grèves incessantes. Paris offre le Louvre et la tour Eiffel à l'admiration du monde, mais on y marche sur les crottes de chien et on n'y trouve pas de taxi. Elle possède les plus belles marques de luxe et le parc nucléaire dont rêve l'Archipel, mais son industrie agonise. Elle a la plus prestigieuse culture classique du monde, mais plus d'écrivains depuis Camus-Sartre-Beauvoir, plus de peintres depuis Monet et Picasso, plus de chanteurs depuis Édith Piaf et Salvatore Adamo, et guère d'acteurs depuis Delon-Deneuve. Les Japonais admirent nos Médecins du Monde et le discours mythique de Dominique de Villepin à l'ONU contre la guerre en Irak, mais ils tiennent Paris pour un acteur mineur dans les affaires qui concernent leur archipel. Fondées ou non, ces images sont aussi des facteurs qui comptent en géopolitique.

▸ L'intégration européenne laisse le Japon très perplexe, mais lui offre quelques possibilités

Nation compacte et consciente d'elle-même au plus haut point, le Japon n'a jamais vraiment cru au projet d'une Union fondé sur la supranationalité. Il a longtemps refusé d'avoir Bruxelles pour interlocuteur dans les négociations commerciales, qui constituent l'essentiel des relations nippo-européennes. La mise en place du marché commun (1986), du marché unique (1993), puis de l'euro (1999), l'ont forcé à constater que l'UE est devenue réalité. L'émergence d'Airbus/EADS, géant supranational capable de damer le pion aux constructeurs américains, a aussi beaucoup impressionné les Japonais. L'euro leur a fait fantasmer la fin du quasi-monopole du dollar comme monnaie internationale, où ils voient une cause de leurs problèmes économiques. Ceux dans lesquels l'Europe se débat aujourd'hui les ont désabusés, mais du moins l'UE n'est-elle plus un non-être à leurs yeux.

Les échanges commerciaux du Japon en 2012

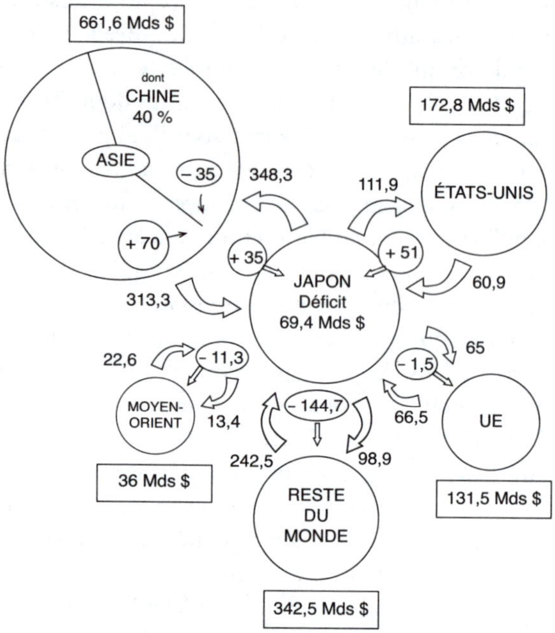

Le stock d'investissements directs du Japon à l'étranger (2013)

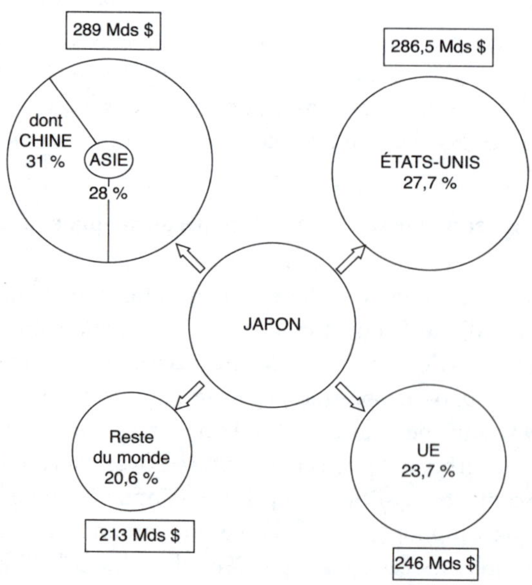

LES FLUX D'INVESTISSEMENTS DIRECTS DU JAPON À L'ÉTRANGER (2013)

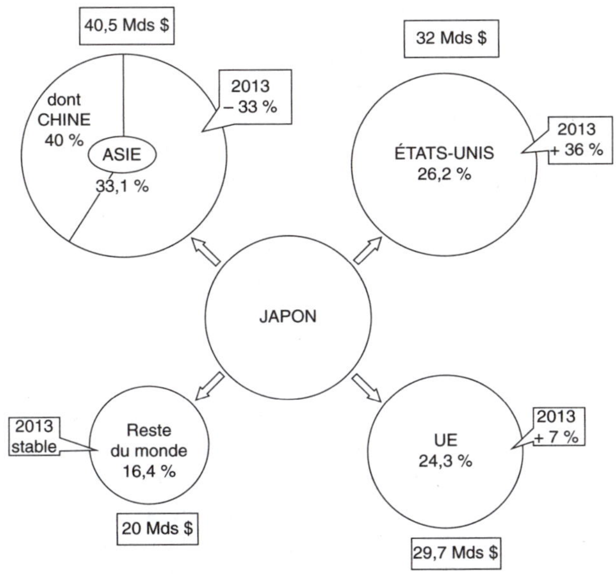

L'Europe et le Japon ont un problème géopolitique commun : que peut-on faire pour ne pas se laisser asservir aux intérêts et à la diplomatie des États-Unis sans s'opposer frontalement à eux ? Un mérite de l'Europe aux yeux des Japonais est d'en offrir un exemple. On ne verra certes pas un diplomate nippon s'enflammer devant le Conseil de sécurité comme M. de Villepin, et le droit d'ingérence humanitaire n'est pas le bol de thé du *Gaimushô*. Mais Tôkyô a passé outre l'hostilité de Washington en se rangeant aux côtés des Européens pour adhérer à la Convention d'Ottawa sur l'interdiction des mines anti-personnel (1998) et à la Cour pénale internationale (2007). Le Japon, à la tête de l'Asie, a aussi emprunté à l'Europe le « serpent monétaire » qui lui permettait limiter les fluctuations de ses monnaies face au dollar avant l'avènement de l'euro : ce mécanisme a été repris dans les accords de Chiangmai (2010), auxquels Tôkyô est le principal contributeur avec Pékin.

Ces accords sont le plus loin où le Japon soit allé dans une démarche d'intégration régionale inspirée de l'UE. Ils ont été signés pendant le passage au pouvoir du PDJ, dont la doctrine de politique étrangère se démarquait par la volonté de rééquilibrer la relation avec les États-Unis et par une invocation de la « fraternité » (*yuai*) très éloignée du réalisme pur et dur du PLD. La brève alternance politique de 2009-2012 est le seul moment où l'expérience européenne a été donnée en exemple à l'Asie, notamment par le Premier ministre Hatoyama. Toutefois, compte tenu de l'échec cinglant de ce dernier en matière de politique étrangère [voir chapitre 8, I, 2], il est douteux que l'européanophilie reparaisse de sitôt dans la pensée géopolitique japonaise.

Le reste du monde : un patchwork d'intérêts secondaires

▸ Du désintérêt pour le monde à la « diplomatie des ressources »

Le Japon n'a rien hérité de l'histoire qui le pousse à se soucier du monde hors de son environnement proche et de ses lignes de vie : ni mission, ni pré carré, ni clientèles. Il n'a guère de diaspora enracinée qu'aux États-Unis et en Amérique du Sud (Brésil). Les « nouvelles menaces » sur la planète sont un thème dont ses dirigeants se saisissent au nom des responsabilités internationales que l'Archipel se doit d'assumer pour mériter sa fameuse « place d'honneur », et pour justifier le renforcement des FAD et l'élargissement de leurs missions. Mais comme nous l'avons vu, il se sent en réalité peu concerné, d'autant moins que le terrorisme n'y menace pas ses ressortissants, sinon par ce qui est considéré comme une imprudence inexcusable de leur part – au point qu'il a été question de faire payer par un otage nippon en Irak les frais occasionnés par sa libération – ou comme victimes collatérales (champ pétrolier d'In Amenas, Algérie, 10 morts, 2013).

La première motivation qui a poussé Tôkyô à élargir un peu son horizon a été baptisée « diplomatie des ressources ». Il s'agit en fait d'une extension de la protection des lignes de vie à celle des ressources indispensables qu'elles doivent acheminer, essentiellement les hydrocarbures. La « diplomatie des ressources » explique le retournement pro-palestinien de la diplomatie nippone en 1973 et les liens étroits noués avec l'Irak de Saddam Hussein et l'Iran des mollahs. C'est aussi elle qui a fait du Japon, à la fin des années 1990, le premier donateur d'aide au développement pour la quasi-totalité des pays du Moyen-Orient, depuis la Jordanie jusqu'au sultanat d'Oman, en passant par l'Iran et l'Arabie Saoudite (bien que cette dernière ne parût guère en avoir besoin). La Tunisie, le Maroc et même la Mauritanie ont aussi bénéficié de la manne nippone. L'appétit pour le charbon et le minerai de fer que l'Australie possède en abondance a aussi beaucoup contribué à rapprocher Tôkyô et Canberra, en sus de leur intérêt commun à faire le plus de place possible aux États-Unis dans les affaires asiatiques.

▸ Les *nikkeijin* ont fait (un peu) exister l'Amérique du Sud

Les petites ouvertures faites par Tôkyô à certains pays d'Amérique Latine dans les années 1980 sont une autre forme de « diplomatie des ressources ». Jusqu'alors, le Japon avait préféré oublier ses émigrés (la plupart au Brésil) : c'étaient des cadets et des filles dont les familles se débarrassaient ailleurs après la fermeture des États-Unis à l'immigration asiatique (1924), et dont beaucoup n'avaient guère prospéré. Au sommet de son succès économique, l'Archipel manquait de main-d'œuvre mais refusait toujours l'immigration en arguant de « l'impossibilité de s'intégrer » pour qui n'était pas de souche japonaise (*nikkeijin*). En s'ouvrant, en 1990, à tous les descendants de Japonais de par le monde, les autorités entendaient préserver ce mythe tout en mettant la main sur une force de travail bien utile. Tôkyô procéda donc à une offensive de charme qui en a fait dans les années 1990 le premier donateur d'aide au développement au Brésil, à l'Argentine, au Chili et au Pérou (ces deux derniers étant en outre partie prenante des divers forums Asie-Pacifique). Environ 350 000 Sud-Américains ont ainsi immigré au Japon, où leur intégration a été un échec quasi-complet, et dont la crise a découragé beaucoup.

▶ La compétition avec Pékin fait entrer l'Afrique dans le champ de vision du Japon

Depuis une dizaine d'années, l'Afrique a fait une entrée remarquable dans le monde dont Tôkyô se soucie. En 2000, elle ne recevait que 10 % de l'aide au développement japonaise, malgré la mise en place du dialogue TICAD dès 1993 [voir chapitre 6, II, 2]. En 2012, elle en a obtenu 36,7 %, sans toutefois que le volume de cette aide ait augmenté dans les mêmes proportions, en raison de la diminution concomitante du budget nippon. Et elle a désormais une place sur l'agenda du Premier ministre lui-même (en janvier 2014, il a visité la Côte d'Ivoire, la Mozambique et l'Éthiopie).

Une raison majeure de cet intérêt est celui que Pékin manifeste lui aussi pour ce continent laissé en déshérence par les États-Unis, mais riche de multiples ressources. La RPC multiplie les offres d'aide et de coopérations multiformes, et les firmes chinoises remportent de très gros contrats. Pour contrer son grand rival, Tôkyô recherche activement la coopération de la France, dont elle aimerait qu'elle lui serve de guide dans la complexité d'un espace où sa diplomatie n'a ni tradition, ni réseaux.

▶ À cela s'ajoutent quelques confettis à usage électoral et une clé importante pour les États-Unis

La carte de l'aide japonaise au développement révèle aussi trois centres d'intérêt mineurs, mais significatifs. Le premier est une quinzaine de petits ou micro-États insulaires de l'Atlantique (Trinidad et Tobago, St Christophe et Nevis, Sainte-Lucie, Saint-Vincent-et-les-Grenadines, La Barbade), du Pacifique (Kiribati, Vanuatu, Nauru, îles Fidji, îles Samoa, royaume de Tonga) et de l'océan Indien (Seychelles, île Maurice). Cette cohorte exotique constitue à peu de frais une clientèle électorale à l'ONU, où le Japon est le pays le plus souvent élu au Conseil de sécurité depuis son admission en 1957, ainsi qu'à à la Commission baleinière internationale, où il ferraille obstinément contre l'interdiction de la chasse. Belize, le Nicaragua et le Panama, autres récipiendaires notables de l'aide japonaise, ont en commun avec eux cette double appartenance et leur petite taille. Certains sont aussi des enjeux stratégiques, comme les Seychelles sur le « collier de perles » chinois ou Panama et son canal.

Tôkyô est aussi depuis longtemps le premier donateur d'aide à la Turquie. Celle-ci doit cette générosité à sa position doublement stratégique au Moyen-Orient, comme élément stabilisateur dans cette région très volatile et très riche en pétrole, et comme gardien des Dardanelles. Celles-ci n'intéressent guère le commerce nippon, mais cette clé – qui permettrait le cas échéant d'enfermer dans la mer Noire la flotte soviétique, aujourd'hui russe – intéresse beaucoup la marine américaine. Compte tenu de la froideur des relations entre Ankara et Washington, on peut penser que Tôkyô agit ici en partie pour le compte de son protecteur américain. Il en est de même pour l'importance de l'aide accordée à la Turquie après le grand séisme de 1999 (20 000 morts), ou encore pour le fait très inhabituel que le Premier ministre nippon se soit rendu deux fois à Ankara en 2013.

Volens nolens, le Japon élargit ses horizons. Il le fait dans un esprit radicalement réaliste, en fonction des seules préoccupations qui ont toujours été les siennes (menaces dans son environnement proche, lignes de vie, relation à la puissance dominante). Ce réalisme à tous crins peut chagriner les tenants de l'école libérale des relations internationales, qui veulent mettre des considérations moins réductrices dans un jeu dont ils rêvent qu'il puisse être un système de relations gagnant-gagnant. Le fait est que la diplomatie moderne japonaise, telle qu'une histoire brutale l'a forgée depuis moins de deux siècles qu'elle existe, n'y croit pas.

Dix questions géopolitiques dont dépend l'avenir du Japon

En guise de conclusion…

1) Le Japon survivra-t-il ? En raison de son exposition exceptionnelle au risque sismique combiné avec le risque nucléaire, cette hypothèse est incontournable : rien n'immobilisera jamais les plaques tectoniques. Beaucoup peut être fait pour réduire les effets d'un séisme catastrophique : relocalisation des fonctions de commandement et d'autres installations vitales, renforcement des infrastructures, sécurisation parfaite ou abandon du parc nucléaire. Mais cette préoccupation pourra-t-elle trouver sa place à côté des soucis de court et de moyen terme ?

2) Le Japon réduira-t-il sa double dépendance énergétique et alimentaire, à défaut de s'en affranchir ? Disposera-t-il toujours de moyens suffisants pour payer les importations nécessaires, mais aussi pour sécuriser ses lignes de communication ?

3) Le Japon remédiera-t-il à la surconcentration géographique et à la centralisation excessive qui accroissent sa vulnérabilité face à une agression comme face aux risques naturels, et qui peuvent contraindre, voire brider, son dynamisme et son potentiel créatif ?

4) Le Japon préservera-t-il les précieuses ressources géopolitiques internes que constituent sa cohésion nationale, son éthique collective, ses communautés soudées mais non pas repliées sur elles-mêmes, et la densité sécurisante de son organisation sociale ?

5) Le Japon se dotera-t-il d'une gouvernance plus ramassée, moins contrainte par le passé (intérêts acquis et rancunes historiques), plus proactive, plus ouverte sur le monde, et mieux représentée dans les organisations internationales ? Aura-t-il les ressources humaines nécessaires pour ce faire, en quantité comme en qualité ?

6) Le Japon saura-t-il gérer le problème démographique autrement qu'en protégeant les seniors, échappant ainsi au collapsus démographique programmé ? Pourra-t-il empêcher que le vieillissement débilite sa démocratie, sa capacité d'adaptation à la mondialisation et sa volonté de faire face aux menaces géostratégiques ?

7) Le Japon restera-t-il en tête dans la course qui l'oppose à la Chine, mais aussi à la Corée, pour occuper les meilleures positions dans la chaîne de la valeur ajoutée du « circuit de production intégrée » en Asie ? À l'échelle planétaire, les exportations – qui sont vitales pour lui plus que pour n'importe quel autre grand pays développé, en raison de sa double

dépendance énergétique et alimentaire – résisteront-elles indéfiniment à la montée en puissance des BRICS ?

8) Le Japon échappera-t-il au conflit frontalier avec la Chine dont la perspective l'obsède aujourd'hui, et/ou à celui qui pourrait opposer les États-Unis à la Chine ? Pour continuer à assurer sa sécurité dans une Asie où les tensions montent, que devra-t-il sacrifier de son rang et de ses intérêts à l'un des deux géants, voire aux deux s'ils s'accordent à ses dépens ?

9) Le Japon sera-t-il capable de sortir par le haut du piège de cette relation triangulaire, en se plaçant comme un acteur incontournable du « nouveau Grand Jeu » dans une Asie qui devient le nouveau centre économique et géostratégique du monde ?

10) *Last but not least* : le Japon trouvera-t-il la recette-miracle qui lui permettrait d'échapper aux diktats du marché financier international pour financer la dette qui l'écrase, et pour en réduire le poids autrement qu'en spoliant l'épargne japonaise qui l'a financée jusqu'ici ?

Nul ne peut répondre aujourd'hui à ces questions avec certitude. Si la réponse est positive à toutes – ce qui est très peu probable –, le Japon pourrait devenir une puissance bien plus autonome qu'aujourd'hui, avec laquelle les plus grandes devront compter. S'il échappe aux séismes et aux guerres mais que la réponse est négative pour toutes les autres questions – ce qui n'est pas impossible –, il subsisterait au mieux comme le plus gros satellite de la puissance qui dominera l'Asie, au pire comme un acteur de second ordre si Pékin et Washington s'y partagent l'influence. Mais s'il n'échappe pas à une guerre, dans quelque configuration que ce soit et quel qu'en soit le vainqueur, son avenir s'annonce chaotique et sombre.

En commençant, nous avons dit que l'Archipel est à la croisée des chemins. Nous voyons ici quelles bornes balisent les routes qui mènent vers ses différents futurs possibles. Pour parvenir à l'un ou à l'autre, quel qu'il soit, le Japon devra passer par elles. Chacune d'elles.

Chronologie géopolitique du Japon

Chronologie incertaine et controversée

– 40 000	L'Archipel est accessible à pied sec : premières traces de l'*homo habilis*.
– 8000	Début de la période Jômon (âge de pierre). Deux souches de peuplement distinctes.
– 711 – 585	« Vie » de Jinmu Tenno, fondateur mythique de la dynastie impériale.
Ca. – 300	Début de la période Yayoi (âge du métal). Nouvel apport de peuplement. Le « Pays des *Wa* » apparaît dans les chroniques chinoises.
Ca. 250	Début du « trou noir » dans l'histoire du Japon : interruption des relations entre les petites principautés *Wa* et la Chine. Transition progressive vers l'État de Yamato.
270-310	Règne supposé d'Ôjin, peut-être fondateur de la dynastie Yamato (sans doute plus tardif).
374-413	Corée : règne de Kwanggaeto le Grand. Interventions des *Wa* dans la péninsule.
De 413 à 479	Sept ambassades japonaises en Chine : consolidation de l'État de Yamato.

Début de la chronologie assurée

538 (552 ?)	Arrivée officielle du bouddhisme au Japon.
De 593 à 622	Régence du prince Shôtoku : organisation de l'État sur le modèle chinois.
600 (607 ?)	Apparition d'une identité japonaise : le « Pays des *Wa* » se baptise « Nihon ».
710	La capitale se fixe à Nara. En 784, elle déménage à Heian (Kyôto).
712	Premier livre japonais (*Kojiki*).
858	L'empereur perd tout pouvoir réel : le chef du clan Fujiwara devient régent.
894	Interruption des contacts avec la Chine : fin des ambassades.
Ca. 1000	Apogée de la culture aristocratique : *Le Dit de Genji*.
1156-1185	Les guerriers maîtres de l'État : guerre des clans Taira et Minamoto ; ce dernier inaugure le shogunat à Kamakura.
1274 et **1281**	Tentatives d'invasion mongoles : épisode des *kamikaze*.
1333	Fin du shogunat de Kamakura : début de l'anarchie féodale et des grandes jacqueries.
1392	Les pirates japonais provoquent la chute de la dynastie coréenne Goryeo. En 1419, ils repoussent un assaut coréen sur Tsushima.
1429	Les Ryûkyû s'émancipent de la tutelle japonaise.

1457	Ezo (Hokkaido) : le principal chef Ainu est tué par les Japonais.
1543	Contact avec l'Occident : arrivée des Portugais. Le Japon leur fait bon accueil. Le mousquet révolutionne l'art de la guerre.
1563	Les pirates japonais pillent Nankin.
1569 et **1575**	Vers la fin de l'anarchie : Nobunaga Oda prend Kyôto, puis écrase le clan Takeda (bataille de Nagashino).
1582-1591	Hideyoshi Toyotomi réunifie le pays, désarme la population et stabilise la société (création des castes).
1587	Début de la confrontation avec l'Occident : interdiction du christianisme.
1592, 1597	Expéditions japonaises en Corée.
1600-1603	Fin de l'anarchie : Ieyasu Tokugawa écrase la dernière révolte féodale (bataille de Sekigahara) et devient shôgun. Le pouvoir réel s'installe à Edo.
De 1604 à 1639	Passage progressif d'un pays ouvert sur la mer au « pays fermé » (*sakoku*). Diverses confrontations avec les Occidentaux.
1643-1649	La population immobilisée : interdiction de la mutation des terres agricoles et fixation des paysans sur leurs parcelles.
1732, 1783, 1832	Le Japon au bord de la surpopulation : famines dévastatrices et jacqueries.
1789	Ezo (Hokkaido) : fin de la résistance armée des Aïnus (bataille de Kuranishi-Menashi).
De 1800 à 1853	Le régime hésite entre ouverture (exploration de Sakhaline, traduction active d'ouvrages occidentaux) et fermeture (1825 : ordre de détruire tout navire étranger tentant d'aborder).
1853	« Première grande défaite » : les canonnières américaines forcent la baie d'Edo. Le Japon doit signer son premier traité inégal.
1868	Restauration de Meiji : victoire des modernisateurs. L'empereur abandonne Kyôto pour Edo, qui devient Tôkyô.
1869	Intégration d'Hokkaido à l'empire japonais.
1875-1876	Premiers pas impérialistes : intervention à Formose (Taiwan), annexion des Ryûkyû, traité inégal imposé à la Corée.
1889	Modernisation politique : Constitution.
1894-1895	Le Japon, force régionale de second rang : victoire contre la Chine en Corée et traité de Shimonoseki (abandon de Formose et des Ryûkyû par la Chine, droits du Japon en Chine analogues à ceux des Occidentaux).
1902	Le Japon pion du « Grand Jeu » : traité d'alliance avec l'Angleterre.
1904-1905	Le Japon, force régionale de premier rang : guerre russo-japonaise et traité de Portsmouth.
1910	Triomphe diplomatique : annexion de la Corée sans objection de l'Occident.
1911, 1914-1918	Le Japon égal des grandes puissances ? Abolition des derniers traités inégaux. Première Guerre mondiale aux côtés des Alliés : saisie des archipels allemands du Pacifique.
1915	Le Japon prédateur : les 21 Demandes imposées à la Chine.

De 1919 à 1930	Le Japon reste à la porte du Club des Grands : renonciation forcée aux 21 Demandes, limitation des armements navals (traités de Washington et de Londres), fermeture des États-Unis à l'immigration asiatique.
1923	Grand séisme de Tôkyô (140 000 morts)
1926	Accession de Hirohito au trône. Début de l'ère Shôwa.
1931-1933	Stratégie de rupture : invasion de la Mandchourie et retrait de la SDN. Mainmise des militaires sur le gouvernement.
1937	Début de l'invasion de la Chine.
1940	Traité de l'Axe (Allemagne, Italie, Japon).
1941	***13 avril :*** Pacte de non-agression avec l'URSS. ***25 juillet :*** Gel des avoirs japonais et embargo par les États-Unis. ***7 décembre :*** Attaque sur Pearl Harbor et invasion de l'Asie du Sud-Est.
1942	***5-7 juin :*** Bataille de Midway : le Japon perd la supériorité aéronavale
1945	***9-10 mars :*** Bombardement de Tôkyô au napalm : 100 000 morts. ***1er avril-21 juin :*** Bataille d'Okinawa. ***6 et 9 août :*** Bombardement d'Hiroshima et de Nagasaki. ***8 août :*** Déclaration de guerre de l'URSS au Japon. ***15 août :*** Capitulation sans condition.
1945-1948	Occupation américaine : période des réformes démocratiques et de la punition (procès de Tokyo).
1950	Début de la guerre de Corée. Les Américains remettent les conservateurs japonais en selle.
1951	Traité de paix de San Francisco. Traité de sécurité avec les États-Unis.
1954	Création des Forces d'Autodéfense.
1955	Géopolitique intérieure : création du PLD (unification du camp conservateur et proaméricain)
1956-1957	Fin de l'état de guerre avec l'URSS. le Japon peut entrer à l'ONU
1960	Renouvellement du Traité de Sécurité malgré de très violentes manifestations.
1961	Géopolitique intérieure : loi-cadre sur l'agriculture (intégration des campagnes à la croissance économique).
De 1964-1970	« Miracle économique » et retour du Japon dans le monde. ***1964 :*** JO de Tôkyô, entrée du Japon à l'OCDE et première ligne de Shinkansen. ***1968 :*** Yasunari Kawabata prix Nobel de littérature. ***1969 :*** Le Japon deuxième économie du monde libre. ***1970 :*** Exposition universelle d'Osaka.
1967-1968	Géopolitique intérieure : Tôkyô bascule à gauche ; très violent mouvement étudiant ; résistance farouche à la construction de l'aéroport de Narita.
1972-1973	La « juste distance » avec les États-Unis : restitution d'Okinawa. Le Japon reconnait la RPC et rompt avec la politique américaine au Moyen-Orient.
1975	Prémisses de la crise démographique : le taux de fécondité tombe sous le seuil de reproduction (2,1).
1977	Stratégie de la « puissance utile » : formulation de la doctrine Fukuda.

1978-1979	Géopolitique intérieure : reprise en main conservatrice. Le PLD reconquiert Tôkyô ; ouverture de l'aéroport de Narita.
1980	Ouverture à la mondialisation financière : levée du contrôle des changes.
De 1982 à 1987	Gouvernement Nakasone : première vague de réformes libérales, néo-nationalisme (visite officielle du Premier ministre au Yasukuni), début du renforcement des FAD (voir chronologie pp. 124–125).
De 1985 à 1989	La « juste distance » avec les États-Unis. ***1985*** : Accords du Plaza : Washington impose la réévaluation du yen. Début de la bulle spéculative. La puissance financière japonaise stimule le *Japan bashing* ***1989*** : Washington impose les négociations SII.
1989	Mort de l'empereur Hirohito. Début de l'ère Heisei.
1990	Éclatement de la bulle spéculative. Début de la crise économique.
1993	Géopolitique intérieure : début des réformes politiques (voir chronologie pp. 91–96).
1995	*Annus horribilis* : attentat au gaz sarin par la secte Aum, séisme de Kobe (6 500 morts), premières faillites bancaires.
1996	Géopolitique intérieure : implosion du Parti socialiste et formation du PDJ.
1997	La « juste distance » avec les États-Unis : Tôkyô refuse la création d'un Fonds Monétaire Asiatique.
2001-2006	Gouvernement Koizumi : accélération des réformes économiques et politiques, montée des tensions entre le Japon et la Chine.
2005	Crise démographique : le taux de fécondité à son plus bas niveau (1,3).
2009	Alternance politique : le PDJ au pouvoir ; crise des relations avec les États-Unis.
2011	Tsunami et catastrophe de Fukushima : arrêt progressif du parc nucléaire. Crise démographique : la population commence à diminuer.
2012	« Nationalisation » des îlots Senkaku : montée des tensions avec la Chine. Retour du PLD au pouvoir.
2013	Le Japon se joint aux négociations du TPP. La dette publique atteint 240 % du PIB. Tôkyô obtient les JO de 2020 : un nouveau but national ?

Bibliographie

Berque Augustin, *Le Japon. Gestion de l'espace et changement social*, Paris, Flammarion, 1976.

Berque Augustin, *Le Japon et son double : logiques d'un autoportrait*, Paris, Masson, « Recherches en géographie », 1987.

Berque Augustin, *Dictionnaire de la civilisation japonaise*, Paris, Hazan, 1994.

Boisseau Du Rocher Sophie, *Asie, 10 ans après la crise*, Paris, La Documentation française, 2007.

Bouissou Jean-Marie, *Japan. The Burden of Success*, Londres, Hurst & C°, 2002 ; éd. originale : *Le Japon depuis 1945* (1992), Paris, Armand Colin, « Cursus histoire », 1997.

Bouissou Jean-Marie, *Quand les sumos apprennent à danser. La fin du modèle japonais*, Paris, Fayard, 2003.

Bouissou Jean-Marie (dir.), *Le Japon contemporain*, Paris, Fayard, 2007.

Bouissou Jean-Marie, Godement François, Jaffrelot Christophe, *Les Géants d'Asie en 2025. Japon, Chine, Inde*, Arles, Philippe Picquier, « L'Asie Immédiate », 2013.

Cavasin Nathalie, *Le Japon, de la conquête à l'effacement du monde ?*, Paris, Ellipses, « CQFD », 2009.

Centre de prospective et de veille scientifique, Direction de la recherche, Ministère de l'Équipement, « Villes et réseaux techniques au Japon : entre recherche, prospective et décentralisation », *2001 Plus. Veille internationale*, n° 61, juillet 2003.

Courmont Barthélémy, *Géopolitique du Japon. Une puissance inquiète*, Paris, Argos, 2013.

Delamotte Guibourg, *La Politique de défense du Japon*, Paris, Puf, 2010.

Dourille-Feer Évelyne (dir.), Bouissou Jean-Marie, Yatabe Kazuhiko, *Japon, le renouveau ?*, Paris, La Documentation française, 2000.

Dourille-Feer Évelyne, *L'Économie du Japon*, Paris, diffusion Cairn.info (e-book), 2010.

Emmott Bill, *Rivals. How the Power Struggle Between China, India and Japan Will Shape Our Next Decade*, New York, Harcourt, 2008

ESMEIN Jean, *Les Bases de la puissance du Japon*, Paris, Collège de France, 1988.

HAFFNER John *et alii*, *Japan's Open Future : An Agenda for Global Citizenship*, Londres et New York, Anthem Press, 2009.

HOOK Glenn, HASEGAWA Harukiyo (dir.), *Japanese Response to Globalization : Politics, Security Economics, and Business*, Basingstoke et New York, Palgrave Macmillan, 2006.

HOOK Glenn, DOBSON Hugo (dir.), *Global Governance and Japan : The institutional Architecture*, Londres et New York, Routledge, 2007.

HOOK Glenn *et alii* (dir.), *Japan's International Relations : Politics, Economics and Security*, Londres et New York, Routledge, 2011

IWABUCHI Koichi, *Recentering Globalization : Popular Culture and Japanese Transnationalism*, Durham (N.C.) et Londres, Duke University Press, 2002.

KATZENSTEIN Peter, SHIRAISHI Takashi (dir.), *Beyond Japan : East Asian Regionalism*, Ithaca (N.Y.), Cornell University Press, 2006.

KENNEDY Paul, *Naissance et déclin des grandes puissances : transformations économiques et conflits militaires entre 1500-2000*, Paris, Payot, 1991.

LECHEVALIER Sébastien, *La Grande Transformation du capitalisme japonais*, Paris, Presses de Sciences Po, « Nouveaux Débats », 2011.

LUCKEN Michael, SAKAI Cécile, LOZERAND Emmanuel, *Le Japon après la guerre*, Arles, Philippe Picquier, 2007.

McCORMACK Gavan, *Client State : Japan in the American Embrace*, Londres et New York, Verso, 2007.

McCORMACK Gavan, *The Emptiness of Japanese Affluence*, Armonk (N.Y.), Sharpe, 1996.

MEYER Claude, *Chine ou Japon, quel leader pour l'Asie ?*, Paris, Presses de Sciences Po, « Nouveaux Débats », 2010.

PELLETIER Philipe, *Le Japon. Géographie, géopolitique et géohistoire*, Paris, Sedes, 2007.

PELLETIER Philipe (dir.), *La Fascination du Japon. Idées reçues sur l'archipel japonais*, Paris, Le Cavalier Bleu, 2012.

PELLETIER Philipe, « Japon », p. 220-464 *in* BRUNET Roger (dir.), *Géographie Universelle. Chine, Japon, Corée*, Paris, Belin/Reclus, 1994.

PONS Philippe, *D'Edo à Tokyo. Mémoires et modernités*, Paris, Gallimard, 1988.

POUPEE Karyn, *Les Japonais*, Paris, Taillandier, 2008.

SAUTTER Christian, *La France au miroir du Japon : croissance ou déclin ?*, Paris, Odile Jacob, 1996.

SEIZELET Éric, SERRA Régine, *Le Pacifisme à l'épreuve. Le Japon et son armée*, Paris, Les Belles Lettres, 2009.

SABOURET Jean-François (dir.), *La Dynamique du Japon. Histoire de la première modernité d'Asie*, Paris, Saint Simon, 2005.

SABOURET Jean-François, *Japon, la fabrique des futurs*, Paris, CNRS Éditions, 2011.

SALSBERG Brian *et alii* (dir.), *Reimagining Japan. The Quest for a Future That Works*, VIZ Media LLC/McKinsey & Company, 2011.

SAMUELS Richard, *Rich Nation, Strong Army : National security and the Technological Transformation of Japan*, Ithaca (N.Y.), Cornell University Press, 1994

SERRA Régine, *Le Défi japonais : Tokyo s'ouvre au monde*, Bruxelles, André Versaille, 2011.

SOUYRI Pierre-François, *Nouvelle histoire du Japon*, Paris, Perrin, 2010.

SUN Jing, *Japan and China As Charm Rivals : Soft Power in regional Diplomacy*, Ann Harbor, University of Michigan Press, 2012.

TIBERGHIEN Yves, *Entrepreneurial States. Reforming Corporate Governance in Japan, France, and Korea*, Ithaca (N.Y.), Cornell University Press, 2007.

TIBERGHIEN Yves, *L'Asie et le futur du monde*, Paris, Presses de Sciences Po, « Nouveaux Débats », 2012.

VIE Michel, *Le Japon et le monde au XXe siècle*, Paris, Masson, 1995.

WATANABE Yasushi, MC CORNELL David (dir.), *Soft Power Superpowers : Cultural and national Assets of Japan and the USA*, Armonk (N.Y.) et Londres, M.E. Sharpe, 2008.

Numéros spéciaux de revue

« Le nouveau Japon », *Pouvoirs*, n° 71, hiver 1994.

« Japon et Géopolitique », *Hérodote. Revue de géographie et de géopolitique*, n° 78-79, hiver 1995.

« Regards prospectifs sur le Japon », *Futuribles*, n° 216, janvier 1997.

« La politique étrangère du Japon : au-delà du réalisme ? », *Études internationales*, Université Laval, Québec, vol. 30, n° 1, mars 1999.

« Vers un renouveau japonais ? », *AGIR. Revue générale de stratégie*, n° 17, mars 2004.

« Géopolitiques japonaises », *Géostratégiques*, n° 26, Académie de géopolitique de Paris, printemps 2010.

Cet ouvrage a été composé par IGS-CP
à L'Isle-d'Espagnac (16)

Cet ouvrage a été achevé d'imprimer en décembre 2014
sur les presses de Normandie Roto Impression s.a.s.
61250 Lonrai
N° d'imprimeur : 1404876
Dépôt légal : décembre 2014

Imprimé en France